SOCIAL**PHYSICS**

창조적인 사람들은
어떻게 행동하는가

SOCIAL PHYSICS

빅데이터와 사회물리학

SOCIAL
PHYSICS

창조적인 사람들은
어떻게 행동하는가

알렉스 펜틀런드

박세연 옮김

와이즈베리
WISEBERRY

이 책이 나오기까지

나는 미래에 살고 있다. 내가 연구하고 있는 매사추세츠 공과대학교^{MIT}는 첨단 혁신의 세상, 다시 말해 세계무대에 오르기 전 MIT 세상을 통해 먼저 돌아다니는 모든 가상적인 새로운 아이디어와 기술들의 중심에 서 있다. MIT는 또한 세상에서 신생 기업들이 가장 밀집된 공간이기도 하다(물론 규모 면에서는 실리콘밸리가 더 크지만). 게다가 내 지성의 고향이라고 할 수 있는 MIT 미디어랩은 아마도 미래를 살아가는 데 세계 제일의 장소일 것이다. 예를 들어, 15년 전 나는 세계 최초로 사이보그 집단을 이끌었다. 거기에 있던 모든 사람은 무선으로 연결된 컴퓨터를 몸에 부착하고, 컴퓨터 화면이 장착된 안경을 낀 채 살며 연구했다. 그리고 그렇게 탄생한 다양한 아이디어들은 각각 독특한 방식으로 세상에 나왔다. 가령 나의 예전 제자들은 이제 구글 글래스^{Google Glass}(컴퓨터 화면이 탑재된 안경)나 구글 플러스^{Google+}(세계에서 두 번째로 큰 소셜 네트워크)와 같은 첨단 비즈니스 프로젝트를 이끌고 있다.

이처럼 특혜로 가득한 공간에서, 나는 창조적 문화들이 어떻게 새로운

4

아이디어를 거두어들이고, 그러한 아이디어들이 살아남고 성장해서, 결국 실질적인 현실로 드러나게 만들 수 있는지를 맨 처음으로 살펴보는 소중한 기회를 누리고 있다. 더욱 중요한 사실은, 과잉 연결된 엄청나게 빠른 세상에서, 즉 나머지 세상이 이제야 서서히 다가서고 있는 MIT의 환경 속에서 창조적인 문화들이 번영하기 위해 어떻게 달라져야 하는지를 똑똑히 지켜보고 있다는 것이다.

바로 이러한 환경으로부터 내가 배울 수 있었던 것은, 우리 자신에 관해, 그리고 사회가 돌아가는 방식에 대해 우리가 지금까지 알고 있던 기존의 많은 생각이 틀렸다는 사실이다. 가장 똑똑한 사람은 최고의 아이디어를 가진 사람이 아니다. 다른 사람들의 다양한 아이디어들을 가장 효과적으로 수확하는 사람이야말로 가장 똑똑한 사람이다. 변화를 주도하는 사람은 가장 확신이 강한 사람이 아니다. 생각이 비슷한 사람들과 활발하게 교류를 맺고 유지하는 사람이 변화를 이끌어 가는 사람이다. 그리고 사람들을 움직이는 가장 강력한 원동력은 돈이나 특권이 아니다. 그것은 동료들로부터 얻을 수 있는 인정과 도움이다.

바로 이러한 개념이 우리 연구 팀인 미디어랩과 내가 이끌고 있는 기업가 정신 프로그램의 성공에서 핵심을 차지하고 있다. 내 강의는 일반적인 형태로 이루어지지 않는다. 대신 나는 학생들이 새로운 아이디어를 제시하고, 똑같은 여행을 하는 동료들과 활발하게 교류하도록 독려한다. 미디어랩 소장으로 있는 동안, 나는 기존의 일반적인 평가 방식을 완전히 없애 버렸다. 대신 실제 세상을 기반으로 존중과 협력이 성공과 기회의 발판이 되는 공동체를 키워 나가기 위해 애쓰고 있다. 우리는 지금 강의실이나 실험실이 아니라, 실질적인 사회관계망 속에서 살아가고 있다.

이 책은 미디어랩에서 일을 처리하는 방식과 그 밖의 다른 세상에서 일을 처리하는 방식 사이에 빚어지는 문화적 충돌에서부터 탄생했다. 예를 들어, 인도의 여러 대학들을 포함하는 분산 조직으로서 미디어랩 아시아Media Lab Asia를 건립할 당시, 나는 각 대학의 연구원들이 서로 단절되어 있으며, 이로 인해 연구 프로젝트들이 정체되고 생산적인 결과를 내놓지 못한다는 문제에 직면했다. 같은 분야에서, 심지어 같은 대학에서 공부하는 연구원들도 실제로 거의 마주치지 못했다. 그것은 대학 행정부나 후원 기관들이, 연구원들은 그저 다른 학자들의 논문을 읽어 보는 것만으로 충분하고, 군이 회의나 콘퍼런스에 참석하기 위해 멀리 여행할 필요가 없다고 생각하고 있었기 때문이다. 하지만 연구원들이 직접 만나서 함께 '비공식적인' 시간을 즐길 때 비로소 새로운 아이디어들이 샘솟고 문제 해결을 위한 참신한 접근 방식들이 고개를 내밀게 된다.

빅데이터, 그리고 특히 무차별한 개인 정보 확산에 따른 문제의 해결책을 모색하기 위해 세계경제포럼에서 내가 공동으로 주관한 '과잉 연결된 세상hyperconnected world' 세미나에서, 나는 많은 고위 각료들과 다국적 기업들의 CEO들 역시 이와 동일하게 이해가 부족하다는 것을 확인했다. 대부분의 글로벌 리더와 CEO들이 혁신과 집단적 활동을 바라보는 관점과 MIT에서 내가 연구하고 있는 실제 사례들 사이에 거대한 간극이 존재한다는 사실을 나는 점점 더 분명하게 확인할 수 있었다. 대부분의 사람들은 경쟁, 법칙, (때로는) 복잡성 같은 개념들을 가지고 다분히 통계적인 차원으로 접근한다. 반면 나는 네트워크 내부의 아이디어 흐름, 사회적 표준 형성, 그리고 복잡성이 나타나는 과정에 주목하고, 보다 역동적이고 진화적인 차원에서 세상을 바라본다. 또한 대부분의 학자들이 독립적인 개체와 안정적인 상태를 기반으로 하는 이론들에 주목하는 반면, 나는 사회물리학의 차원에서, 다시 말해 네트워크 내부에서 벌어지는 성장 과정의 관점에서 생각한다.

이러한 접근 방식들 간의 차이점을 이해하기 위해, 나는 사회적 상호 작용이라고 하는 개념을 고려함으로써 기존의 개인 중심적 경제와 정책적 사고를 확장하는 치밀한 과학적 기반을 마련하는 연구 프로젝트를 10년 간 추진하고 있다. 이 연구는 사회적 학습social learning과 사회적 압력social pressure이라고 하는 요소를 문화적 진화를 가동하고 과잉 연결된 세상의 많은 부분을 지배하는 주요한 원동력으로 가정하고 있다. 그리고 이 연구 프로젝트는 세계적으로 권위 있는 과학 학술지에 게재된 논문들을 통해 이루어지는 사회물리학 분야의 다양한 연구들을 기반으로 학술적 차원에서 놀라운 성공을 거두고 있다. 나는 이들 논문들이 진화의 역동성에 관한 새로운 관점을 던져 주는 것은 물론, 복잡성 및 네트워크 과학 분야의 깊이를 더해 줄 것으로 기대한다.

하지만 우리 모두가 느끼고 있는 것처럼, 학술 논문들은 말 그대로 지나치게 학술적이다. 그래서 나는 기업들이 보다 생산적이고 창조적인 조직으로 거듭나도록, 모바일 소셜 웹이 더 스마트해지도록, 일반인들이 성공적인 투자자가 되도록, 그리고 우리 사회가 집단적·정신적으로 더 건강해지도록 도움을 주기 위해, 다양한 아이디어를 적극적으로 활용하는 대여섯 개의 신생 기업을 설립하고, 이들 아이디어들이 세상의 빛을 볼 수 있도록 노력하고 있다. 오늘날 이러한 기업들의 CEO를 맡고 있는 재능 있고 현명한 예전 제자들의 중요한 기여 덕분에, 실제 세상으로 나가기 위한 우리의 노력이 다시 한 번 힘을 얻고 있다.

이 책은 보다 거대한 논의의 출발점이다. 그 목표는 사회물리학의 언어를 일상의 언어로 전환하는 것이며, 그 과정에서 우리는 시장 경쟁과 규제에 관한 전통적인 용어들과의 미묘한 차이를 확인할 수 있을 것이다. 사회의 역동성이 성과를 결정짓는 중요한 요인으로 작용하는 과잉 연결 세상에서, 사회물리학에 대한 이해는 이제 대단히 중요한 과제가 된 것이다.

21세기 난제에 도전하는 사회물리학

2013년 『사이언티픽 아메리칸Scientific American』 10월호에 알렉스 펜틀런드가 기고한 「데이터 주도 사회The Data-Driven Society」라는 글을 읽고 신선한 충격을 받았던 기억이 아직도 새롭다. 빅데이터 전문가인 펜틀런드는 이 책의 내용을 미리 간추려 소개할 요량으로 그 글을 발표한 것이 아닌가 싶다.

「매일경제」에 〈이인식 과학칼럼〉을 연재하고 있는 나로서는 펜틀런드의 독창적인 아이디어를 우리나라 기업인들에게 알리고 싶어 칼럼에 '사회물리학과 빅데이터'라는 제목으로 다음과 같이 썼다.

20세기 산업 사회에서 개인은 거대한 조직의 톱니에 불과했지만 21세기 디지털 사회에서는 개인 사이의 상호 작용이 사회 현상에 막대한 영향을 미친다. 개인의 상호 작용을 분석하여 인간 사회를 이해하는 새로운 접근 방법은 사회물리학이다.

국내에서는 2010년 8월 한국어판이 출간된 마크 뷰캐넌Mark Buchanan의 『사회적 원자The Social Atom』(사이언스북스)를 계기로 사회물리학이 널리 알려지게 되었다. 미국의 과학 저술가 뷰캐넌은 『세상은 생각보다 단순하다Ubiquity』(2004. 지호)와 『넥서스Nexus』(2003. 세종연구원)로 이미 국내에 널리 알려진 인물이다. 그의 저서는 복잡성 이론이나 네트워크 과학을 바탕으로 자연 및 사회 현상의 자기 조직화self-organization를 알기 쉽고 깊이 있게 설명하는 것으로 정평이 나 있다. 『사회적 원자』에서도 뷰캐넌은 복잡성 과학과 자기 조직화 현상의 관점에서 사회물리학에 접근한다.

뷰캐넌에 따르면, 사회물리학은 물리학의 방법으로 사회를 연구한다. 사람이 물리학 이론에 버금가는 법칙의 지배를 받는 것으로 여긴다. 물리학에서 원자가 물질을 만드는 방식을 이해하는 것처럼 사회물리학은 개인이 사회를 움직이는 메커니즘을 분석한다. 이를테면 사람을 사회라는 물질을 구성하는 원자로 간주한다.

뷰캐넌은 "다이아몬드가 빛나는 이유는 원자가 빛나기 때문이 아니라 원자들이 특별한 형태(패턴)로 늘어서 있기 때문"이라며 "사람을 사회적 원자로 보면 인간 사회에서 반복해서 일어나는 많은 패턴을 설명하는 데 도움이 된다"고 주장한다.

『사회적 원자』에서 뷰캐넌은 사회물리학으로 권력과 정치, 빈부 격차, 금융 시장 붕괴, 유행, 집단주의 같은 사회 현상은 물론 '마른하늘에 날벼락처럼 종잡을 수 없이 일어나서 인생을 바꿔 놓는 사건들'을 이해하게 되길 기대한다.

한편 알렉스 펜틀런드는 정보통신 기술과 집단 지능collective intelligence 이론을 바탕으로 특유의 사회물리학 체계를 구축한다. 이 책에 언급된 사회물리학의 개념은 다음과 같다.

- 사회물리학은, 한편으로는 정보와 아이디어 사이의 수학적 연결, 다른 한편으로는 사람들의 행동에 관한 신뢰할 만한 설명을 제시하는 정량적 사회과학을 말한다.
- 전통적인 물리학의 목표가 에너지 흐름이 어떻게 운동 변화로 이어지는지를 이해하는 학문이듯이, 사회물리학은 아이디어 흐름idea flow이 어떻게 행동 변화로 이어지는지를 이해하고자 하는 학문이다.

이 책에서 펜틀런드는 "사회물리학을 돌아가게 만드는 원동력은 바로 빅데이터다"라고 강조한다. 우리는 날마다 디지털 공간에서 남들과 상호작용하면서 우리가 생각하는 것보다 훨씬 더 많은 삶의 흔적, 곧 디지털 데이터를 남기기 때문이다. 펜틀런드는 우리의 일상생활을 나타내는 이런 데이터를 '디지털 빵가루'라고 명명하고, 이를 잘 활용하면 사회 문제를 해결하는 데 큰 보탬이 된다고 주장한다. 개인이 누구와 의견을 교환하고, 돈을 얼마나 지출하고, 어떤 물건을 구매하는지 낱낱이 알 수 있는 디지털 빵가루 수십억 개를 뭉뚱그린 빅데이터를 분석하면 그동안 이해하기 어려웠던 금융 위기, 정치 격변, 빈부 격차 같은 사회 현상을 설명하기 쉬워진다는 것이다.

펜틀런드는 이 책에서 데이터 주도 사회의 작동 방식을 이해하는 데 핵심이 되는 패턴은 사람 사이의 아이디어와 정보의 흐름이라는 자명한 사실을 특유의 논리로 확인한다. 이런 흐름은 개인의 대화나 소셜 네트워크 메시지 같은 상호 작용 패턴을 연구하고, 신용 카드 사용과 같은 구매 패턴을 분석하면 파악할 수 있다.

2013년 『사이언티픽 아메리칸』에 실린 글에서 펜틀런드는 "우리가 발견한 가장 놀라운 결과는 아이디어 흐름의 패턴이 생산성 증대와 창의적 활동에 직접적으로 관련된다는 것"이라면서 "서로 연결되고 외부와도 접촉하는 개인·조직·도시일수록 더 높은 생산성, 더 많은 창조적 성과, 더 건강한 생활을 향유한다"고 강조했다. 요컨대 사회적 원자들의 디지털 빵가루를 빅데이터 기법으로 분석한 결과 아이디어 소통이 모든 사회의 건강에 핵심적 요소라고 재확인된 셈이다.

빅데이터는 이처럼 데이터 주도 사회의 문제를 진단하고 해결 방안을 모색하는 데 유용한 도구일 뿐만 아니라 오늘보다 더 나은 미래의 조직·도시·정부를 설계하는 데 쓸모가 있는 것으로 나타났다. 펜틀런드는 이런 맥락에서 "역사상 처음으로 우리는 기존 사회 제도보다 훨씬 더 잘 작동하는 체계를 구축할 수 있음을 확신하게 되었다. 빅데이터는 인터넷이 초래한 사회 변화와 맞먹는 결과를 이끌어 낼 것임에 틀림없다"고 역설한다.

펜틀런드는 『사이언티픽 아메리칸』에 실린 글의 끄트머리에서 "금융 파산을 예측해 그 충격을 완화하고, 전염병을 탐지해서 예방하고, 천연자원을 지혜롭게 사용하고, 창의성이 사회에 충일하도록 하는" 데이터 주도 사회를 한번 상상해 보라고 권유한다. 그는 이 책에서도 "지금까지 이러한 꿈은 공상 소설 속의 이야기에 불과했지만, 이제 우리는 이를 현실로 만들 수 있다. 위험을 피해 신중하게 항해를 계속 이어 나갈 수 있다면, 그

꿈은 우리의 현실이 될 것이다"라면서 "이것이야말로 사회물리학과 데이터 주도 사회가 제시하는 약속일 것"이라고 끝맺는다.

오늘날 인류 사회가 풀어야 할 난제는 인구 폭발, 자원 고갈, 기후 변화 등 한두 가지가 아니지만 해결의 실마리는 좀처럼 나타나지 않는다. 펜틀런드는 이런 21세기 특유의 문제는 20세기 산업 사회의 접근 방법보다는 21세기 데이터 주도 사회의 사고방식으로 해결해야 한다고 주장한다. 그가 제안한 21세기 사고방식은 다름 아닌 '사회물리학'이다.

이인식
지식융합연구소 소장, 과학칼럼니스트

차례

서문 ▪ 4

추천의 글 ▪ 9

01 **생각에서 행동으로**
　　빅데이터를 통해 바라본 사회의 진화 과정　　▪ 19

사회물리학이란 무엇인가? | 실용적인 과학 | 빅데이터 | 풍요로운 사회과학 |
이 책의 구성 | 데이터 주도적 사회: 프로메테우스의 불 | 더 읽을거리: 핵심 용어

1부　사회물리학　SOCIAL PHYSICS

02 **탐험**
　　어떻게 좋은 아이디어를 발견하고, 옳은 결정을 내릴 것인가?　　▪ 49

사회적 학습 | 아이디어 흐름 | 아이디어 흐름과 의사 결정 | 네트워크 조율 |
탐험

03 **아이디어 흐름**
　　집단 지능 구축하기　　▪ 73

습관과 기호, 그리고 호기심 | 습관 vs. 믿음 | 개인적이 아니라, 집단적으로 합
리적인 존재 | 상식

04 **참여**
우리는 어떻게 협력하는 것일까?
▪ 101

사회적 압력 | 디지털 참여 | 복종과 충돌 | 참여의 법칙 | 다음 단계들 | 더 읽을거리: 사회적 영향의 수학

2부 아이디어 기계

05 **집단 지능**
상호 작용 패턴은 어떻게 집단 지능으로 이어지는가?
▪ 133

조직들을 대상으로 한 측정 | 생산성 | 창조성 | 아이디어 흐름 속도 높이기

06 **조직을 이루는 방법**
상호 작용 패턴의 시각화를 통한 사회적 지능
▪ 156

참여 | 탐험 | 다양성 | 사회적 지능

07 조직적 변화

사회관계망 동기를 활용해 일회용 조직을 만들고
파괴적 변화로 유도하기

• 177

일회용 조직 | 위기의 기업들 | 신뢰 | 다음 단계 | 더 읽을거리: 사회적 신호

3부 데이터 주도적 도시 DATA-DRIVEN CITIES

08 도시를 측정하기

모바일 센싱 기술을 통해 도시의 신경 시스템을 구축하고,
건강하고 안전하며 효율적인 공간을 만드는 방법

• 199

행동 인구 통계학 | 교통 | 건강과 질병 | 사회관계망 개입 | 디지털 신경 시스
템에서 데이터 주도적 사회로

09 도시 과학

도시와 개발에 대한 기존의 이해를
사회물리학과 빅데이터는 어떻게 바꾸어 놓을까?

• 222

도시의 사회물리학 | 도시 속 사회적 연결 | 도시를 탐험하기 | 도시 속 아이디
어 흐름 | 더 나은 도시 설계 | 데이터 주도적 도시 | 다음 단계 | 더 읽을거리:
디지털 네트워크 vs. 직접 대면

4부 데이터 주도적 사회 DATA-DRIVEN SOCIETY

10 데이터가 주도하는 사회
데이터가 주도하는 미래는 어떤 모습일까? ▪ 251

데이터 뉴딜 | 시스템 실행 | 와일드 와일드 웹 | 데이터 기반 시스템: 도전 과제들 | 사회물리학 vs. 자유 의지와 인간의 존엄성

11 조화를 위한 설계
인간 중심적인 사회를 설계하는 과정에서
사회물리학은 어떤 기여를 할 수 있을까? ▪ 273

자연법: 시장이 아닌 교환 | 네트워크 사회를 설계하기 | 개발을 위한 데이터: D4D | 요약 정리: 프로메테우스의 불

부록
부록 1 현실 마이닝 ▪ 307
부록 2 오픈PDS ▪ 318
부록 3 빠른 사고와 느린 사고, 자유 의지 ▪ 331
부록 4 수학 ▪ 338

감사의 글 ▪ 372
주 ▪ 373
찾아보기 ▪ 386

생각에서 행동으로

빅데이터를 통해 바라본
사회의 진화 과정

새로운 아이디어들은 어디에서 오는가? 그 아이디어들은 어떻게 행동으로 실현되는가? 어떻게 우리는 협력적·생산적·창조적인 사회 시스템을 만들어 낼 수 있는가? 이것들은 모든 사회가 던지는 가장 중요한 질문이다. 특히 글로벌 경쟁과 환경 문제, 정부 정책의 실패로 인해 오늘날 더욱 주목받고 있는 질문들이다.

　지난 수 세기 동안 서구 사회는 애덤 스미스Adam Smith, 존 로크John Locke 와 같은 계몽주의 사상가들이 물려준 패러다임 위에서 번영의 세월을 누렸다. 이들은 자신의 학문적 성과를 발판으로 이런 중요한 질문들에 대한 대답을 내놓았다. 그리고 그러한 발판으로부터 우리는 유통과 정부 정책이 경쟁과 거래에 의해 결정되는 다원주의 사회를 창조했다. 열린 시민 사회는 수직적이고 중앙 집중적인 사회를 뛰어넘었고, 자유 시장과 선거 시스템은 전 세계 대부분의 국가에서 실질적으로 자리를 잡고 있다.

또한 불과 몇 년 사이 우리의 삶은 사람과 컴퓨터를 연결해 주는 네트워크를 기반으로 급격하게 변화하고 있으며, 그 덕분에 우리는 훨씬 쉽게 참여하고 더욱 빨라진 변화를 누리고 있다. 인터넷이 우리의 삶을 점점 더 강력하게 연결해 주면서, 이러한 흐름은 점점 더 빨라지고 있다. 급기야 우리는 정보의 홍수 속에서 허우적대고, 무엇에 집중하고 무엇을 무시해야 할지 갈피를 잡지 못하고 있다.

이로 인해 우리가 살고 있는 세상은 주식시장의 붕괴를 초래하고, 정부를 전복시키는 트위터와 같은 소셜 미디어상의 수많은 글과 더불어, 종종 완전히 통제불능 상황 직전에 놓여 있다는 인상을 준다. 디지털 네트워크의 등장으로 경제와 비즈니스, 정부, 정치가 움직이는 방식이 완전히 바뀌어 버렸지만, 아직도 우리는 새로운 인간-기계 네트워크의 본질을 충분히 이해하지 못하고 있다. 갑작스럽게도 우리 사회는 인류가 여태껏 한 번도 경험하지 못한, 전혀 다른 장점과 약점을 드러내는 인간과 기술의 조합이 되었다.

안타깝게도 우리는 이러한 상황에 어떻게 대처해야 할지 전혀 감을 잡지 못하고 있다. 오늘날 우리가 세상을 이해하고 관리하는 방식은 지금보다 더 근엄하고 덜 연결된 시대에 만들어졌다. 우리가 사회를 바라보는 관점은 1700년대 말 계몽주의 시대에 시작되어, 20세기 전반을 걸쳐 지금의 형태로 굳어졌다. 당시 세상은 더욱 느리게 돌아가고, 일반적으로 무역업자와 정치인, 부유한 가문들로 이루어진 소수 집단들의 지배를 받았다. 그리고 아직까지도 사회를 통치하는 방식에 대해 이야기할 때, 우리는 세상이 천천히 움직이고, 모두가 비슷비슷한 정보를 가지고 있어서 이성적으로 행동할 여유가 있던 시대의 개념인 '시장'과 '정치적 계급'을 언급하고 있다.

이러한 개념들은 빛의 속도로 움직이는 오늘날의 과잉 연결된 세상에서도 이미 한계점을 지나 그 생명을 이어 오고 있다. 오늘날의 가상 공간에서는 사람들이 순식간에 모여든다. 이러한 군집들은 대개 전 세계 수백만 명의 사람들로 구성된다. 그리고 그 구성의 조합은 함께 참여해서 이야기를 나누는 수백만 명의 사람으로 매일 변한다. 오늘날 우리는 물리적인 거래 공간을 필요로 하는 금융 거래소, 담배 연기로 자욱한 흡연실이 딸리고 몇몇 집단이 수용 가능한 합의안에 도달할 때까지 절대 싸움을 멈추지 않는 전당 집회의 시대에 살고 있지 않다.

새로운 세상을 이해하기 위해, 우리는 서로 배우고 서로의 생각에 영향을 미치는 수많은 사람의 영향력을 포함하는, 우리에게 익숙한 경제적·정치적 아이디어를 확장해 나가야 한다. 신중한 의사 결정을 내리는 과정에서, 우리는 자신을 더 이상 개별적인 존재로서만 바라보아서는 안 될 것이다. 대신 개인의 의사 결정에 영향을 미치고, 경제 거품과 정치 혁명, 인터넷 경제를 움직이는 역동적인 사회적 효과까지 고려해야 한다.

애덤 스미스는 시장의 '보이지 않는 손'을 움직이는 원동력이 경쟁뿐만 아니라, 사회적 시스템이라는 사실을 간파하고 있었다. 『도덕감정론Theory of Moral Sentiments』에서 그는 물건뿐만 아니라, 아이디어, 도움, 동정심으로부터 우러난 호의를 서로 나누려는 것이 인간의 본성이라고 말했다.[1] 더 나아가, 스미스는 이러한 사회적 교환이 공동체의 이익을 위한 해결책을 모색하는 쪽으로 자본주의의 여정을 안내한다고 믿었다. 물론 애덤 스미스는 부르주아 도시 거주민 대부분이 서로 얼굴을 알고, 선한 시민으로서 살아가야 한다는 사회적 책임감을 강하게 느꼈던 시대를 살았다. 강력한 사회적 연결에 따른 책임감이 모두 사라져 버린 상태에서 자본주의는 종종 탐욕스러운 모습을 드러냈고, 정치는 사람들에게 많은 피해를 주었다.

이 책의 목표는, 인간의 행동을 보다 완벽하게 설명하기 위해 경쟁적인 요소들뿐만 아니라, 아이디어의 교환과 정보, 사회적 압력, 사회적 지위까지 모두 고려함으로써 경제적·정치적 관점을 확장하는 사회물리학을 구축하는 것이다. 이를 위해 우리는 먼저 사회적 상호 작용이 개인들의 목표와 논의에 어떤 영향을 미치는지뿐만 아니라, 더욱 중요하게는 이러한 사회적 영향이 얼핏 신비스러운 존재로 보이는 스미스의 보이지 않는 손을 어떻게 창조하는지 설명해야 할 것이다.[2] 사회적 상호 작용이 경쟁 요인들과 함께 어떻게 힘을 발휘하는지 이해할 때 비로소 우리는 과잉 연결된 네트워크에서 안정과 공정함을 기대할 수 있을 것이다.

사회물리학이란
무엇인가?

사회물리학은, 한편으로는 정보와 아이디어 사이의 수학적 연결, 다른 한편으로는 사람들의 행동에 관한 신뢰할 만한 설명을 제시하는 정량적 사회과학을 말한다. 사회물리학은 어떻게 아이디어가 사회적 학습 메커니즘을 통해 한 사람에게서 다른 사람에게로 흘러가는지, 그리고 이러한 아이디어의 흐름이 어떻게 결국 규범과 생산성, 기업과 도시, 사회의 창조적 결과물을 형성하는지 이해할 수 있도록 도움을 준다. 사회물리학을 통해 우리는 소규모 집단, 기업 내 부서, 도시 전체의 생산성을 예측할 수 있다. 또한 더 나은 의사 결정을 내리고, 생산성을 높이기 위해 의사소통 네트워크를 조율할 수 있도록 도움을 준다.

사회물리학으로부터 이끌어 낼 수 있는 핵심적인 지혜는 사람들 간의 아이디어 흐름과 밀접한 관련이 있다. 그러한 아이디어의 흐름은 전화 통화나 소셜 미디어 메시지들의 패턴 속에서는 물론, 사람들이 얼마나 오랫동안 함께 시간을 보내는지, 그리고 얼마나 동일한 장소를 찾아가고 비슷한 경험을 갖고 있는지 평가함으로써 확인할 수 있다. 나중에 살펴보겠지만, 시기적으로 적절한 정보가 시스템 효율성에 대단히 중요할 뿐만 아니라, 더욱 중요한 것으로 새로운 아이디어의 확산과 조합이 행동 변화와 혁신을 촉진한다는 점에서, 아이디어의 흐름은 우리 사회를 이해하는 데 핵심이 된다.

아이디어의 흐름에 초점을 맞추기 위해, 나는 '사회물리학'이라는 이름을 선택했다. 전통 물리학이 에너지의 흐름이 어떻게 운동 변화로 이어지는지를 이해하는 학문이라면, 사회물리학은 아이디어와 정보의 흐름이 어떻게 행동 변화로 이어지는지 이해하고자 하는 학문이다.

사회물리학의 실제 사례로서, 소셜 네트워크상에서 정보를 공유하는 단기 증권 매매자들의 행동을 한번 살펴보자. 극소수의 매매자들이 엄청난 수익을 올리는 때가 있다. 이럴 경우에는 완전한 실패로 포기하는 매매자와 중개인 모두에게 나쁜 결과를 가져다준다. 그러면 중개인들은 다른 매매자들의 성과를 높이기 위해, 그들의 지식과 기술을 개선시키는 것과 같은 일반적인 해결책을 시도하게 된다. 이러한 전통적인 처방들은 어느 정도 효과가 있다. 한 사례의 경우, 매매자 집단의 투자 실적이 2퍼센트가량 높아진 것으로 나타나기도 했다.

우리 MIT 연구 팀은 사회관계망social network을 통해 아이디어가 확산되는 방식에 관한 우리의 수학적 모형들을 바탕으로 사회물리학적 접근 방식을 시도하기 위해 한 중개인의 동의를 구했다. 사회관계망 속에서 매매자들 사이에 오가는 수백만 건의 세부적인 메시지를 분석함으로써, 우리는 그 관계망 속에서 사회적 영향력이 큰 힘을 발휘하고, 집단을 형성하는 경향을 드러내며, 그 안에서 매매자들이 서로 민감하게 반응해 모두 동일한 거래 전략을 취한다는 사실을 발견했다.

사회물리학의 수학적 측면은, 우리에게 문제 해결을 위한 최고의 접근 방식이 사회관계망을 변화시킴으로써 그 속에서 새로운 전략들이 퍼져 나가는 속도를 늦추는 것이라는 사실을 말해 주었다. 실제로 이러한 전략을 실행에 옮겼을 때, 우리는 평균 투자 수익이 두 배로 높아졌으며, 일반적인 경제적 접근 방식들의 성과보다 크게 앞섰다는 사실을 확인했다.

아이디어의 확산을 늦추는 방법은 일반적인 경영 지침서에서 발견할 수 있는 그러한 전략이 아니다. 그리고 우리가 정확한 개입을 설계했고, 수백만 개의 데이터를 기반으로 가능한 결과를 정확히 예측했다는 점에서, 그러한 결과는 단지 우연이 아니다. 그 공식들은 2장에서 본격적으로 살펴볼 사회물리학의 수학적 측면에 해당한다.

실용적인
과학

사회물리학이라는 이름에는 긴 역사가 숨어 있다. 그 용어가 맨 처음 사용된 것은 1800년대 초반으로, 당시 사람들은 뉴턴 물리학에서 비롯된 은유법을 통해 사회를 하나의 거대한 기계로 인식하고 있었다. 하지만 사회는 기계가 아니다. 20세기 중반에 이르러 사회물리학에 대한 두 번째 관심의 물결이 등장했고, 당시 많은 사회적 지표가 지프 분포 Zipf distribution[3]와 만유인력의 법칙[4] 같은 통계적 패턴을 드러낸다는 사실이 밝혀졌다. 마찬가지로 사회과학 분야들 역시 사회적 상호 작용[5]의 기본적인 메커니즘에 관한 이론들을 새롭게 다듬었다. 최근 우리는 '소시오피직스 sociophysics'의 유행을 보고 있으며, 이를 통해 인간의 움직임과 커뮤니케이션, 그리고 경제지표들[6] 사이의 흥미로운 상관관계를 발견하고 있다. 새로운 데이터 유형의 결과로, 사회과학 이론들은 더욱더 정량화되고 있다.[7]

하지만 이러한 시도들 중 어느 것도 사회적 변화와 통계적 패턴들의 원인으로 작용하는 메커니즘에 대한 연구로까지는 아직 이르지 못하고 있다. 이론적 · 수학적 해석은 현실과 동떨어진 채 남아 있다. 그래서 실제 사례에 적용하기는 대단히 힘든 상태다. 우리는 단지 사회적 현상들을 설명하는 단계를 넘어, 사회적 구조의 인과관계를 구축하는 방향으로 나아가야 한다. 이러한 발전 과정은 데이비드 마David Marr가 언급한 행동 계산 이론computational theory, 다시 말해 왜 사회가 그렇게 반응하고, 어떻게 이러한 반응들이 인간의 문제를 해결할 수 있는지(혹은 없는지)에 대한 수학적 설명을 향한 단계들을 보여 주고 있다.[8]

인간의 발생적 과정에 초점을 맞추는 이러한 형태의 행동 계산 이론은 더 나은 사회 시스템을 구축하기 위해 반드시 필요하다. 이러한 이론을 기반으로, 사회적 상호 작용들을 새롭게 얻은 엄청나게 많은 행동 데이터와 조합함으로써, 우리는 더 나은 사회 시스템을 운영할 수 있다.

이 책은 그러한 실용적인 이론의 시작을 의미하는 것으로, 세계적으로 앞서 가는 과학 저널들에 최근 발표한 여러 편의 논문을 기반으로 하고 있다. 그 이론은 일상적인 용어로도 충분히 설명할 수 있고, 이 책에서 소개하는 다양한 실제 사례들을 논리적으로 정확하게 설명할 수 있는, 솔깃할 정도로 간단해 보이는 수학적 모형들의 집합이다. 그러한 사례로는, 금융적 의사 결정(거품 경제와 같은 현상들을 포함해), 행동 변화의 폭발적 유행, 즉 '티핑 포인트tipping point', 조사 활동을 돕고, 에너지를 절약하고, 선거를 독려하기 위해 수백만 명의 사람을 모집하는 일, 그리고 정치적 입장과 구매 행동, 건강을 위한 선택 형성 과정에서의 사회적 영향과 그 역할 등을 들 수 있다.

실용적 이론의 최종적인 검증 기준은 그것을 활용함으로써 실질적인 성과를 만들어 낼 수 있는가이다. 이 질문에 대답하기 위해, 나는 보다 홀

룡한 기업과 도시, 사회적 제도를 창조하기 위해 그 새로운 이론을 어떻게 활용하고 있는지 보여 주고자 한다. 사회과학 분야에서 거의 유일하게, 이 새로운 학문인 사회물리학 이론은 소규모 집단으로부터 기업과 도시, 사회 전반에 이르는 차원에서 정량적인 성과들을 보여 주고 있다. 최근 사회물리학 이론은 다양한 상업적 환경에서 일상적으로 활용되고 있으며, 금융 투자와 건강 관리, 마케팅, 기업 생산성 개선, 창조적 성과 강화와 관련된 일을 하는 수천만 명의 사람에게 큰 도움을 주고 있다.

물론 사회물리학이라고 하는 학문의 궁극적 가치는 단지 정확하고 유용한 수학적인 예측을 제시하는 활용성에만 있는 것이 아니다. 사회물리학이 단지 복잡한 수학에 불과하다면, 그 활용 범위는 특별한 훈련을 받은 전문가들에게만 국한될 것이다. 하지만 나는 사회물리학의 궁극적 영향력은 사람들에게, 말하자면 정부와 산업의 리더, 학자, 일반 시민들에게 시장과 계급, 자본과 생산의 낡은 어휘들보다 더 나은 언어를 제공할 수 있을지 여부에 달려 있다고 믿는다. '시장', '정치적 계급', '사회적 유동성'과 같은 개념들은 오늘날 우리가 세상을 바라보는 사고방식을 형성하고 있다. 물론 이러한 용어들도 유용하기는 하나, 동시에 지나치게 단순화된 사고를 드러내기도 한다. 그래서 명료하고 실질적인 우리의 사고 능력을 가로막는 장애물이 될 수 있다. 그렇기 때문에 나는 여기서 우리가 살아가는 세상을 보다 정확하게 설명해 주고, 미래를 위한 계획을 세우는 데 도움을 줄 것이라고 기대되는 다양한 새로운 개념들을 여러분께 제시하고자 한다.

빅데이터

사회물리학을 돌아가게 만드는 원동력은 바로 빅데이터다. 즉 인간의 삶의 모든 측면에 대해 우리가 지금 접근할 수 있는, 세상 어디에나 존재하는 새로운 디지털 데이터다. 사회물리학은 우리가 세상을 통해, 가령 전화 통화나 신용 카드 거래 내역, GPS(위성 항법 장치) 지역 설정을 통해 흘리고 다니는 디지털 빵가루digital bread crumbs 속에 담겨 있는 인간들의 경험과 아이디어 교환 패턴에 대한 분석 작업에 바탕을 두고 있다. 이러한 데이터들은 우리가 선택한 일들을 기록함으로써 일상생활 속 이야기들을 들려준다. 이러한 이야기는 페이스북 포스팅과 사뭇 다르다. 페이스북 게시 글은 우리가 다른 사람들에게 들려주기로 선택한 이야기이며, 그때그때의 기준에 따라 편집된다. 그러나 우리의 진정한 정체성은 단지 우리가 들려주기로 선택한 이야기가 아니라, 우리가 실제로 시간을 보내는 장소, 실제로 구매하는 물건들로부터 더욱 정확하게 드러난다.[9]

이처럼 디지털 빵가루를 가지고 패턴을 분석하는 작업을 우리는 현실 마이닝reality mining이라고 부르는데, 이를 통해 한 개인의 정체성에 관해 엄청나게 다양한 이야기를 들려줄 수 있다. 나는 학생들과 함께 이 기술을 바탕으로 특정 인물이 당뇨에 걸릴 것인지, 혹은 돈을 잘 갚는 유형인지 판단할 수 있다는 사실을 확인했다. 그리고 많은 사람을 대상으로 그 패턴을 분석함으로써, 과거에는 다만 무작위적인 '신의 영역'으로 여겼던 다양한 현상들, 가령 경제 위기나 혁명, 거품과 같은 사건들을 설명해 낼 수 있다는 사실을 확인해 가고 있다. 이러한 차원에서 기술 잡지인 『MIT 테크놀로지 리뷰MIT Technology Review』는 우리가 개발한 현실 마이닝을 세상을 바꿀 10가지 기술 중 하나로 선정했다(자세한 사항은 부록 1 참조).

사회물리학에서 사용하는 과학적 방법은 대부분의 사회과학 방법들과 다르다. 그 이유는 사회물리학이 주로 '살아 있는 실험실living laboratory'에 기반을 두고 있기 때문이다. 그렇다면 살아 있는 실험실이란 무엇인가? 공동체 전체에 영상 장치를 설치해 놓고, 모든 구성원 사이에서 일어나는 행동과 의사소통, 그리고 사회적인 상호 작용들을 기록하고 보여 줄 수 있다고 상상해 보자. 그리고 몇 년 동안 공동체의 모든 구성원이 삶을 그렇게 추적한다고 해보자. 그것이 바로 살아 있는 실험실인 것이다.

지난 10년 동안 나는 학생들과 함께 그러한 살아 있는 실험실을 구축하고, 이를 활용하기 위한 기술을 개발했으며, 그룹과 기업, 전체 공동체 등 다양한 사회적 조직들을 몇 년에 걸쳐 초 단위로 추적했다. 사실 그 방법은 간단하다. 휴대 전화의 센서, 소셜 미디어 사이트의 게시물, 신용 카드 구매 등에서 비롯된 디지털 빵가루를 긁어모아 측정하면 된다.

그러나 이러한 작업을 하기 위해, 나는 먼저 법적·소프트웨어적인 도구들을 가지고 살아 있는 실험실 내부 사람들의 권리와 사생활을 보호하고, 이들의 데이터에 무슨 일이 벌어지고 있는지 충분히 정보를 제공하고, 언제라도 중단할 수 있는 권리를 계속 유지시켜 주어야 한다. 나중에 따로 설명하겠지만, 내가 개발하고 있는 솔루션들은 세계적으로 시민들의 사생활을 보호하는 과정에서 대단히 중요한 기능을 하고 있다(법적·소프트웨어적 도구들에 관한 세부적인 사항은 부록 1과 부록 2 참조).

수십억 건의 전화 통화 내역과 신용 카드 거래, GPS 지역 정보 모두 과학자들에게 미묘하고 세부적으로 사회를 들여다볼 수 있는 렌즈를 선사한다.[10] 네덜란드 렌즈 기업들이 최초로 상용 렌즈를 개발하고, 그 기술을 바탕으로 연구원들이 현미경과 망원경을 개발할 수 있었던 것처럼, 나와 우리 연구 팀은 공동체 전반으로부터 디지털 빵가루를 완벽하게 긁어모을 수 있는 도구를 개발했고, 그 기술을 바탕으로 상용 '소시오스코프s_socioscope'를 처음으로 개발할 수 있었다. 이러한 새로운 도구들은 복잡한 현실에서 우리의 삶을 들여다볼 수 있는 시선을 던져 준다. 이는 또한 사회과학의 미래다. 현미경과 망원경이 생물학과 천문학 분야에서 혁신을 몰고 온 것처럼, 소시오스코프는 살아 있는 실험실을 기반으로 한 인간 행동 연구에 혁명을 가져다줄 것이다.

풍요로운
사회과학

기존 사회과학은 대부분 실험실 현상에 대한 분석이나 설문 조사에 기반을 두고 있다. 다시 말해 평균적이고 전형적인 현상에 대한 설명에 의존하고 있다. 하지만 우리의 모든 특이한 정신적 특성들이 동시에 작용할 때는 이런 접근 방식으로 복잡한 현실을 설명할 수 없다. 또한 우리가 교류하는 사람들에 관한 세부적인 사항들과 우리가 사람들과 상호 작용하는 방식이 시장의 힘이나 계급 구조만큼이나 중요하다는 결정적인 사실도 놓치고 만다. 사회적 현상은 수십억 건에 달하는 개인들 간의 실질적인 제품이나 돈 거래뿐만 아니라, 정보와 아이디어, 가십거리를 나누는 것과 같은 수많은 사소한 교류들로 이루어져 있다. 금융 위기나 아랍의 봄과 같은 현상들을 움직이는 사회적 교류들 속에는 특정한 패턴이 존재한다. 그러나 그러한 현상들은 사회를 바라보는 전통적인 방식과 잘 들어맞지 않기 때문에, 우리는 미시적인 패턴들을 자세히 들여다보아야 한다. 여기서 빅데이터는 수백만 개에 달하는 개인 간의 교환 네트워크를 바탕으로, 모든 복잡성과 더불어 사회를 들여다볼 수 있는 기회를 우리에게 제공한다.

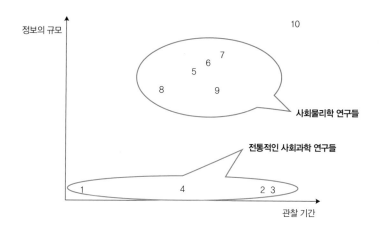

그림 1 사회과학의 관찰과 실험들에 대한 정성적 검토. 가로축은 데이터 수집 기간을, 세로축은 수집된 정보의 규모를 나타낸다. 데이터 집합은 다음을 포함하고 있다. (1) 대부분의 사회과학 실험들 (2) 미국 중서부 야전부(Barker 1968) (3) 프래밍엄Framingham 심장 연구(Dawber 1980) (4) 대규모 통화기록 데이터 집합(Gonzalez et al. 2008; Eagle et al. 2010; Hidalgo and Rodriquez-Sickert 2008) (5) 현실 마이닝(Eagle and Pentland 2006) (6) 사회적 진화(Madan et al. 2012) (7) 친구와 가족(Aharony et al. 2011) (8) 소시오메트릭 배지 연구(Pentland 2012b) (9) 개발을 위한 데이터Data for Development(D4D) 데이터 세트(http://www.d4d.orange.com/home) (10) 세상이 향하는 방향

우리에게 '신의 눈'이 있다면, 즉 모든 걸 이해하는 눈이 있다면, 우리는 아마도 사회가 어떻게 돌아가는지, 그리고 당면 과제를 해결하기 위해 어떤 단계를 밟아야 하는지 분명하게 알 수 있을 것이다. 하지만 안타깝게도 그림 1이 보여 주는 것처럼, 전통적인 사회과학(1이라고 표기된)으로부터 얻은 데이터 대부분은 (0,0)에 가깝다. 이 말은 곧 데이터 집합이 채 100명도 되지 않는 사람들로부터, 그리고 겨우 몇 시간에 걸쳐 수집된 정보라는 것을 의미한다. 2, 3으로 표기된 연구들은 지금까지 가장 거대한 규모의 사회과학 연구에 해당한다.[11] 지난 10년 동안 컴퓨터 기반의 사회과학자들은 빅데이터를 어떻게 활용할 것인지 이해하기 시작했고, 모바일 통신

업체와 소셜 미디어 시장의 기업들로부터 얻은 데이터 풀을 활용하고 있다. 이러한 연구들의 일반적인 사례는 4에 해당한다. 그러나 안타깝게도 이 정도 거대한 데이터 집합도 풍요와는 거리가 멀다. 그 이유는 한 번에 단지 몇 개의 변수만 고려하기 때문이다. 그렇기 때문에 이러한 데이터들은 인간의 본성에 관해 지극히 제한적인 통찰력밖에 제공하지 못한다.

사회물리학은 정량적인 설명을 최대한 풍부하게 제공하고자 한다. 5, 6, 7에 해당하는 연구들은 우리 연구 팀이 수행한 것들로서, 여기서 우리는 스마트폰을 활용해 데이터를 수집했다. 다음으로 8번 연구는 '소시오메터sociometer'라고 하는 스마트 전자 명찰을 활용해 데이터를 수집했다(자세한 사항은 부록 1 참조). 그리고 9번은 D4D Data for Development 집합으로, 이는 코트디부아르의 전체 인구를 대상으로 한 것이다.

그림 1을 간략히 살펴봄으로써, 우리는 사회물리학의 데이터 집합이 기존의 사회과학 데이터보다 더욱 폭넓은 범위를 포괄하고 있다는 사실을 이해할 수 있다. 이처럼 거대한 디지털 데이터 집합은 객관적이고 지속적이며 밀도 높은 엄청난 규모의 데이터를 담고 있다. 우리는 이를 기반으로 복잡한 일상적인 상황들 속에서 인간 행동에 대한 정량적이고 예측적인 모형을 개발할 수 있는 것이다.

여기서 중요한 사실은, 세상이 10을 향해 나아가고 있다는 점이다. 불과 몇 년 전부터 우리는 실질적으로 모든 인류의 행동을 대상으로 한, 믿기 힘들 정도로 어마어마한 데이터를 연속적인 기반으로 확보하게 되었다. 물론 그러한 데이터들 대부분은 휴대 전화 네트워크나 신용 카드 데이터베이스 등에 이미 존재하지만, 실제로는 아직 기술 분야의 전문가들만 접근이 가능하다. 그렇다고 하더라도 과학 분야의 요청에 따라 그러한 데이터들에 대한 접근 가능성이 점차 높아지면서, 사회물리학이라고 하는 떠오르는 과학이 계속해서 탄력을 얻을 것으로 보인다. 만약 인간의 삶의 패턴에 대해 보다 정확한 지도를 그려 낼 수 있다면, 우리는 복잡하게 서로 연결된 인간과 기술의 네트워크에 적합한 방식으로 오늘날의 사회를 이해하고 운영할 수 있을 것이다.

이 책의 주장들에 대한 근거를 제시하기 위해, 나는 세계 최대, 그리고 가장 구체적인 살아 있는 실험실의 데이터 집합을 여러 차례 웹상에 올려 놓았다. 이러한 새로운 디지털 정보 원천을 바탕으로, 우리는 사람들 사이에서, 혹은 구매자와 판매자들 사이에서 이루어지는 상호 작용 패턴을 정확하게 측정했고, 많은 이들이 살아가면서 겪는 경험들의 패턴을 그림으로 그려 보았다. 이러한 살아 있는 실험실 데이터 집합은 다음과 같은 요소들로 이루어져 있다.

> **가족과 친구** 지역, 근접성, 의사소통, 구매, 소셜 미디어 활동, 모바일 앱, 수면 등[12] 광범위한 계량사회학 변수들을 가지고, 젊은 가구들로 이루어진 작은 공동체를 대상으로 약 18개월에 걸쳐 수집한 데이터. 여기서 우리는 6분마다 30가지에 해당하는 행동 변수를 측정했다.[13] 이 연구는 인간의 사회적 경험에 관한 총 150만 시간에 달하는 정량적인 관찰을 바탕으로 추진되었다.
>
> **사회적 진화** 건강 및 정치, 계량사회학 변수들을 기준 삼아 대학 기숙사

를 대상으로 9개월 동안 수집한 지역, 근접성, 의사소통에 관한 데이터.[14] 이 연구는 총 50만 시간에 달하는 정량적 관찰을 기반으로 이루어졌다.

현실 마이닝 몇 가지 다양한 계량사회학 변수들을 기준으로 지역, 근접성, 5분마다 측정한 통화를 가지고 두 대학 실험실의 대학원생들을 대상으로 9개월에 걸쳐 수집한 데이터.[15] 이 연구는 인간 상호 작용에 대한 33만 시간 이상의 데이터를 기반으로 이루어졌다.

배지 데이터 집합 정확한 업무 흐름, 과제 측정과 더불어 지역, 의사소통, 몸짓을 기준 삼아 직장 사무실을 대상으로 한 달에 걸쳐 16밀리세컨드 (millisecond, 1/1,000초 – 옮긴이) 단위로 수집한 데이터.[16]

익명적인 방식으로 우리가 수집한 데이터와 도표, 코드, 문서 및 논문들은 http://realitycommons.media.mit.edu에서 확인 가능하다. 이들 데이터 집합은 모두 인간을 대상으로 한 미국 연방실험윤리법률을 준수하고 있다.[17]

이와 같이 구체적인 살아 있는 실험실 사례는 미국인들의 삶에 관해 세부적인 그림을 그려 준다. 그렇다면 신흥 국가들의 삶은? 엄청난 인구가 살아가고 있는 지역에서의 삶은? 이러한 차원에서 나는 2013년 5월 1일 개발을 위한 데이터D4D의 공개를 추진했고, 이것은 아마도 세계 최초 진정한 빅데이터 기반에 해당할 것이다. 이 연구 자료는 코트디부아르 전역을 대상으로 한 경제, 인구, 정치, 식량, 가난, 사회 제반 시설 데이터를 기반으로 유동성과 통화 패턴을 설명해 준다. 관련 데이터는 http://www.d4d.orange.com/home에서 확인할 수 있다.

이러한 익명의 통합 데이터들은 이동통신 기업인 오랑주Orange(프랑스), 루뱅 대학(벨기에)과 우리 MIT 연구 팀의 기부, 그리고 부아케 대학(코트디부아르)과 UN의 글로벌 펄스Global Pulse, 세계경제포럼, 이동통신 기업들의 세계무역연합인 GSMA와의 협력을 통해 얻은 것이다. 이러한 데이터 공유지를 활용함으로써 코트디부아르 정부와 공공 서비스 혁신에 도움을 주는 사례에 대해서는 이 책의 마지막 장에서 다루기로 한다.

이 책의
구성

이 책의 목적은 사회물리학이 어떻게 인간 행동과 사회과학에 관한 빅데이터를 끌어 모으는지 설명함으로써, 실제 상황에 적용할 수 있는(실제로 이미 이루어지고 있는) 실용 과학을 창조하는 것이다. 1부에서는 사회물리학에서 가장 중요한 두 가지 개념을 잘 드러내는 사례들을 통해 그 이론적인 배경을 제시하고자 한다.

아이디어 흐름 사회관계망 내에서 이루어지며, 탐구(새로운 아이디어/전략의 발견)와 참여(모든 구성원의 협력 도모)로 이루어진다.

사회적 학습 새로운 아이디어가 습관으로 자리 잡는 과정을 말하는 것으로, 사회적 압력은 사회적 학습을 형성하고 강화한다.

또한 1부에서 우리는 디지털 빵가루를 활용해 사회적 영향, 신뢰, 사회적 압력과 같은 요소들을 정확하고 실용적으로 측정할 수 있는 방법에 대해 설명한다. 이러한 기술을 바탕으로 우리는 사회관계망 내부에서 이루어지는 아이디어의 흐름을 측정하고, 실제 상황에서 사회적 학습의 패턴을 형성하는 동기를 활용할 수 있다. 그리고 사회물리학의 성과를 설명하기 위해 온라인 소셜 네트워크, 건강, 재정, 정치, 그리고 소비자의 구매 행동과 관련된 다양한 사례를 제시한다.

2부에서는 사회물리학을 활용함으로써 유연하고, 창조적이고, 생산적인 조직을 구축하는 다양한 실제 사례들을 소개한다. 연구 실험실, 창조적인 광고부서, 전략기획 팀, 콜 센터 등이다.

다음으로 3부는 더욱 거대한 규모로, 즉 도시들을 대상으로 사회물리학을 다룬다. 여기서 나는 도시를 보다 창조적이고 생산적이며 더욱 효율적인 공간으로 만들기 위해 사회물리학을 활용하는 방법에 초점을 맞춘다.

마지막 4부에서는 사회물리학을 사회 제도에 적용하는 방안에 대해 논의한다. 정부의 역할과 법률 시스템, 그리고 데이터 기반 사회의 규제에 대해 살펴보고, 개인 정보와 경제 규제에 대한 변화를 제시한다.

이 책을 읽어 나가는 동안, 독자들이 사회물리학적 사고방식을 잘 받아들이기를 바란다. 사회물리학이라는 새로운 접근 방식은 그 정량적 · 예측적 측면과 관련해 경제학과도 얼핏 비슷해 보인다. 실제로 이 책에서 내가 사용하는 용어들 중 상당 부분은 경제학으로부터 온 것들이다. 하지만 사회물리학은 경제 주체들이 어떻게 움직이고, 경제가 어떤 기능을 하는지보다, 아이디어의 흐름이 어떻게 행동과 습관으로 넘어가는지에 주목한다. 다시 말해, 사회물리학이란 아이디어 교환이 인간의 행동을 어떻게 변화시키는지를 다루는 학문이다. 즉 화폐의 교환이 시장을 돌아가게 만드는 방식이 아니라, 사람들이 협력을 통해 새로운 전략들을 발견하고, 선택하고, 학습하고, 개인의 행동을 상호 조율하는 방식에 주목한다.

게다가 사회물리학은 인지과학 등 여러 다른 학문 분야와 비슷한 모양새를 띠고 있다. 그러나 우리는 인지과학과 사회물리학 간의 차이에 주목할 필요가 있다. 사회물리학은 개인의 생각과 감정에 주목하기보다, 습관과 규범의 주요한 동인으로서 사회적 학습에 초점을 맞춘다. 사회물리학을 떠받치는 기본 전제는, 다른 사람들의 행동 사례들(그리고 이와 관련된 상황적인 측면들)로부터의 학습은 우리 인간에게 대단히 중요하고, 행동 변화를 촉발하는 지배적인 메커니즘이라는 것이다. 인간 내면의 인식 과정에 주목하지 않는다는 점에서, 사회물리학은 본질적으로 확률적인 학문이다. 또한 인간의 의식적 사고의 발생적 측면에 주목하지 않기 때문에 불확실성을 내포할 수밖에 없다.

데이터 주도적 사회:
프로메테우스의 불

새롭게 떠오르는 학문인 사회물리학은 네트워크, 복잡성, 의사 결정, 생태학과 함께 경제학, 사회학, 심리학 분야들을 함께 연결하고, 빅데이터를 기반으로 이들 모두를 조합한다. 시장, 계층, 정당과 같은 집단 너머를 바라보는 사회 시스템을 창조하고, 아이디어 교환의 세부적인 패턴들을 분석함으로써, 나는 시장 붕괴와 민족적·종교적 폭력 사태, 정치적 난국, 만연한 부패, 권력 집중이라는 위험 요소들을 효과적으로 해결해 나가는 사회를 건설하기 위한 방안들을 제시하고 있다. 이를 위해 우선 성장과 혁신을 위한 과학적·객관적 정책을 수립하고, 사생활 보호와 공적 투명성을 위한 정보 및 법률 시스템을 구축해야 한다. 이를 기반으로 우리는 정책들이 어떻게 돌아가는지 확인하는, 예전에 없던 새로운 방법을 확보해 우리가 언제 기만과 억압을 당하는지 간파하고, 그러한 상황에 신속하고 효과적으로 대처하기 위한 방안을 마련할 수 있다.

데이터 주도 사회data-driven society가 제시하는 이와 같은 비전은 데이터들이 악용될 수 있다는 가능성을 암묵적으로 인정하고 있다. 사실 시장과 정치 혁신의 구체적인 사항들을 이해하고, 그 흐름을 예측하고 통제하는 능력은 프로메테우스의 불과 같다. 우리는 그 능력을 얼마든지 선하게 혹은 악하게 이용할 수 있다. 간단히 말해, 데이터 주도 사회의 찬란한 미래를 구현하기 위해, 우리 사회는 먼저 내가 '데이터 뉴딜New Deal on Data'이라고 언급한 것을 추진해야 한다. 다시 말해, 시민들을 보호하면서 동시에 공익을 위해 필요한 데이터에 쉽게 접근할 수 있는 현실적인 보장을 마련해야 한다.[18] 개인의 사생활과 자유의 보장은 모든 사회의 번영을 위한 핵심적인 요소다.

지난 5년 동안, 나는 앞서 가는 정치인과 다국적 기업의 CEO들, 그리고 개인의 자유를 보장하기 위해 애쓰는 전 세계 사회운동 단체들 사이에서 논의를 이끌어 왔다. 그리고 그 결과로 나온 것이 바로 데이터 뉴딜이다. 이것은 미국과 유럽 연합 국가들 및 여러 다른 나라들의 상업 규제 속에서 개발되고 있다.[19] 이로 인한 변화는 개인들에게 예전에 없던 개인 정보 통제권을 부여하고 있으며, 동시에 공적·사적 분야에서 한층 높아진 투명성과 통찰력을 가져다주고 있다.

이러한 흐름이 시민들을 기업들로부터는 지켜 줄 수 있겠지만, 정부로부터도 지켜 줄 것으로는 보이지 않는다. 2013년 6월, 전직 NSA 직원 에드워드 스노든Edward Snowden은 통화 내역 및 인터넷 데이터에 대한 미국 정부의 대규모 감시를 폭로하면서, 이러한 정부의 활동을 '압제적 구조architecture of oppression'라고 불렀다. 이제 우리는 개인의 사생활과 정부의 정보 수집 사이의 균형, 그리고 개인 정보의 활용에 대한 공적인 논의를 새롭게 할 필요가 있다. 다시 말해, 데이터 뉴딜을 정부 영역으로까지 확장해야 한다. 그리고 또한 정부가 어떠한 선을 넘지 못하도록 통제하는 컴퓨터 및 커뮤니케이션 기술을 받아들여야 한다.

또 하나의 도전 과제는 사회 시스템 내부에서 이루어지는 보다 통제된 실험에 대한 필요성이다. 오늘날 정부와 기업들은 다분히 희박한 증거를 바탕으로 새로운 정책과 제도를 설계하고 있다. 최근 사회과학 분야에서 실제로 모습을 드러내는 과학적 방법론은 빅데이터 시대를 살아가고 있는 우리를 좌절시키고, 붕괴 위협을 주고 있다.[20] 커피는 우리 몸에 좋은가, 나쁜가? 설탕은? 100년 넘게 이러한 제품들을 소비하고 있는 수십억 인구에게, 이제 우리 사회는 정확한 대답을 내놓아야 한다. 그러나 우리에게 주어지는 '과학적' 주장들은 매일 달라지고 있다. 이제 우리는 살아 있는 실험실을 구축함으로써 데이터 주도 사회 건설을 위한 다양한 아이디어들을 시험하고 검증할 수 있는 사회과학을 부활시켜야 한다.

인쇄와 인터넷 같은 혁명들과 어깨를 나란히 할 거대한 혁명의 여정이 이미 시작되었다. 역사상 처음으로 우리는 우리 자신을 이해하고, 우리 사회의 진화 방식을 실질적으로 이해하기 위해 필요한 데이터를 손에 넣게 될 것이다. 우리 자신을 더 잘 이해함으로써, 이제 우리는 전쟁이나 금융 위기를 겪지 않고, 감염적 질병을 재빨리 추적하고 예방하는 에너지와 물 같은 다양한 천연자원들을 함부로 낭비하지 않는, 그리고 정부가 문제의 일부가 아니라 해결책의 일부가 되는 세상을 틀림없이 구축할 수 있을 것이다. 하지만 이러한 이상을 실현하기 위해, 우리는 먼저 사회물리학을 이해하고, 우리가 무엇을 가치 있게 여기고, 이를 성취하기 위해 무엇을 변화시켜야 하는지 사회적 관점에서 결정해야 할 것이다.

핵심
용어

많은 용어에는 일반적인 의미와 경제학 및 과학 분야의 기술적인 의미가 모두 담겨 있다. 혼란을 방지하기 위해, 간략하게나마 용어들의 의미를 정의하고자 한다.

참여Engagement 일반적으로 동료 집단 내부에서 이루어지는 사회적 학습을 의미하며, 대부분 행동 규범의 발달과 그러한 규범을 시행하는 사회적 압력으로 이어진다. 기업의 경우, 구성원들 간에 아이디어 흐름이 원활하게 이루어지는 업무 집단이 더 높은 생산성을 보이는 경향이 있다.

탐험Exploration 다양한 사회적 네트워크를 구축하고 발굴함으로써, 새롭고 잠재적으로 가치 있는 아이디어를 모색하는 과정을 의미한다. 기업의 경우, 외부로부터 아이디어의 유입이 원활하게 이루어지는 업무 집단이 보다 혁신적인 경향을 보인다.

아이디어Idea 도구적 행동을 위한 전략을 말한다(행동과 결과, 그리고 언제 그 행동을 실행에 옮겨야 할지를 규정하는 특성들).[21]

아이디어 흐름 Idea flow 사회적 학습 및 사회적 압력에 따라 사회관계망을 통해 행동과 믿음이 확산되는 현상을 말한다. 아이디어 흐름은 사회관계망의 구조와 새로운 아이디어에 대한 개인적 민감성은 물론, 사람들 사이에서 이루어지는 사회적 영향력의 강도에 의해 좌우된다.

정보Information 믿음으로 통합되거나 아이디어를 구축하기 위해 활용될 수 있는 관찰을 말한다.

상호 작용 Interaction 직접적 행위(대화 등)와 간접적 행위(대화 엿듣기 등)를 모두 포함한다.

사회적 영향력 Social influence 한 사람의 행동이 다른 사람의 행동에 영향을 미칠 가능성을 말한다.

사회적 학습 Social learning 다음 두 가지로 구성된다. (1)인상적인 이야기로부터의 학습을 포함해 다른 이들의 행동에 대한 관찰을 통해 새로운 전략(상황, 행동. 결과 등)을 배우는 것. (2)경험이나 관찰을 통해 새로운 믿음을 얻는 것.

사회관계망 동기 Social network incentive 사람들 사이에 이루어지는 교환의 패턴을 바꾸도록 자극하는 동기를 말한다.

사회적 규범 Social norm 모든 당사자들이 최고의 교환 가치를 만들어 낸다고 동의하는 일련의 양립 가능한 전략들을 말한다. 규범은 일반적으로 사회적 학습에 의해 개발되고, 사회적 압력에 의해 확산된다.

사회적 압력 Social pressure 한 사람이 다른 사람에게 영향을 미치는 협상력을 의미하며, 이는 이들 사이의 교환 가치에 제약을 받는다.

사회Society 사회물리학은 사회를 계급이나 시장이 아니라, 사람들 사이의 교환 네트워크들로 이루어져 있다고 가정한다.

전략Strategy 상황을 정의하는 특성과 그 상황에서 취할 수 있는 잠재적인 행동, 그리고 그러한 행동에 따른 예상된 결과의 조합이다.

신뢰Trust 지속적이고 안정적인 교환 가치에 대한 기대를 말한다.

가치Value 여기서 나는 교환 관계의 '가치'를 교환이 효용과 호기심, 사회적 지지 등을 포함하는, 사회적·개인적 목표들을 충족시키는 정도로 언급하고 있다.

1

사회물리학
SOCIAL PHYSICS

탐험

어떻게 좋은 아이디어를 발견하고,
옳은 결정을 내릴 것인가?

혁신과 창조성에 관한 가장 흔한 이야기는, 아주 똑똑한 몇 사람이 위대한
아이디어를 생각해 내는 마술과 같은 능력을 가지고 있으며, 나머지 우리
는 다만 때때로 행운을 누릴 수 있다는 것이다. 하지만 그것은 내가 연구
를 통해 확인한 바와 다르다. 나의 연구 결과에 따르면, 우리는 신중하고
지속적인 사회적 탐험을 통해 위대한 아이디어를 얻을 수 있다.

이곳 MIT에서 내가 차지하고 있는 자리는, 참으로 다양한 인종이 교차
하는 대단히 독특한 공간이다. 확실한 사실 한 가지는, 내가 세계 최고 연
구원인 나의 동료들과 보스턴 지역에서 함께 어깨를 부딪치며 살아가고
있다는 것이다. 게다가 기업가정신을 주제로 한 내 강의에 자신의 이야기
를 들려주기 위해 MIT를 찾은, 혹은 내 연구를 후원하는 미래 지향적인
비즈니스 리더들도 있다. 세계경제포럼을 통해, 나는 전 세계에서 온 정치

지도자들을 만나고, 그들과 새로운 아이디어에 대해 논의할 소중한 기회를 누리고 있다. 그리고 MIT 미디어랩을 통해, 나는 우리 사회의 전도유망한 다양한 새로운 예술가들과 함께 일하고 있다. 마지막으로 전 세계 수많은 지역에서 온, 세계에서 가장 똑똑한 학생들이 있다.

하지만 놀라운 사실은 이들 모두 그저 평범한 사람들이라는 것이다. 어떤 이들은 세계적인 수준의 전문 기술을 갖추고 있지만, 그것은 새로운 아이이어가 솟아나는 원천이 아니다. 스티브 잡스Steve Jobs는 이렇게 말했다.

> 창조성이란 단지 연결하는 능력을 말한다. 창조적인 사람들에게 그 비결을 물어볼 때, 그들은 일종의 죄책감을 느낀다. 그건 그들이 실제로 뭔가를 만든 것이 아니라, 다만 뭔가를 보았기 때문이다. 그리고 그 뭔가는 잠시 후 그들에게 분명하게 모습을 드러낸다. 그것은 그들이 자신의 경험들을 연결함으로써 새로운 것들을 조합할 수 있었기에 가능한 일이다.[1]

가장 일관적으로 창조적이고 영감이 풍부한 사람들은 탐험가들이다. 그들은 많은 시간을 투자해 새로운 사람들과 다양한 아이디어를 찾아다니지만, 그렇다고 그들이 발견하고자 하는 것이 꼭 '최고의' 사람들, 혹은 '최고의' 아이디어인 것은 아니다. 다만 그들은 '다른' 관점과 '다른' 생각을 지닌 사람들을 만나고자 하는 것이다.

새로운 아이디어를 향한 끊임없는 탐색 활동과 함께, 탐험가들은 또 다른 흥미로운 일을 벌인다. 그들은 최근 발견한 아이디어에 대해 그들이 만난 모든 사람의 반응을 살피는 습관을 통해 최고의 아이디어를 걸러 내고, 그들이 만난 수많은 다양한 유형의 인물들을 기억한다. 혁신적인 아이디어를 수확하고자 할 때, 다양한 견해와 경험은 대단히 중요한 성공 요인이다. 폭넓은 범위의 사람들로부터 놀랍고 흥미로운 반응을 이끌어 내는 아이디어들은 그 요인들을 간직하고 있다. 그렇게 수확된 아이디어들은 서로 조합을 이루어 세상에 관한 새로운 이야기를 들려주고, 행동과 결정의 지침으로 작용한다.

가장 생산적인 사람들은 끊임없이 새로운 이야기를 개발하고 시험하며, 새롭게 발견한 아이디어들을 그 이야기에 추가하고, 그들이 만나는 모든 사람에게 적용한다. 점토를 가지고 아름다운 형상을 빚어내는 것처럼, 이들의 이야기는 끊임없이 매력을 더해 간다. 그리고 마침내 실행에 옮길 시간이 왔다는 판단이 들 때, 그들은 그 이야기를 세상에 가지고 와서 현실에 적용한다. 이러한 사람들에게 새로운 아이디어를 수집하고, 걸러 내고, 조합하는 일은 마치 게임과도 같다. 실제로 어떤 사람들은 그 일을 '진지한 놀이'라고 말한다.[2]

과학과 예술, 혹은 리더십 역시 마찬가지로 움직인다. 즉 세상에 대한 설득력 있는 이야기를 만들고, 이를 현실에 적용한다. 과학 분야의 경우, 그 이야기는 실제 세상의 움직임을 기준으로 검증을 받는다. 그리고 예술에서는 문화적 담론에 지속적으로 영향을 미치는 예술가의 역량을 기준으로, 경영에서는 정부나 기업 같은 조직 내에서 그들이 거둔 성공을 기준으로 검증받는다.

그런데 이처럼 탐험이 이루어지는 과정, 즉 다양한 아이디어들을 모색하고, 그중에서 좋은 아이디어들을 걸러 내는 과정을 통해, 우리는 어떻게 탁월한 의사 결정을 내리게 만드는 아이디어를 수확할 수 있는 것일까? 아이디어는 결국 개별적인 지성의 작은 기여와 더불어 무작위로 재조합된 결과물에 불과한 것일까, 아니면 성공적인 탐험에는 반드시 전략이 필요한 것일까?

이러한 탐험 과정이 본질적으로 사회관계망을 향한 개인적인 모색이라는 점에서, 이 질문에 대한 대답을 궁리하기 위한 최적의 출발점은 아마도 우리가 새로운 아이디어를 발견하고, 의사 결정을 내리기 위해 그 아이디어를 활용하는 과정에서 사회적 상호 작용이 차지하는 역할을 면밀히 들여다보는 시도가 될 것이다.

원시 인류 집단에 대한 연구는 사회적인 상호 관계가 인간들이 정보를 수집하고 의사 결정을 내리는 과정에 핵심적인 요인이라는 주장을 뒷받침해 준다. 민족학자들은 집단 전체에 영향을 미치는 의사 결정들 대부분이 사회적인 상황 속에서 이루어진다는 사실을 발견했다.[3] 이러한 패턴에 대한 중요한 예외로는, 인간과 다른 동물들 모두의 경우, 싸움이나 긴급 상황과 같이 의사 결정을 극단적으로 빨리 내려야만 하는 순간이다.[4]

왜 인류가 사회적 의사 결정 방식을 활용하도록 진화했는지에 대한 첫 번째 추측은, 많은 사람 사이에서 아이디어를 끌어 모으는 방식에 분명한 장점이 있었다는 것이다. 그 기본적인 개념은 아이디어를 끌어 모으는 방식으로 개인의 결정보다 더 나을 것이라고 기대되는 보편적인 '군중의 지혜'에 따라 의사 결정을 내릴 수 있다는 것이다. 이러한 개념의 아이디어 끌어 모으기는 제임스 서로위키James Surowiecki가 자신의 책에서 '대중의 지혜collective intelligence'라고 사용한 것을 시작으로 몇 년 전부터 널리 유행했으며, 바로 이와 같은 기본적인 직관이 소셜 미디어상에서 '좋아요'나 '별점'과 같은 비밀 투표나 웹페이지상 다운로드 횟수에 동기를 부여하고 있다.[5]

하지만 여기서 한 가지 분명한 점은, 이러한 아이디어 끌어 모으기 접근 방식은 사회적인 상호 작용이 전혀 없는 상황에서 단순한 측정 문제를 해결하기 위한 것이라는 사실이다. 다시 말해, 이 개념은 군중 속의 모든 이가 독자적으로 행동한다는 사실을 가정하고 있는 것이다. 그러나 사회적 상호 작용이 발생하는 순간, 모든 것이 무효로 돌아간다. 즉 사람들이 다른 이들에게 영향을 미치기 시작할 때,[6] 그 결과는 충격과 거품, 그리고 일시적 유행으로 이르고 만다.[7] 사회적 상호 작용이 없는 상태에서 정보의 조각들은 단순한 수학을 활용해 그 조각들을 조합할 수 있을 정도로 충분히 독립적이기 때문에, 아이디어 끌어 모으기 접근 방식은 간단한 측정 문제, 즉 평균값이나 중앙값을 구하는 문제에 불과하다.

아쉽게도 복잡한 전략적 정보를 손쉽게 끌어 모으는 방법은 없다. 그래도 희망은 남아 있다. 가령 탐험 생물학자들이 동물들이 살아가는 모습을 관찰한 연구에 따르면, 성공적인 개체들을 따라 하는 행동과 같은 사회적 학습 활동이 수렵 및 채집 활동과 관련된 의사 결정이나 짝짓기 선택, 그리고 서식지 선택 과정에서 그 정확성을 높여 준다고 한다.[8] 인간의 경우, 가장 좋은 기존 아이디어에 대한 피드백을 제공하는 사회적 학습 전략, 다시 말해 아이디어를 수집하는 동안에 전문가들이 아이디어를 평가하는 기간을 삽입하는 인위적인 방식의 제한적인 사회적 상호 작용을 통해서 소규모 집단에서도 기능하는 군중 효과crowd effect를 만들어 낼 수 있다.[9] 하지만 동물과 인간의 모든 경우에서, 이와 같은 군중의 지혜는 의사 결정을 내리기 위한 전략들 안에서 개인들이 충분히 다양한 입장을 드러낼 때만 효과를 나타낸다.[10] 아이디어 수집이 탁월한 의사 결정으로 이어지기 위한 핵심 과제는 다른 사람들의 성공과 실패로부터 학습하고, 이러한 형태의 사회적 학습을 위한 다양한 기회들을 보장하는 것이다.

사회적
학습

그렇다면 우리는 어떻게 세상 속에서 충분히 다양한 아이디어를 발견할 수 있을까? 어떤 사회적 학습 패턴이 대중의 지혜를 창조하는지 이해하기 위해, 우리는 우선 사회적 학습을 활용해 최고의 아이디어를 발견하기 위한 세부적인 사항들을 알아야 할 것이다. 대중의 지혜가 어떻게 생겨나는지 보여 주기 위해, 나는 박사 후 과정의 야니브 알트슐러Yaniv Altshuler와 박사 과정의 웨이 판Wei Pan과 함께 이토로eToro라고 하는 소셜 네트워크를 집중적으로 다룬, 내가 『하버드 비즈니스 리뷰Harvard Business Review』에 기고했던 논문 「반향실을 넘어Beyond the Echo Chamber」[11]의 연구 사례를 소개하고자 한다.

　간단히 설명해, 이토로는 단기 매매자들을 위한 온라인 금융 거래 시스템으로서, 아마도 가장 흥미로운 장점은 오픈북OpenBook이라고 알려진 소셜 네트워크 플랫폼을 사용한다는 점일 것이다. 오픈북의 경우, 소셜 네트워크 사용자들이 다른 사용자들의 거래, 포트폴리오, 과거 실적은 쉽게 검색할 수 있지만, 다른 사용자들이 누구를 따라 하는지는 확인할 수 없다.

이토로 사용자들은 다음 두 가지 주요한 거래 유형을 취할 수 있다.

개별적 거래 혼자서 하는 일반적인 거래
사회적 거래 또 다른 사용자의 개별적 거래를 그대로 따라 하거나, 그 사
용자의 모든 거래를 자동으로 따라 하기

대부분의 이토로 사용자들은 다른 사람들이 그들을 그대로 따라 할 수 있도록 그들의 거래 아이디어trading idea를 열어 둔다. 실제로 사용자들은 오픈북을 통해 자신의 거래 내역을 공개함으로써 짭짤한 수입을 올리는데, 그것은 다른 사용자가 그들의 전략을 따라 할 때마다 이토로로부터 약간의 수수료를 얻을 수 있기 때문이다. 또한 사용자들은 일반적으로 여러명의 다른 사용자를 선택해 그들의 거래를 따라 할 수 있다.

2011년에 우리는 160만 명에 달하는 이토로 사용자들로부터 유로/달러 거래에 관한 데이터를 수집했다. 이 데이터 집합으로부터 우리는 1천만 건에 달하는 거래 내역을 검토할 수 있었다. 이 연구 사례에서 흥미롭고 중요한 사실은, 사회적 학습이 이루어지는 실제 과정을 지켜보고, 그러한 학습이 사람들의 행동에 미치는 영향을 추적하며, 그들의 행동이 수익 창출에 도움을 주는지 확인할 수 있다는 것이었다. 간단하게 말해, 우리는 그 네트워크를 통해 신의 눈으로 사회적 학습을 내려다볼 수 있었던 것이다. 즉 개별 사용자들 사이에서 이루어지는 구체적인 아이디어 교환이 그들의 행동과 최종 금융 실적에 어떻게 영향을 미치는지 확인할 수 있었다. 사회적 탐험 과정을 이처럼 분명하게 확인하고, 어떠한 사회적 학습 패턴

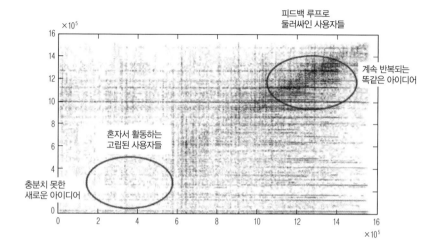

피드백 루프로
둘러싸인 사용자들

계속 반복되는
똑같은 아이디어

혼자서 활동하는
고립된 사용자들

충분치 못한
새로운 아이디어

그림 2 각각의 점은 사회적 거래를 의미한다. 여기서 가로축은 160만 명의 사용자 중에서 그 거래를 따라한 사용자를 말하고, 세로축은 그가 따라하고 있는 대상을 말한다. 타원형으로 표시된 두 영역 중에서, 하나는 사회적으로 고립된 비사회적인 상태를, 그리고 다른 하나는 모두가 모두를 따라하는 상태를 보여준다.

이 가장 효과적으로 이루어지는지 가늠할 수 있도록 만들어 준 데이터 집합들은 지금까지 거의 없었다.

그림 2는 이토로 사용자들 사이에서 이루어지는 사회적 학습 패턴을 보여 준다. 각각의 점들은 어떤 사용자가(가로축) 어떤 다른 사용자(세로축)를 따라 하는지 나타낸다. 여기서 신의 눈은 어떠한 개인도 보지 못하는 보편적인 학습 패턴을 조망한다. 그림 2에서 가장 뚜렷하게 확인할 수 있는 특성은 그러한 점들 사이에 여전히 많은 공백이 존재한다는 사실일 것이다. 이 말은 대부분의 사용자가 오직 몇 사람들만 따라 하고, 많은 이는 어느 누구도 따라 하지 않는다는 뜻이다. 여기서 우리는 개인 매매자들과 그들

을 따라 하는 사용자들 사이에 희박한 연결 고리로 이루어진 소셜 네트워크를 바라보게 된다. 이를 기반으로 한 사용자가 다른 사용자를 따라 하는 과정에서 새로운 거래 전략들은 사용자들에게 확산되고, 다시 다른 사용자들이 이들을 따라 하게 된다.

또한 이 그림은 전체적인 사회적 학습 과정이 진행되는 가운데, 수많은 변수가 존재한다는 사실을 뚜렷하게 보여 준다. 이 그림에는 점들로 빼곡히 채워진 영역이 존재하는데, 이것은 매매자들 사이에 밀도 높은 사회적 학습 네트워크가 존재한다는 뜻이다. 반면 점들이 듬성듬성 나타나는 아래 영역은 매매자들 사이에서 사회적 학습이 거의 이루어지지 않음을 의미한다.

이 그림은 개인 매매자들에게 어떤 의미가 있을까? 분명하게도 일부 사용자들은 다른 사람들에 대한 연결 고리가 지나치게 희박하기 때문에 사회적 학습 기회를 제대로 누리지 못하고 있다. 그리고 또 다른 사용자들은 피드백 루프의 그물망 속에 완전히 갇혀 있기 때문에, 계속해서 똑같은 아이디어들만 접하고 있다. 반면, 그 밖의 사용자들 대부분은 평균적인 수준으로 사회적 학습 기회를 누리고 있다. 이토로에서 개인 사용자들의 거래는 다양한 탐험 패턴을 드러내며, 그 덕분에 사용자들은 다양한 아이디어 집합을 바탕으로 거래 활동을 하고 있다.

아이디어
흐름

어떠한 탐험과 사회적 학습 패턴들이 최고의 성과를 만들어 내는 것일까? 야니브가 매매자들 사이에서 아이디어가 흘러가는 속도, 즉 한 사용자가 다른 사용자를 따라 하고, 또 다른 사용자가 다시 그를 따라 하면서 새로운 거래 전략들이 소셜 네트워크를 기반으로 사용자들 사이로 확산되는 속도를 기준으로 모든 매매자의 투자 수익률을 기록했을 때, 우리는 그 질문에 대한 해답을 발견할 수 있었다.[12]

그림 3은 이토로 소셜 네트워크 안에서 아이디어 흐름 속도에 따라 투자 수익률이 어떻게 달라지는지 보여 준다. 여기서 각각의 점들은 모든 이토로 소셜 사용자들의 하루 평균 수익률을 의미한다. 이 그래프가 보여 주는 모든 데이터를 구하기 위해, 거의 1천만 건에 달하는 거래를 살펴보았다. 이 그래프에서 가로축은 아이디어 흐름 속도를, 세로축은 시장의 전반적인 등락에 따른 영향을 보정한 투자 수익률을 뜻한다.[13]

이토로 소셜 네트워크 안에서 드러나는 아이디어 흐름 속도를 간략히 살펴볼 때, 한쪽 끝에 위치한 고립된 개인 투자자들로부터 다른 쪽 끝에

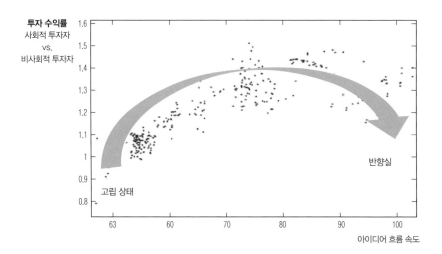

그림 3 각각의 점들은 모든 이토로 사회적 매매자들의 하루 평균 수익률을 말한다. 세로축은 사회적 거래의 투자 수익률을(시장의 등락을 보정한), 가로축은 이토로 소셜 네트워크 속에서 이루어지는 아이디어 흐름 속도를 의미한다. 아이디어 흐름 속도가 적정할 때, 투자 수익률은 개별 거래 대비 30퍼센트 증가한 것으로 나타났다.

있는 반향실echo chamber에 갇힌 투자자들에 이르기까지 우리는 폭넓은 범위의 유형을 확인할 수 있다. 고립된 집단과 반향실 집단, 그리고 그 중간 집단의 수익성을 비교할 때, 우리는 사회적 학습의 엄청난 효과를 분명히 확인할 수 있다. 매매자들이 균형을 유지하면서 소셜 네트워크 속에서 다양한 아이디어를 접할 수 있을 때, 그들의 투자 수익률은 개인 매매자들에 비해 30퍼센트 증가한 것으로 나타났다.[14]

이와 같은 디지털 거래 환경의 경우, 우리는 극단적인 고립 상태, 그리고 소셜 네트워크가 반향실로 작동할 때 나타나는 집단 행동 상태의 중간 영역에서 대중의 지혜를 발견하게 된다. 이 중간 영역은 사회적 학습, 즉 다른 사람들을 효과적으로 따라 하는 시도가 실질적인 보상을 가져다주

60   1부 사회물리학

는 공간이다. 이후의 장들에서 우리는 기업과 도시, 사회 제도에서 이러한 대중의 지혜가 발견되는 사례를 만나 볼 것이다.

이와 같은 대중의 지혜의 효과는 얼마든지 예측이 가능하다. 우리는 원숭이 무리들 속에서,[15] 그리고 소규모 인간 집단 속에서 그 존재의 징후를 포착할 수 있다.[16] 또한 컴퓨터 학습 네트워크의 알고리즘에 대한 시뮬레이션을 통해서도,[17] 사회적 학습의 수학적 모형들을[18] 통해서도 확인이 가능하다. 박사 후 과정의 에레즈 슈무엘리Erez Shmueli와 야니브, 그리고 내가 함께 발견한 것은, 사회적 학습자들로 이루어진 공동체는 무척도scale-free[19] 프랙털 네트워크(fractal network, 그 연결이 단순 무작위보다는 구조적으로 더욱 다양한)라고 하는 것을 자발적으로 형성하며, 그 네트워크 속 연결들은 동일한 무척도 프랙털 방식에서 지속적으로 변한다는 사실이었다.[20] 학습자들 사이의 연결 패턴이 최적화되면서, 전체 구성원의 실적은 크게 높아진다. 그리고 이로 인해 아이디어를 지혜로 엮어 나가는 학습의 프랙털 춤fractal dance이 등장한다.

그렇다면 과연 아이디어 흐름이란 무엇인가? 소셜 네트워크를 통한 아이디어의 확산은 독감의 전염과도 비슷하다. 독감의 경우, 감염된 사람이 다른 사람과 접촉할 때 바이러스가 상대방을 감염시킬 수 있는 특정한 기회가 나타난다. 접촉이 잦고 독감 바이러스에 취약할 경우, 독감에 걸릴 가능성은 상당히 높다. 그리고 대부분의 사람이 그 바이러스에 취약할 경우, 결국 대부분의 사람을 통해 전파가 이루어진다.

아이디어 흐름 역시 마찬가지다. 사회적 학습이라는 개념 속에는, 사람들 사이에서 특정 행동(롤 모델)을 보여 주는 상호 작용들이 자주 일어나고, 새로운 상대방이 존재하며 그 상대방이 민감할 때 새로운 아이디어가 건너가서 뿌리를 내리고, 상대방의 행동을 바꿀 가능성이 높아진다는 의미가 담겨 있다. 사람들의 민감성은 다양한 요인에 좌우된다. 가령 롤 모델에 해당하는 사람이 새로운 행동으로부터 도움을 얻을 수 있는 상대방과 얼마만큼 유사한지, 롤 모델과 상대방 사이의 신뢰 수준이 얼마나 높은지, 그리고 새로운 아이디어와 이전에 학습한 행동들 사이에 일관성이 존재하는지 등이 민감성에 영향을 미친다. 그렇기 때문에 아이디어 흐름은 광고 회사들이 즐겨 이야기하는 바이러스 마케팅의 경우와 달리 때로는 대단히 느린 속도로 이루어진다.[21]

이러한 관점에서 아이디어 흐름을 측정하는 우리의 기준은, 새로운 아이디어가 사회관계망 전반에 등장할 때, 개인들의 행동이 바뀔 가능성을 의미하는 것이다. 가령 독감이 유행하는 시기에 독감에 걸릴 가능성은 훨씬 더 높다. 일반적으로 아이디어 자체만으로는 독감만큼 멀리 혹은 빠르게 퍼져 나가지 않는다. 아이디어 흐름 속도를 실질적으로 높일 수 있는 유일한 방법은 사회관계망 동기를 활용하는 것이다. 이에 관해서는 다음 장들에서 자세히 살펴보겠다.

아이디어 흐름과
의사 결정

이토로 사례는 아이디어 흐름 속도가 의사결정 전략을 수집하고 가다듬는 과정에서 사회관계망이 얼마나 효과적으로 작동하고 있는지를 평가하는 중요한 기준이라는 사실을 분명하게 보여 준다. 다음의 장들에서 우리는 생산성과 창조적 성과를 예측하기 위해서도 아이디어 흐름 속도를 똑같이 활용할 수 있다는 사실을 확인하게 될 것이다.

그런데 사회관계망 속에서 아이디어 흐름 속도를 높이기 위해 개인이 할 수 있는 일이 있을까? 다행히 그러한 일들은 아주 많다. 1985년에 카네기 멜론 대학의 밥 켈리Bob Kelly는 이후 널리 알려진 '벨 스타Bell Stars'라는 연구를 추진했다.[22] 최고 연구기관이라고 할 수 있는 벨연구소Bell Laboratories는 무엇이 스타와 일반인을 구분하는지에 관해 더 많은 진실을 밝혀내고자 했다. 그것은 과연 선천적인 재능인가, 아니면 후천적인 학습인가? 당시 벨연구소에는 전 세계 유수 대학들에서 온 최고의 인재들이 활동하고 있었지만, 그중 오직 몇 명만 뛰어난 재능을 보일 뿐 대부분의 사람은 비록 꾸준한 성과를 보여 주기는 했지만, AT&T의 시장 경쟁력에 실질적인 기여를 하지 못하고 있었다.

여기서 켈리가 발견한 것은, 스타 성과자들이 '예비적 탐험preparatory exploration'을 수행한다는 것이다. 다시 말해, 나중에 중요한 과제를 처리하는 과정에서 도움을 얻을 수 있는 전문가들과 긴밀한 상호 관계를 형성하는 것이다. 또한 이러한 스타들의 네트워크는 두 가지 중요한 측면에서 일반 직원들의 네트워크와 다르다. 첫째, 그들은 네트워크 속에 있는 사람들과 지속적으로 끈끈한 관계를 이어 나간다. 그래서 그들은 다른 사람들로부터 보다 신속한 반응과 도움을 얻는다. 이런 점에서 이러한 스타들은 시간을 허비하거나 막다른 골목에 봉착하는 일이 거의 없다.

둘째, 스타 성과자들의 네트워크는 더욱 다채롭다. 일반 성과자들은 자신이 맡은 업무 입장에서만 외부 세상을 바라보고, 자신과 똑같은 사고방식을 강요하려는 경향이 있다. 반면 스타들은 네트워크 속에서 다양한 업무를 수행하는 사람들과 관계를 유지함으로써 소비자나 경쟁자 혹은 관리자의 다양한 관점들을 자유롭게 취한다. 이처럼 다양한 관점에서 상황을 바라보기 때문에, 이들은 문제에 대해 더 나은 해결책들을 쉽게 발견할 수 있다.

다음으로 아이디어 흐름 속도를 높이기 위한 또 다른 방법으로 사람들의 개인적인 습관을 바꾸는 것이 있다. 2004년에 박사 과정의 탄짐 초더리Tanzeem Choudhury와 나는 소시오메터 배지sociometer badges라는 장비를 활용해, 2주일에 걸쳐 네 연구 집단을 대상으로 상호 작용들을 추적하면서, 1인당 평균 66데이터 시간 동안 1/1,000초 단위로 기록했다(이 장비에 대한 세부적인 정보는 부록 1에 나와 있다).[23]

여기서 우리가 확인한 바는 활기 넘치고 적극적으로 참여하는 상호 작용 스타일을 보여 주었던, 그리고 대화에 더 자주 참여했던 사람들이 사회 관계망 내부의 아이디어 흐름 속도를 높이는 데 더욱 중요한 역할을 했다는 사실이다.[24] 나는 세계적으로 창조적인 다양한 인물들을 만났을 때도 똑같은 진실을 발견할 수 있었다. 이들 모두는 새로운 아이디어를 수집하기 위해 다른 사람들과 지속적인 관계를 유지하며, 이들의 이러한 탐험 활동은 아이디어 흐름 속도를 높인다.

또한 아이디어 흐름은 사회적 학습과 개인적 학습의 조합에 따라 달라진다. 예를 들어, 다른 사람이 자신과 비슷한 전략들을 취하는 것을 볼 때, 사람들은 종종 신뢰감을 느끼고, 특정한 전략으로 자신의 투자를 강화하려는 경향을 보인다. 사람들의 의사 결정은 개인적 정보와 사회적 정보의 조합을 기반으로 하며, 개인적 정보가 부족할 때는 사회적 정보에 더 많이 의존하게 된다. 특히 불확실한 상황에서, 사회적 학습은 자신감을 높여 주는 뚜렷한 효과를 드러낸다.[25] 이는 상식적으로도 쉽게 납득할 수 있는 부분이다. 상황이 어떻게 돌아가는지 감을 잡지 못할 때, 사람들은 다른 사람들의 행동을 더 많이 관찰함으로써 학습하려고 한다.

그러나 이러한 접근 방식은 자칫 자만이나 집단 사고groupthink로 이어지기도 한다. 그 이유는 사람들이 서로 다양한 개별적인 정보들을 확보하고 있을 때라야만, 사회적 학습 과정이 의사 결정에 도움을 줄 수 있기 때문이다. 이러한 점에서 외부의 정보 원천들(잡지나 TV, 라디오 등)이 지나치게 비슷비슷한 정보를 담고 있는 상황에서는 집단 사고가 실질적인 위험으로 작용할 수 있다.

마찬가지로 소셜 네트워크 내부에 피드백 순환 회로가 존재할 때는 똑같은 아이디어들이 계속 맴돈다. 물론 일반적으로 아이디어는 한 사람에게서 다른 사람에게로 넘어가는 과정에서 조금씩 변화하기 때문에, 동일한 아이디어가 반복된다는 사실이 분명하게 드러나지 않을 수도 있다. 그럴 때 사람들은 스스로 비슷한 전략에 도달한 것이라 쉽게 생각하고, 이러한 생각은 다시 과잉된 자신감으로 이어진다. 이와 같은 방향실의 자만 효과는 일시적인 유행과 금융 시장 거품의 원천이기도 하다.

금융 시장의 거품이나 경제 공황의 경우처럼, 이러한 반향실 상황들은 해피엔드로 끝나지 않을 때가 많다. 실제로 그림 2에서 나타난 밀집된 피드백 순환 회로의 영역은 금융 시장의 거품 사례에 해당한다. 라트비아의 한 매매자가 오랫동안 연승 행진을 기록하자 사람들은 점차 그를 따라 하기 시작했고, 또 다른 사람들이 그들을 따라 하고, 그렇게 상황은 계속해서 흘러갔다. 사회적 학습은 조용하면서도 신속하게 라트비아인의 전략을 활용하는 거대한 '조직'을 형성했던 것이다.

그러나 사회적으로 연결된 전체 네트워크를 볼 수 없었던 매매자들은 실제로 그들 모두가 라트비아의 한 사람을 그대로 따라하고 있었다는 사실을 알지 못했다. 사람들은 독자적으로 비슷한 전략들을 내놓는 서로 다른 여러 '대가'를 따라 하고 있다고 믿었다. 그리고 그 전략에 대한 아주 많은 독자적인 지지가 있었기 때문에, 매매자들은 그 전략을 지나치게 신뢰하고 말았다. 하지만 안타깝게도 모든 대가는 결국 실패했고, 한 라트비아 매매자의 전략을 고스란히 반영해 포트폴리오를 구성한 사람들에게 그 결과는 처참한 비극이었다. 거품은 바로 그렇게 터지는 것이다.

네트워크
조율

사회관계망 구조의 변수들, 사람들 간의 사회적 영향력, 새로운 아이디어에 대한 개인의 민감성을 모두 고려한다는 점에서, 아이디어 흐름은 또 다른 중요한 역할을 수행한다. 그것은 변수들을 변화시킴으로써 네트워크 속 모든 사람의 성과를 변화시키는 방법에 대한 신뢰할 만한 예측을 제시한다는 것이다. 그렇기 때문에 아이디어 흐름이라고 하는 수학에서 비롯된 개념을 가지고, 사회관계망을 '조율'함으로써 더 훌륭한 의사 결정을 내리고, 더 높은 성과를 얻을 수 있다.

가령 아이디어 흐름이 지나치게 희박하고 느리거나, 지나치게 밀집되고 빠른 경우, 우리는 어떻게 해야 할까? 이토로의 디지털 금융 세상에서, 우리는 작은 동기를 부여함으로써 사람들을 통해 아이디어가 확산되도록 하거나, 고립된 매매자들이 다른 사람들과 더 자주 접촉하도록 하고, 과잉 연결된 사람들은 관계의 비중을 낮추고 기존 관계를 떠나 새로운 탐험을 추구하도록 자극할 수 있다는 사실을 발견했다.

이토로 투자자들을 대상으로 한 실험에서, 야니브 알트슐러와 나는 이러한 방법으로 소셜 네트워크를 조율함으로써 사람들이 건강한 대중의 지혜 영역에 머무를 수 있도록 했다. 이 영역에 있는 매매자들은 사회적 학습의 다양한 기회를 충분히 누리면서도, 사회적 학습의 순환 회로가 똑같은 아이디어들이 끝없이 돌아다니도록 만드는 반향실로부터 자유로운 상태에 있다. 그 결과 모든 사회적 매매자들의 수익률은 6퍼센트 이상 증가했고, 이익은 두 배가 되었다.[26]

이 실험 사례에서 우리가 했던 조율 작업은 반향실을 부수고, 최근 유행하는 전략들이 반복적으로 돌아다니는 것을 막고, 새로운 전략들을 따라잡을 기회를 제공하는 역할을 했다. 아이디어 흐름 속도를 떨어뜨려 더 높은 수준의 다양성을 확보하는 방식으로, 우리는 소셜 네트워크를 최적의 영역으로 다시 이동시키고, 평균 성과를 높일 수 있었다. 이렇게 아이디어 흐름을 관리함으로써, 네트워크에 대한 우리의 조율 작업은 일반 매매자들을(최근 금융 시장에서 실패한 사람들) 승리자로 바꿔 놓았다. 금융 네트워크뿐만 아니라(이후 장들에서 살펴보겠지만), 기업과 도시들의 경우에도 좋은 아이디어의 흐름이란 곧 돈을 말한다.

이와 같은 조율 작업은 이토로뿐만 아니라, 다양한 형태의 네트워크에도 적용할 수 있다. 뉴스 기자들의 원천(사건들을 다양한 측면에서 접근하고 있는지 확인하기 위해), 금융 규제(사기의 모든 근원을 점검하기 위해), 광고 활동(다양한 소비자 의견을 충분히 반영하기 위해)에서도 우리는 똑같은 네트워크 구조를 발견하게 된다. 이러한 차원에서 야니브와 나는 오늘날 전 세계적으로 금융 및 의사 결정 네트워크를 조율하고 있는 아테나 위즈덤Athena Wisdom 이라는 분사 기업을 설립한 바 있다.

탐험

이토로와 벨 스타의 사례는 관계 네트워크가 어떻게 실제 의사 결정 수준을 결정하는지에 관한 좋은 그림을 보여 준다. 지금부터 내가 사용하는 '탐험exploration'이라는 용어는 사회관계망을 활용함으로써 아이디어와 정보를 수집하는 활동이라는 의미를 담고 있다. 탐험 활동은 새로운 아이디어를 업무 집단이나 공동체로 가져다주는 전체적인 아이디어 흐름의 일부다. 탐험의 개념과 관련해 다음의 중요한 세 가지 측면을 명심하도록 하자.

사회적 학습이 중요하다 다른 사람들의 성공을 따라 하는 접근 방식은, 개인적인 학습과 조합되었을 때, 개인적인 학습 방식보다 훨씬 뛰어난 성과를 보인다. 개인적으로 알고 있는 정보가 불확실한 것일 때, 우리는 사회적 학습에 보다 의존하고, 개인적인 정보가 확실할 때는 사회적 학습에 비교적 덜 의존한다. 이러한 사실은 또한 탁월한 의사 결정에 관한 중요한 구체적인 사항들을 말해 준다. 사회적 학습의 위력은 사회관계망 속에서 드러난다. 우리는 자신의 활동 범위와 네트워크의 다양성을 확장함으로써, 최고 전략을 발견할 가능성을 높인다.

다양성이 중요하다 사람들 모두 같은 방향을 향할 때, 우리의 정보와 아이디어 원천은 충분한 다양성을 확보하지 못할 것이며, 그렇기 때문에 우리는 더욱 범위를 넓혀 탐험에 나서야 한다.[27] 사회적 학습에 따른 치명적 위험은 집단 사고에 빠지는 것이다. 우리는 집단 사고와 반향실의 함정을 어떻게 피해 갈 수 있을까? 먼저 사회적 학습이 보여 주는 것들을 고립된 개인들(외부 정보 원천만을 가진)이 하고 있는 것과 비교해 보아야 한다. 사회적 학습으로부터 비롯된 소위 상식이라고 하는 것이, 그저 고립된 사람들의 자만에 가득한 사고방식에 불과하다면, 우리는 집단 사고나 반향실의 영역에 갇혀 있는 것이다. 이러한 경우, 놀라우리만치 훌륭한 전략은 상식과 반대로 결정을 내리는 것이다. 이토로 사용자들의 경우, 실제로 이러한 전략은 거의 모든 최고 매매자들보다 더 높은 수익을 기록했다.

반대 의견이 중요하다 사람들이 사회적 학습과 동떨어진 행동을 취하고 있을 때, 그들은 아마도 독립적인 정보를 확보하고 있을 것이며, 사회적 영향을 거스를 정도로 충분히 신뢰하고 있을 것이다. 우리는 이런 '현명한 사람들'을 가능한 한 많이 발견하고, 이들로부터 배워야 한다. 물론 이러한 반대자들이 때로는 최고의 아이디어를 창조해 내는 인물이기도 하고, 때로는 그저 기이한 인물에 불과하기도 하다. 그렇다면 우리는 그

둘을 어떻게 구분할 수 있을까? 만일 우리가 그러한 독자적인 행위자를 발견하고, 그러한 사람들로 이루어진 커다란 하위 집단 내에 합의가 이루어져 있다는 사실을 발견한다면, 정말로 중요한 매매 전략은 반대자들 집단의 합의를 그대로 따라가는 것이다. 실제로 이토로 네트워크 속에서도 이런 독립적인 전략들의 합의는 최고 매매자들보다 두 배나 높은 실적을 보여 주었다.

요약하자면, 우리는 개인적인 생각과 다른 사람들의 경험에서 비롯된 사회적 학습을 조합하는 아이디어 처리 기계와 같은 존재다. 성공은 탐험 수준에 크게 좌우되고, 탐험은 다시 정보와 아이디어 원천의 다양성과 독립성에 좌우된다. 우리는 다음 장들에서도 조직과 도시, 그리고 전체로서 사회의 창조적 산물 속에서 탐험이 수행하는 핵심적인 역할들을 살펴볼 것이다.

그러나 이러한 발견들이 드러내는 한 가지 불길한 징조는, 과잉 연결된 세상이 지나치게 다양한 아이디어들이 돌아다니는 영역으로 이동할 수 있다는 것이다. 반향실의 영역에서 일시적인 유행과 경제 공황은 단지 보편적인 모습이며, 이러한 상황에서는 올바른 의사 결정을 내리기가 더욱 힘들어진다. 이 말은 곧 아이디어들의 원천에 더 많은 주의를 기울여야 하고, 일반적인 의견들을 적극적으로 거부해야 하며, 반대자들의 아이디어에 더욱 주목해야 한다는 사실을 의미한다. 이를 위해 우리는 아마도 이러한 노력을 자동적으로 수행하도록 해주는 소프트웨어 툴을 개발할 수도 있을 것이다. 하지만 그렇게 하기 위해서는 먼저 아이디어의 원천을 추적해야 한다. 가령 저작권과 같은 기존 시스템들은 아이디어 흐름을 추적하기 위한 첫 번째 단계였다. 하지만 지금 우리는 더욱 표준화되고 실질적인 시스템을 필요로 한다. 이 주제는 마지막 두 장에서 다시 다룰 것이다. 거기서 개인의 사생활을 보호하면서 동시에 아이디어 흐름을 원활하게 만드는 신뢰 시스템을 구축하는 방법에 대해서도 설명할 것이다.

마지막으로, 여기서 나는 우리의 연구들을 글로 설명하지만, 사실 그 아래에는 복잡한 수학이 자리 잡고 있다. 야니브 알트슐러, 웨이 판, 웬 동Wen Dong과 함께 나는 사회적 학습과 탐험 과정을 정량화하는 구체적인 방정식들을 개발했다. 우리는 이러한 분석을 바탕으로 사회관계망으로부터 아이디어들을 효과적으로 수집하고, 탁월한 의사 결정을 내리는 방법을 발견할 수 있다. 그리고 이러한 방정식들을 활용함으로써, 기업(2부)과 도시(3부), 국가 전체(4부)를 배경으로 사람들이 무엇을 선택할지, 그리고 그 결과가 어떠할지 분명하게 예측할 수 있다.

이들 방정식들은 사회물리학에서 그 핵심을 이루고 있으며, 여기에 관심이 많은 독자들은 부록 4와 더 읽을거리의 '사회적 영향의 수학'(127쪽 참조)을 살펴보기를 권한다.

아이디어 흐름

집단 지능 구축하기

왜 어떤 기업들은 활기 넘치고 창조적인 인상을 주는 반면, 다른 기업들은 진부하고 정체되어 있다는 느낌을 주는 걸까? 혹은 모든 직원이 열정적으로 일하지만, 일관성이나 방향에 대한 인식이 부족한 기업들은 어떤가? 이러한 질문에 대한 일반적인 대답들은, 어떤 기업에서는 업무가 재미없거나 지루하지 않고 즐겁고 신나기 때문에, 혹은 일부 기업들은 다른 기업들에 비해 훨씬 더 관리가 잘 이루어지기 때문이라는 식으로 이어진다.

그러나 내가 확인한 결과는 좀 다른 이야기를 들려준다. 나는 기업들 내부에서 아이디어 흐름이 서로 다른 형태로 이루어지고 있으며, 이로 인해 조직 내부와 외부에서 일어나는 학습 수준이 각각 상이하다는 사실을 확인했다. 기업들의 경우, 흥분감이나 지루함 또는 열광을 촉발하는 동인들은 구체적인 경영 기법이나 기업의 업무 특성보다는, 직원들끼리 얼마나 긴밀하게 연결되어 있는지, 혹은 부서들 간의 갈등이 어느 정도인지와 더 많은 관련이 있는 것으로 보인다. 그렇기 때문에 협력해서 일하고자 할 때는 아이디어의 흐름 혹은 그 흐름을 방해하는 장애물을 꼭 확인해야 한다.

내가 생각하는 조직이란 아이디어의 흐름을 따라 항해하는 사람들의 무리다. 조직은 때로 아이디어들이 흘러넘치는 빠르고 안정된 조류를 따라 나아가기도 하지만, 정체된 바다에서 표류하거나 무시무시한 소용돌이에 빠져들기도 한다. 또 어떤 때는 하나의 아이디어 흐름이 주류에서 벗어나, 점차 다른 사람들의 생각과 멀어지면서 완전히 새로운 방향으로 흘러가기도 한다. 내가 보기에 이러한 모습은 공동체와 문화에 관한 실제의 이야기를 들려준다. 그밖에 나머지는 표면적인 현상이나 환상에 불과하다.

아이디어 흐름이란 사례나 이야기에 의해서, 그리고 기업이나 가족, 혹은 도시와 같은 사회관계망을 통해서 아이디어가 확산되는 것을 말한다. 이러한 아이디어 흐름은 전통, 그리고 궁극적으로 문화의 발전을 위한 열쇠다. 아이디어 흐름은 한 사람에게서 다른 사람에게로, 한 세대에서 다른 세대로 습관이나 관심을 이동시킨다. 또한 우리는 스스로 아이디어 흐름의 일부로 참여함으로써, 개인적인 도전의 위험을 떠안지 않고도 새로운 행동을 학습할 수 있고, 거추장스러운 실험들을 거치지 않고도 통합적인 거대한 행동 패턴들을 확인할 수 있다.[1]

모든 안정된 공동체 속에는 고유한 아이디어 흐름이 존재하며, 구성원들은 아이디어 흐름을 통해 내부에 존재하는 다른 사람들로부터 혁신을 받아들이고, 독자적인 문화를 창조해 나간다. 바로 이런 '학습 공동체'의 사례들로, 중세 시대에 번영을 구가했던 길드나 오늘날의 전문가협회 혹은 앞 장에서 소개했던 이토로 공동체 등을 꼽을 수 있겠다.

2장에서 살펴보았듯이, 바람직한 형태의 아이디어 흐름은 하나의 개인보다 더욱 탁월한 의사 결정을 내릴 수 있는 집단의 모든 구성원에 걸쳐 이루어진다. 습관을 서로 공유하는 방식으로 공동체는 구성원들의 개별 지능보다 훨씬 더 위대한 집단 지능collective intelligence을 개발한다. 아이디어를 서로 공유하고 탐색하는 시도와 함께, 다른 이들과의 협력과 이들을 통해 얻는 학습이 바로 그러한 집단 지능을 창조한다.

아이디어 흐름은 사회적 학습에 강하게 의존하고 있으며, 바로 여기에 사회물리학의 가치가 있는 것이다. 한 사람의 행동은 다른 사람들의 사례 행동들에 대한 노출로부터 예측이 가능하다. 실제로 인간은 주변 아이디어들로부터 학습하는 개별적 능력에 크게 의존하며, 이러한 점에서 일부 심리학자들은 인간을 '호모 이미탄스Homo imitans'라고 부른다.[2] 사회적 학습을 통해, 인간은 다양한 상황에서 행동하고 반응하는 방식에 관한 다양한 습관들을 서로 공유한다. 일상생활에서 우리의 구체적인 행동들은 습관에 그 기반을 두며, 전반적으로 그러한 습관들이 우리 사회를 규정한다. 우리는 좌측(혹은 우측) 차선을 따라 운전하고, 아침 8시(혹은 6시)에 기상하고, 포크(혹은 젓가락)로 식사를 한다.

사회적 학습은 인간만의 특성이 아니다. 침팬지나 오랑우탄과 같은 다른 영장류들 또한 야생 상태에서 행동적 문화를 드러낸다. 예를 들어 때로는 먹이를 구하는 혁신적인 방식이 무리 전체를 통해 전파되고, 이러한 아이디어 흐름이 과거 습관들을 보다 효과적인 새로운 도구들로 대체하기도 한다. 물론 그러한 형태의 아이디어 흐름이 습관의 목록에 혁신을 가져다준다고 하더라도, 영장류의 문화는 지극히 단순하고 정적인 차원에 머물러 있다.

원숭이 문화가 정체를 벗어나지 못하는 동안 인류 문화가 계속 성장할수 있는 까닭은, 아마도 원숭이들과 달리 인간은 자신을 둘러싼 아이디어 흐름을 거슬러 노를 젓고, 또 다른 흐름으로 나아가기 위한 결단을 내릴수 있기 때문일 것이다. 2장에서 우리는 사회관계망을 기반으로 새로운아이디어를 탐험하고 시도할 때, 공동체 내부로 새롭고 성공적인 행동들을 받아들일 수 있다는 사실을 살펴보았다. 사회관계망 내에서 외부의 다른 흐름들과 접촉하는 영역으로부터 새로운 아이디어들을 받아들임으로써, 다시 말해 사회학자 론 버트Ron Burt가 사회 시스템 내부의 '구조적 공백structural holes'이라고 일컬은 것을 교차함으로써 우리는 혁신을 창조할수 있다. 또한 다른 흐름을 향해 뛰어들겠다고 결단함으로써, 우리는 새로운 습관과 생각을 내부로 가지고 들어오고, 때로 그러한 새로운 습관과 생각들은 더 나은 의사 결정을 내릴 수 있도록 도움을 줄 것이며, 그 과정에서 우리의 공동체는 번영할 것이다.[3]

내가 생각하기에, 아이디어 흐름이란 주변의 물리적 · 사회적 환경에가장 적합한 취향과 행동 습관의 패턴을 협력적으로 발견하기 위해, 그 안에서 서로의 경험으로부터 학습하는 모든 사람들과 더불어 시간을 따라흘러가는 군중, 혹은 집단 지능이다.

그러나 이러한 접근 방식은, 자기 자신을 합리적인 개별적 존재로, 그리고 자신이 무엇을 원하고 목적을 달성하기 위해 어떤 행동을 취해야 할지스스로 결정하는 존재로 바라보는 현대 서구인들의 사고방식과 정면으로 충돌한다. 합리성을 규정하는 바로 그 요인인 인간의 취향과 행동 방식이 우리 자신은 물론 우리가 속한 공동체로부터 비롯된다고 말할 수 있을까? 경제학자들의 정의에 따라, 우리는 개인적으로 합리적인 존재인 만큼, 집단적으로도 합리적인 존재인가?

습관과
기호,
그리고 **호기심**

이 질문에 대답하기 위해, 우리는 먼저 아이디어 흐름이 어떻게 이루어지는지, 그리고 우리를 둘러싸고 있는 사례 행동들이 어떻게 우리의 습관과 기호, 관심으로 넘어오는지에 대해 더 많은 것을 이해해야 한다. 이 질문을 파헤치기 위해, 나는 '사회적 진화Social Evolution', '친구와 가족Friends and Family'이라는 제목으로 두 가지 빅데이터 연구를 추진했다. 이 연구들은 두 공동체의 모든 구성원을 대상으로 총 2년여에 걸쳐 200만 시간에 달하는 상호 작용 데이터를 기반으로 하고 있다[4](자세한 사항은 부록 1을 참조. 논문과 데이터, 도표들은 http://realitycommons.media.mit.edu를 참조).

습관

습관은 개인적인 선택의 결과인가, 아니면 우리를 둘러싼 아이디어 흐름으로부터 비롯되는 것인가? 우리는 비만과 흡연, 건강과 관련된 다양한 행동들이 사회적 학습으로부터 영향을 받으며, 사회적 지지가 개인의 건강과 행복에 중요한 요인이라는 사실을 잘 알고 있다. 예를 들어, 프래밍엄 심장 연구Framingham Heart Study에 참여했던 사람들에 대한 통시적 연구 결과들은, 사회적 상호 작용이 비만에서 행복에 이르는 다양한 행태들의 확산에서 대단히 중요한 역할을 했다는 사실을 입증하고 있다.[5] 그러나 이연구들은 어떻게 건강한 습관을 얻는지에 관한 이해에 대해서는 다분히 제한적인 도움밖에 제공하지 못한다. 그것은 이러한 연구 대부분이 친구와 가족 구성원들만을 포함하며, 데이터들이 규모 면에서 충분하지 않고, 다분히 회고적인, 즉 사건에 관한 사람들의 기억에 의존하는 비규칙적인 기록에 불과하며, 일반적인 빅데이터 형태와 달리 실질적이고 정량적인 측정과 거리가 멀기 때문이다.

그래서 우리 연구 팀은 습관이 형성되는 과정에 관한 질문에 대답하기 위해, 긴밀한 관계가 이루어지는 학부생 기숙사를 대상으로 건강에 관한 행동의 확산 과정을 1년에 걸쳐 연구했다. 박사 과정의 앤몰 메이던Anmol Madan과 내가 주축이 되고, 데이비드 레이저David Lazer 교수가 실험 및 데이터 분석 설계 과정에서 도움을 준 '사회적 진화' 연구에서, 우리는 실험에 참여한 모든 학생에게 특별한 애플리케이션을 설치한 스마트폰을 나누어 주고, 이것을 가지고 그들이 가까운 친구나 지인들과 사회적으로 상호 작용하는 모습을 추적했다. 전체적으로 이 연구는 직접 대면과 전화 통화, 문자 메시지는 물론, 광범위한 설문 조사 및 체중 측정 등의 방법을 활용함으로써, 총 50만 시간 이상의 데이터를 양산했다.[6] 이렇게 얻은 수백 기가바이트에 달하는 데이터를 바탕으로, 우리는 습관의 형성 과정에서 무슨 일이 벌어지는지 살펴보았다.

여기서 우리는 구체적인 건강 관련 요소들 중 체중 변화를 집중적으로 관찰했고, 그러한 변화가 가까운 친구들 혹은 공동체 내의 동료들로부터 얼마나 많은 영향을 받는지 살펴보았다. 여기서 대부분의 경우, 친구들은 소수에 불과하고, 나머지 대부분은 상대적으로 상호 작용 빈도가 낮은 지인들에 해당한다. 동료와 친구 집단은 오직 부분적으로만 중첩되기 때문에, 두 집단에 대한 결과는 아주 상이한 형태로 나타날 수 있다.

여기서 우리가 발견한 것은, 체중 변화는 몸무게가 증가한 동료들과의 접촉과 아주 강력한 상관관계를 보였지만, 몸무게가 감소한 동료들과의 접촉에서는 그렇지 않다는 사실이다. 더군다나 체중 변화를 경험한 가까운 친구들과의 사회적 상호 작용은 이렇다 할 영향을 보이지 않았다. 식습관을 들여다보았을 때도 이와 비슷한 결과를 보여, 동료들과의 접촉이 중요한 변수로 작용했음을 알 수 있었다.

이 경우 중요한 요소는 단지 직접적인 상호 작용만이 아니다. 직접적 상호 작용과 간접적인 관찰을 모두 포함해, 체중이 증가한 사람들의 행동에 대한 노출의 총량이 영향을 미친 것으로 나타났다. 다시 말해, 전해 들은 이야기나 다른 사람들의 행동에 대한 일상적인 관찰에 따른 노출은, 대화나 전화 통화, 소셜 미디어 같은 보다 직접적인 상호 작용들과 마찬가지로, 혹은 어떠한 경우에는 더욱 뚜렷하게 아이디어 흐름을 자극했다. 아이디어 흐름은 때로 한 사람으로부터 그가 하고 있는 일에 관한 이야기를 듣는 것보다, 실제로 그 사람이 하고 있는 행동을 지켜보는 것에 더 큰 영향을 받는다.

개인을 둘러싸고 있는 다양한 행동 사례들에 대한 노출은, 사실 이 연구에서 우리가 검토했던 다른 모든 요인보다 강력한 힘을 발휘했다. 체중이 증가한 친구, 성, 나이, 혹은 스트레스/행복과 같은 다른 개인적인 요인들보다 더욱 뚜렷하게 효과를 드러냈으며, 심지어 이러한 다른 요인들을 모두 합한 것보다 더욱 강력한 영향을 미친 것으로 나타났다. 다른 식으로 표현하자면, 개인의 주변을 둘러싸고 있는 다양한 행동 사례에 대한 노출이 미치는 영향은 표준화된 시험 성적에서 IQ가 미치는 효과만큼이나 강력했던 것이다.

주변의 행동들에 대한 노출이 실질적으로 아이디어 흐름을 자극한다는 사실을 우리가 어떻게 확인했는지 궁금해하는 독자들도 있을 것이다. 어쩌면 단순한 상관관계에 불과한 것일 수도 있다. 그러한 궁금증에 대한 해답을 우리는 정량적이고 동시적인 예측을 가능케 해주는 이 실험에서 발견할 수 있으며, 이는 그 밖의 다른 비인과적인 설명들을 미심쩍어 보이도록 만든다. 보다 설득력 있게도, 우리는 여러 다양한 상황 속에서 결과를 이끌어 내기 위해 노출과 행동 사이의 연결고리를 활용할 수 있고, 또한 노출을 조작함으로써 행동 변화를 유도할 수도 있다.[7] 마지막으로, 비슷한 영향을 드러내고, 인과관계가 분명해 보이는 치밀한 정량적 실험 연구들 또한 나와 있다.[8]

이러한 점에서, 사람들은 동료들(가까운 친구는 물론)의 행동에 대한 노출로부터 적어도 특정 습관들을 받아들이는 것으로 보인다. 다른 모든 사람이 피자를 한 조각 더 먹을 때, 우리는 아마도 똑같이 그렇게 할 것이다. 아이디어의 흐름을 자극하는 과정에서 행동에 대한 노출이 그 밖의 다른 모든 요인을 합한 것보다 더 중요한 역할을 한다는 사실은, 우리의 삶을 형성하는 과정에서 자동적인 사회적 학습이 차지하는 커다란 비중을 말해 주고 있다.

기호

과식은 아마도 주변 동료들의 행동 사례들에서 자연스럽게 '흡수'되는 습관이라고 생각할 수 있을 것이다. 로마에서는 로마법을 따르듯이 말이다. 그러나 우리를 둘러싼 행동들은 어떻게 우리의 신중하고 합리적인 믿음과 가치에 영향을 미치는 것일까?

우리 연구팀은 특히 사람들의 정치적 기호에 주목했다. 사람들은 어떻게 선거 후보자를 선택할까? 사람들의 기호 역시 주변을 둘러싼 사람들에 대한 노출로부터 생성되는 것일까? '사회적 진화' 연구에서 우리는 2008년 미국 대선 기간 동안 학생들의 정치적 입장을 분석하는 방식으로 이 질문에 대한 답을 구했다.[9] 먼저 우리는 이러한 의문을 품었다. 정치적 입장은 노출된 행동들을 반영하는 것일까? 아니면 주로 개인적인 사고 과정에 의해 형성되는 것일까? 우리는 피실험자 학생들에게 특별한 프로그램을 설치한 스마트폰을 나누어 주고, 누가 누구와 함께 시간을 보내는지, 누구와 통화하는지, 그리고 어떤 장소에 누구와 함께 있는지 등을 추적함으로써, 그들의 사회적 상호 작용 패턴들을 관찰해 보았다.

또한 우리는 학생들에게 정치에 대한 관심과 정치 참여, 그리고 정치적 학습에 관한 폭넓은 질문들을 던졌고, 마지막으로 (선거 후) 어떤 후보자에게 투표했는지 물었다. 이를 통해 우리는 전체적으로 학생들의 상호 작용 패턴에 관한 자동적으로 생성된 50만 시간 이상의 데이터 집합을 만들어 냈으며, 그다음에는 그 데이터들을 학생들의 믿음과 태도, 인격 등에 관한 설문 조사 데이터들과 함께 조합했다.

수백 기가바이트에 이르는 데이터를 면밀히 분석함으로써, 우리는 비슷한 입장을 취한 사람들에 대한 노출 정도가 대선에 대한 학생들의 관심과 진보-보수 스펙트럼상의 위치를 정확하게 예측해 준다는 사실을 확인할 수 있었다. 집단적인 입장이 미치는 영향은 대단히 뚜렷하게 드러났다. 자신과 유사한 입장을 가진 사람들에 대한 더 많은 노출은 학생들로 하여금 기존 입장에서 한 걸음 더 나아가도록 부추겼던 것이다.

더 중요한 사실은, 비슷한 입장을 지닌 사람들에 대한 노출 정도가 학생들의 최종적인 투표 행동까지도 예측해 주었다는 것이다. 1학년 학생들의 경우, 사회적 노출이 미치는 영향력은 앞서 설명한 체중 증가와 비슷한 정도로 드러났으며, 다소 고착화된 태도를 보일 것으로 예상되었던 고학년 학생들은 그 정도가 비교적 약하게 나타났지만, 그래도 여전히 유효한 것으로 드러났다.

반면 학생들의 투표 행동을 예측하지 못했던 요인은 무엇일까? 학생들이 정치에 대해 이야기를 나누었던 사람들의 견해와 친구들의 입장이 그러했다. 체중 증가 사례와 마찬가지로, 아이디어 흐름을 자극하고 기호를 형성하는 과정에서 가장 강력한 힘을 발휘한 요인은 동료들의 행동, 즉 주변을 에워싸고 있는 다양한 행동 사례였다. 여기서 다시 한 번 주목해야 할 사실은, 중요한 것은 단지 직접적인 상호 작용 횟수가 아니라, 대화를 통한 직접적인 상호 작용, 그리고 우연한 관찰에 의한 간접적인 상호 작용을 모두 포함해 다른 사람들의 이야기나 입장에 노출된 정도라는 것이다. 즉 주워들은 이야기와 다른 사람들의 행동에 대한 관찰이 아이디어 흐름을 촉진한 강력한 원동력으로 작용했던 것이다.

이 연구 사례에서 전체 그림은 좀 더 복잡한데, 그것은 TV 대선 후보 토론 직전과 같이 정치가 토론의 중요한 주제로 떠올랐을 때, 학생들이 함께 어울리기로 선택한 사람들의 유형이 달라지기 때문이다. 가령 정치적으로 보수적인 사람들은 진보적인 사람들이 자주 어울리는 장소를 피하게 된다. 마찬가지로 진보적인 성향의 사람들은 보수주의자들로 가득한 곳을 좀처럼 찾지 않는다.[10]

일상적인 이야기와 취향에 대해 편안함을 느끼는 기준을 가지고 함께 어울릴 사람들을 선택했다는 점에서, 우리는 개인의 기호가 특정한 역할을 했을 것이라 쉽게 예상할 수 있다. 이러한 선택적 노출은 다시 사람들의 정치적 입장을 강화시킨다. 사람들이 일단 자신의 입장을 선택했을 때, 그와 유사한 아이디어에 대한 노출의 증가는 지속적으로 그들의 사고를 형성하고, 그 과정에서 그들은 결국 진정한 신봉자에 이르는 것이다. 노벨 경제학상을 수상한 대니얼 카너먼Daniel Kahneman이 언급한 것처럼, 우리는 어떤 아이디어의 흐름 속에서 헤엄치고 싶은지 의식적인 차원에서 그 이유를 설명할 수 있지만, 그러한 아이디어에 대한 노출은 무의식적인 차원에서 우리의 습관과 믿음을 형성한다.

새로운 아이디어와 정보

식습관과 정치적 기호에 관한 사례들 속에서, 우리는 직접적·간접적 노출이 습관과 기호를 형성하는 주요한 요인이었다는 사실을 확인했다. 정치적 입장의 경우, 편안한 느낌을 주는 사람들과 오랜 시간을 함께 보내는 동안 다른 아이디어 흐름에 대한 노출이 믿음과 습관을 강화하는 방향으로 작용했다.

그렇다면 새로운 아이디어와 정보를 향한 탐색은 어떤가? 호기심과 관심은 우리 자신의 개인적인 선택으로부터 오는가, 아니면 우리를 둘러싼 사람들로부터 오는가? 후자라면, 새로운 행동을 선택하고 수용하는 과정뿐만 아니라, 아이디어 흐름의 원천 자체가 공동체 합의에 의존하고 있다는 말이다.

새로운 아이디어 발견 뒤에 숨겨진 과정을 밝혀내기 위해, 나는 박사 과정의 웨이 판과 나다브 아로니[Nadav Aharony]와 함께 '친구와 가족'이라는 제목의 연구를 통해 젊은 가구들로 이루어진 공동체를 대상으로 스마트폰 앱을 선택하는 행동을 관찰했다.[11] 우리는 공동체 내의 모든 성인에게 스마트폰을 지급했다. 그리고 거기에는 누구와 통화, 이메일, 문자 메시지를 주고받는지, 소셜 미디어상에서 얼마나 활동적인지, 누구를 직접 만나서 함께 시간을 보내는지, 어디에서 시간을 보내는지를 기록하는 특수한 소프트웨어를 미리 설치해 두었다.

앱을 다운로드하는 행동을 확인하기 위해, 우리는 사람들이 스마트폰에 어떤 앱들을 다운받았는지 관찰했고, 이를 통해 사람들이 어떠한 툴과

게임, 정보의 원천을 선택하는지 파악했다. 우리는 전체적으로 그러한 스마트폰들을 통해 150만여 시간 동안 자동적으로 기록되는 데이터를 생성할 수 있었으며, 그 속에는 피실험자의 앱 다운로드 및 개인 간의 상호 작용 패턴까지 모두 담겨 있었다. 게다가 우리는 사람들의 믿음과 태도, 성격 등 여러 다양한 심리적 특성들과 관련해 수백 건의 설문 조사도 함께 실시했다.[12]

앱 다운로드로 얻은 데이터를 통해, 우리는 사람들의 앱 선택과 관련된 의사 결정 환경을 살펴볼 수 있었다. 그리고 데이터를 분석함으로써, 그러한 의사 결정들이 독립적으로 이루어졌는지, 광고에 영향을 받았는지, 아니면 노출, 다시 말해 특정 앱을 이미 다운받은 다른 사람들과 상호 작용했는지 확인해 보았다.

이 실험에서 얻은 수백 기가바이트에 달하는 데이터를 분석해, 우리는 가장 먼저 표준적인 사회학적 결과를 확인할 수 있었다. 즉 비슷한 특성들(가령 나이, 성, 종교, 직업 등)을 지닌 사람들이 비슷한 앱을 다운로드하는 성향을 드러냈던 것이다. 그러나 이러한 유사성 효과similarity effect는 예측에서 12퍼센트 정도 정확성만 보여 주었다. 반면 모든 형태의 의사소통(대화나 우연한 관찰 같은 직접적인 상호 작용, 전화 통화, 소셜 미디어 등)을 통해 피실험자들의 노출을 분석한 결과, 우리는 한 사람이 어떤 앱을 다운받는지 네 배 더 정확하게 예측할 수 있었다.

분명하게 의식적인 의사 결정으로 보이는 경우조차 동료들의 행동을 따라하는 것으로 나타났다. 그리고 새로운 습관 형성과 마찬가지로, 새로운 아이디어와 정보를 향한 모색은 사회적 노출로부터 가장 강력한 자극을 받는 것으로 드러났다.

　마찬가지로 온라인 세상에서도 동일한 방식이 발견 과정을 이끌어 가는 것으로 보인다. 권위 있는 과학 분야 학술 잡지 『플로스 원PLOS ONE』[13]에 실린 우리의 연구 사례를 한번 살펴보자. 그 실험에서 우리는 1만 4천 명의 사용자가 디지털 음원을 다운받는 과정에서 상호 작용하는 온라인 문화 시장으로부터 수집한 데이터를 분석했다.[14] 일반적인 온라인 사이트의 경우, 인기곡들이 상위 목록을 차지하고, 각각의 노래마다 다운로드 횟수가 기록되어 있었다(물론 여러 다양한 실험적인 형태의 사이트들도 있다). 앞서 소개한 앱 다운로드 사례와 마찬가지로, 여기서도 우리는 사회적 영향에 관한 간단한 통계적 모형을 바탕으로 사용자들의 행동을 아주 정확하게 예측할 수 있다는 사실을 확인했다. 음악 감상의 경우는 노래 순위나 다운로드 횟수 같은 온라인상의 사회적 영향으로부터 실제로 상당한 영향을 받았다.

　하지만 앱과 음악의 사례는 건강 습관이나 정치적 성향의 경우와는 좀 다른 이야기를 들려주고 있다. 두 경우 모두에서 우리는 사람들이 무엇을 시도할 것인지 비교적 정확하게 예측했지만, 사람들이 실제로 무엇을 사용하거나 구매할지에 관한 것은 아니었다. 사회적 노출 효과는 다만 정보를 제공하고, 새로운 앱이나 음악에 대한 사람들의 검색 활동의 지침이 되어 주기는 하지만, 규범적인 것은 아니다. 즉 특정한 앱이나 음악을 시도하는 행동들 대부분이 습관으로까지 넘어가지는 못했다.

결론

여기서 중요한 사실은, 건강 습관과 정치적 성향, 소비에 관한 세 가지 사례에서 동료들의 행동에 대한 간접적이고 직접적인 노출을 기준으로 아이디어 흐름을 예측할 수 있다는 것이다. 동료들의 행동에 대한 노출 효과는 유전자가 행동에 미치는 효과, 혹은 IQ가 학업 성적에 미치는 효과와 대략 비슷한 정도를 보인다. 게다가 각각의 사례들 속에서 주변 동료들의 행동에 대한 노출은 아이디어 흐름을 활성화시키는 가장 중요한 단일 요인으로 밝혀졌다.

아마도 그것은 주변의 사례 행동들로부터 이루어지는 학습이 오직 개인의 경험으로부터 얻는 학습보다 훨씬 더 효과적이기 때문일 것이다. 복잡한 환경에서 이루어지는 학습에 관한 수학적 모형들은, 최고의 학습 전략은 탐험 활동, 즉 우수한 성과를 보이는 다른 사람들을 발견하고 그들을 따라 하는 활동에 전체 노력의 90퍼센트를 투자하는 것임을 말해 준다.[15] 그리고 나머지 10퍼센트는 개인적인 실험과 신중한 사고 과정으로 이루어져야 할 것이다.[16]

이러한 주장을 뒷받침하는 논리는 간단하다. 어떤 유용한 행동을 익히기 위해 노력하고 있다면, 반복해서 계속 고민하는 것보다 그러한 행동을 하는 사람을 따라 하는 편이 훨씬 낫다. 한 가지 사례를 들어 보자. 새로운 컴퓨터 시스템을 사용해야 하는 경우, 그 시스템을 잘 다룰 줄 아는 사람이 옆에 있다면, 왜 굳이 설명서를 들여다본단 말인가? 사람들은 사회적 학습에 크게 의존하며, 이것이 더욱 효율적일 수 있다.

우리는 사람들이 자신에게 노출된 주변 행동들을 바꾸기 위해, 그들 자신의 환경을 바꾼다는 사실을 발견했다. 이는 우리가 반드시 주목해야 할 대목이다. 이러한 발견을 확인할 수 있는 한 가지 현상은, 사람들이 특정 집단에서 더 많은 것을 배우고자 할수록, 다시 말해 보다 적극적으로 집단에 적응하고자 할수록, 그 주변 사람들과 더 많은 시간을 보내려 한다는 것이다.

바람직한 행동 변화를 이끌어 내기 위해, 우리는 노출이 아이디어 흐름에 미치는 영향을 활용할 수 있다. 예를 들어, 웨이트 와처스Weight Watchers와 같은 집단적인 체중 감량 프로그램이나, 비만 참가자들이 살을 가장 많이 빼기 위해 경쟁을 벌이는 시청자 참여 TV 프로그램인 〈더 비기스트 루저The Biggest Loser〉에서도 이와 비슷한 형태의 노출 기반 시스템이 그 성공 비결에서 중요한 비중을 차지하는 것으로 보인다.

사회적 동조social conformity를 주제로 한 스탠리 밀그램Stanley Milgram의 실험이 보여 준 것처럼, 살이 찌는 것이든 살을 빼는 것이든 간에, 혹은 다른 사람에게 전기 충격을 가하는 말도 안 되는 일이든 간에, 주변 동료들이 똑같은 일을 하고 있을 때, 우리를 둘러싸고 있는 획일적인 사례 행동들은 무의식적인 습관과 의식적인 선택 모두에 강력한 영향을 미친다. 많은 평론가들은 사회적 영향력이 좋은 행동과 나쁜 행동 모두를 자극할 수 있으며, 사람들의 행동을 극단적인 단계에 이르도록 영향을 미칠 수 있음을 목격하고 있다. 다음 장에서는 사회관계망 동기를 활용해 노출을 변화시키고, 이를 통해 아이디어 흐름을 활성화시키는 방법들에 대해 알아볼 것이다. 그리고 개인적인 동기들을 활용하는 전통적인 방식 대신, 사회관계망

동기를 활용해 아이디어 흐름을 바꾸는 방식이 행동 변화에 훨씬 더 효과
적이라는 사실을 확인해 볼 것이다.

습관
vs.
믿음

'사회적 진화'와 '친구와 가족' 연구는 인간을 선원으로 그리고 있다. 우리 모두는 아이디어, 즉 우리를 둘러싸고 있는 동료들의 사례와 이야기들의 흐름을 타고 항해한다. 그리고 그 흐름에 대한 노출은 우리의 습관과 믿음을 형성한다. 애써 노력함으로써 그 흐름에 저항할 수 있고, 다른 흐름으로 넘어갈 수도 있다. 하지만 우리의 행동 대부분은 우리가 노출되어 있는 아이디어들에 의해 형성된다. 이러한 과정에서 아이디어 흐름은 동료들이 공유하는 학습으로 이루어진 집단 지능 형태로 우리 모두를 연결한다.

하지만 이러한 그림은 대부분의 사람들에게 불편한 진실이다. 우리 자신의 원칙은 어디에 있는가? 우리의 도덕은? 우리 자신의 이성적 사고와 믿음 체계는 어디에 있단 말인가? 아이디어 흐름 속에서 이성의 역할을 이해하기 위해, 우리는 습관과 믿음이 형성되는 방식에 관한 복잡한 질문을 분석하고 해답을 내놓아야 한다.

우리는 이 퍼즐을 완성하기 위한 중요한 조각들을 노벨상을 수상한 심

빠른 (시스템 1)		느린 (시스템 2)
과 정	빠른 병렬적 자동적 연상적	느린 직렬적 통제적 법칙 중심적
내 용	개념적 표상 과거, 현재, 미래 언어를 통해 촉발 가능	

그림 4 (카너먼의 노벨상 강연에 기반을 둔 것임) 인간은 두 가지 방식으로 생각을 한다. 연상과 경험을 바탕으로 하는 보다 오래된 사고방식('빠른')과 주의를 요구하는 법칙 중심적인 새로운 사고방식('느린').

리학자 대니얼 카너먼과 인공 지능 창시자 허버트 사이먼Herbert Simon의 연구에서 발견할 수 있다.[17] 그림 4에서 볼 수 있듯이, 두 사람은 두 가지 사고방식, 즉 신속하고 자동적이고 전반적으로 무의식적인 상태, 그리고 느리고 합리적이고 전반적으로 의식적인 상태로 이루어진 심리학 모형을 수용하고 있다.[18] 이에 대해 간략히 설명하자면, 신속한 사고는 주로 개인적인 경험으로부터 학습한 아이디어들과 다른 사람들을 관찰함으로써 학습한 아이디어들 사이에 연결고리를 형성함으로써 습관과 직관을 뒷받침한다. 반면에 느린 사고는 이성적인 논리를 활용하고, 기존 생각들을 조합함으로써 새로운 결론에 도달한다(보다 자세한 사항은 부록 3 참조).

많은 과제에서 빠른 사고가 느린 사고보다 더 낫다는 깨달음에 대부분의 사람들은 깜짝 놀란다.[19] 문제가 복잡하고, 다양한 목표들 사이에서 교환을 수반하는 경우, 일반적으로 빠른 사고에서 활용되는 연합 메커니즘이 느린 사고의 메커니즘보다 더 높은 성과를 보여 준다. 이는 의사 결정을 내릴 시간적 여유가 제한적일 경우에 특히 더 그렇다. 이러한 이유로 많은 과학자들은 우리의 일상적인 활동 대부분이 빠른 사고에 따른 것이라고 믿는다. 말 그대로 우리에겐 느린 사고 과정을 통해 생각할 시간적 여유가 그리 많지 않은 것이다.

흥미롭게도, 빠른 사고는 또한 건강한 사회를 창조하는 과정에서도 대단히 중요한 역할을 수행하는 것으로 보인다. 다양한 심리학 연구들은 사람들의 빠른 판단이 느리고 신중한 판단보다 더욱 이타적이고 협력적이라는 사실을 입증하고 있다.[20] 보스턴 마라톤 폭탄 사건에서 구경꾼들의 반응, 그리고 최근 토네이도가 오클라호마 지역을 강타한 이후 주민들이 보여 주었던 반응들은 빠른 사고라고 하는 인간의 중요한 본능이 강력한 공동체를 구축하는 과정에서 중요한 기능을 했다는 사실을 보여 주었다.

특정한 활동을 수행하는 과정에서 우리는 고도로 의식적인 의사 결정을 내리지만, 대부분의 활동은 대단히 익숙하면서 자동적인, 그리고 빠른 사고 과정에 의해 이루어지며, 주의 집중으로부터 상당히 멀리 벗어나 있다. 우리 삶의 자동적인 측면 대부분은 일상생활 속에서 반복적인 일을 하거나 사람들과 잡담을 나누는 것처럼 대단히 익숙한 활동을 할 때, 혹은 운전이나 자전거를 타는 것과 같은 신체적인 활동을 할 때 가장 뚜렷하게 드러난다. 우리는 대개 무심코 한 일이나 습관적으로 한 일에 대해, 그렇게 행동한 이유를 구체적으로 설명해 달라는 질문에 난감해한다. 그것은 자동 모드에서 움직였기 때문이다.

그런데 빠른 사고와 느린 사고가 아이디어의 흐름과 집단 지능과 무슨 관련이 있는 것일까? 그 해답은 학습 과정이 두 가지 사고방식에 따라 서로 다른 형태로 이루어지며, 그 사고방식들이 일상생활 속에서 서로 다른 형태로 활용된다는 사실에 있다. 공동체가 집단 지능을 구축하는 과정을 이해하기 위해, 우리는 이러한 차이를 반드시 인식해야 한다.

명백한 사실에 관한 것일 때(가령 '저녁 시간은 오후 7시에 시작된다'), 신뢰하는 동료에 대한 단 한 번의 노출만으로 얼마든지 그가 그 생각을 받아들이도록 할 수 있다. 반면에 행동과 기호, 관심을 바꾸기 위해서는, 일반적으로 짧은 시간 동안 여러 번의 노출이 필요하다. 예를 들어 한 업무 팀에서 많은 직원이 커피 대신 녹차를 마시기 시작할 때, 다른 이들도 녹차를 선택할 가능성이 높아진다. 새로운 행동이 좋은 결과(사회적 승인처럼)로 이어진다는 사실을 보여 주는 반복적인 노출은, 사람들이 특정한 행동을 자신의 습관으로 받아들이는 과정에서 대단히 중요하다.

나의 연구 결과들은 지속적인 탐험 활동이 동료들 사이에서 드러나는 뚜렷한 유행으로부터 지대한 영향을 받는 신속한 학습 과정이라는 점을 보여 준다. 반면에 습관이나 기호를 받아들이는 것은 반복적인 노출이고, 동료들로 구성된 공동체 내부에서 인식적 승인을 필요로 하는 느린 과정이다. 우리가 살아가는 세상은 탐험을 통해 수집한 새로운 아이디어들의 유입과 흥분, 그리고 그러한 아이디어들을 걸러 내고, 어떤 아이디어들이 개인적인 습관과 사회적 표준으로 전환되어야 하는지 결정하기 위해 동료들과 관계를 맺는 고요하고 느린 과정으로 이루어져 있다.

우리는 계속 다양한 상황에서 어떻게 행동하고 반응해야 하는지와 관련해 공유하는 다양한 습관을 개발한다. 또한 자동으로 이루어지는 행동 습관들은 우리의 일상적인 행동의 대부분을 설명해 준다. 노벨상 수상자 허버트 사이먼이 지적한 것과 같이 합리적이고 의식적인 사고는, 마치 컴퓨터 프로그램들이 자주 사용하는 작업들을 처리하는 서브루틴(subroutine, 프로그램 내에서 반복적으로 사용되는 독립된 명령군─옮긴이)을 따로 마련해 두는 것처럼, 일상생활의 모든 세부적인 활동들과 관련된 행동 습관들을 자극하는 프로그램이다.

개인적이 아니라,
집단적으로
합리적인 존재

1700년대 말로 접어들 무렵, 철학자들은 인간이 합리적인 존재라고 선언하기 시작했다. 인간은 개별적이고 합리적인 존재로 추켜세워졌고, 그러한 생각은 곧 서구 상류 사회의 전반적인 신념 체계로 이어졌다. 교회와 국가의 반박에도 불구하고, 합리적 개인이라고 하는 개념은 신과 왕을 통해서만 진리에 다가설 수 있다는 기존의 가정을 대체했다. 그리고 세월이 흐르면서 합리성과 개인주의는 서구 지성 사회의 믿음 체계 기반을 바꾸어 놓았고, 오늘날에 이르러서는 다른 문화권의 믿음 체계들까지 흔들어 놓고 있다.

하지만 이 책에서 지금까지 살펴본 것처럼, 새로운 데이터는 이러한 생각들을 다시 바꾸어 놓고 있으며, 오늘날 우리 사회는 인간의 행동이 합리적 사고나 개인적인 욕망만큼, 사회적인 상황으로부터 강력한 영향을 받고 있다는 사실을 깨달아 가고 있다. 경제학자들의 의미로, 합리성이란 우리가 무엇을 원하고, 그것을 얻기 위해 어떤 행동을 해야 할지 잘 알고 있다는 것을 뜻한다. 그러나 나의 연구 결과들은 인간의 욕망과 행동에 대한 선택이 종종 혹은 전반적으로 사회관계망의 효과에 지배당한다는 사실을 보여 준다.

최근 경제학자들은 제한된 합리성bounded rationality이라고 하는 개념에 주목하고 있다. 제한된 합리성이란, 인간에게는 완전한 합리성으로 나아가지 못하도록 가로막는 편향과 인식적 한계가 존재함을 의미하는 것이다. 하지만 사회적 상호 작용에 대한 인간의 의존성은 단지 편향이나 인식적 한계에 불과한 것이 아니다. 2장에서 살펴본 것처럼, 사회적 학습은 개인의 의사 결정 수준을 높일 수 있는 중요한 방법이다. 마찬가지로 다음 장에서는 사회적 영향이 협력적인 행동을 유도하는 사회적 표준을 마련하는 과정에서 핵심적인 기능을 한다는 사실을 다룰 것이다. 생존하고 번영하기 위한 인간의 능력은 적어도 개인의 합리성만큼 사회적 학습과 사회적 영향에 의존하고 있는 것이다.

우리의 데이터는 인간이 욕망을 실현하기 위해 행동을 선택하는 방식은 물론, 인간이 원하고 가치 있게 여기는 것이 다른 사람들과의 상호 작용의 특성을 끊임없이 발전시키고 있다는 사실을 말해 준다. 인간의 욕망과 기호는 개인의 생물학적 동인이나 타고난 도덕성에 직접적으로 의존하는 합리적인 숙고가 아니라, 개인의 동료 집단이 가치 있다고 동의하는 것에 더 많이 의존한다.[21] 예를 들어, 주택들의 가치가 갑작스럽게 담보 가치 아래로 폭락한 2008년 금융 위기 직후에, 집을 팔아서 빚을 갚은 몇 사람의 행동이 그 밖의 많은 이웃이 똑같이 행동하도록 부추겼다는 사실을 과학자들은 확인했다.[22] 또한 일부러 대출을 갚지 않는 것처럼 당시 범죄나 파렴치한 짓으로 여겨졌던 모습들이 지금은 대단히 만연하게 나타나고 있다. 경제학의 차원에서 설명하자면, 인간은 대부분의 상황에서 집단적으로 합리적인 존재이며, 오직 특수한 상황에서만 개인적으로 합리적인 존재다.

상식

공동체의 집단 지능은 데이터의 흐름으로부터 비롯된다. 우리는 우리를 둘러싼 아이디어들로부터 배우고, 다른 사람들은 우리로부터 배운다. 서로 적극적으로 관계를 맺고 있는 구성원들로 이루어진 공동체는 서로 공유하는 통합적인 습관과 믿음을 갖춘 집단을 지속적으로 만들어 나간다. 아이디어 흐름이 지속적으로 이루어지는 외부의 아이디어 흐름까지 포괄할 수 있을 때, 공동체 구성원들은 고립된 개인보다 더 나은 의사 결정을 내릴 수 있다.

공동체 내부에서 형성되는 집단 지능은 이미 오래된 개념으로서, 영어 사전에도 올라 있다. 오늘날 영어권 사용자들에게 익숙한, '일가친척kith and kin'이라는 표현 속의 'kith'에 대해 한번 생각해 보자. 지식을 뜻하는 고대 영어와 독일어 단어에서 파생된 kith는 공통적인 믿음과 관습을 갖춘, 응집력이 강한 집단을 가리킨다. 또한 반대말인 'uncouth'의 형태로 더 자주 사용되며, 예의바른 태도라는 의미를 담고 있는 'couth'의 어근이기도 하다. 이러한 차원에서 kith는 '바람직한' 행동 습관을 배우는 동료들(단지 친구만이 아니라)의 집단을 의미한다.

우리 선조들은 사회의 문화와 습관이 곧 사회 계약이며, 두 가지 모두 주로 사회적 학습에 의해 이루어진다는 사실을 잘 이해하고 있었다. 이러한 측면에서 대중의 믿음과 습관들 대부분은 논리나 논쟁이 아니라, 동료들의 태도와 행동, 그리고 성과를 관찰하는 과정에서 학습되는 것이다. 사회 계약을 학습하도록 하고, 이를 강화함으로써 집단은 구성원들의 행동을 효과적으로 조율할 수 있다.

아직까지 우리 사회는 개인이라고 하는 개념에 그 영광을 돌리고 있으나, 대부분의 의사 결정은 동료들과 함께 공유하는 상식과 습관, 그리고 믿음에 따라 이루어지며, 공통적인 생각과 습관들은 다른 이들과의 상호 작용으로부터 형성된다. 우리는 동료들의 공통적인 행동을 관찰하고 따라 함으로써 거의 자동적으로 상식을 터득한다. 파티에서 예의 바르게 행동하고, 직장에서 정중하게 사람들을 대하고, 대중교통을 이용할 때 조용히 하는 것은 바로 이러한 집단적 성향과 의사 결정 과정 때문이다.[23] 그리고 이러한 일을 가능하게 만드는 지능을 창조하는 것이 바로 공동체 내부에서 이루어지는 아이디어 흐름이다.

04
Engagement

참여

우리는 어떻게
협력하는 것일까?

앞서 두 장에서 우리는 아이디어가 어디서 유래하고, 어떻게 공유된 습관과 같은 행동으로 전환되는지 살펴보았다. 하지만 협동 능력은 공동체 내에서 일어나는 단순한 아이디어 흐름 이상의 것이다. 협동 능력에는 동기화되고, 서로 양립 가능한 행동들을 수용하는, 개인들 간의 놀라운 협상의 개념 또한 포함되어 있다. 함께 일하기 위해서는 공유된 습관 그 이상의 것이 필요하다. 그리고 협동으로 이어지는 습관도 필요하다. 우리는 어떻게 하면 사람들이 협력하도록 만들 수 있는지 이해해야 한다. 어떻게 하면 많은 사람이 퍼즐 조각처럼 조화를 이루는 행동 습관들을 받아들이고, 이러한 습관을 바탕으로 공동의 목표를 향해 함께 달려 나가도록 만들 수 있을까?

사실 하나의 집단으로서 일하는 능력의 역사는 인류의 탄생보다 더 오래되었다. 예를 들어 마운틴 고릴라들은 낮잠 시간이 끝났음을 알리기 위해 '위기' 신호를 활용한다.[1] 즉 한 집단 내 고릴라들이 위기를 알리는 소리를 내기 시작하고, 그 신호의 강도가 특정 수준에 이를 때, 그들의 휴식 시간은 끝난다. 마찬가지로 꼬리감기원숭이들은 언제 어디로 이동해야 할지 함께 결정 내리기 위해, 떨리는 소리를 활용한다.[2] 먼저 무리의 선두에 선 원숭이들이 소리를 내어 다른 원숭이들이 그들이 발견한 길로 따라올 수 있도록 유도하고, 이 원숭이들은 다시 그 소리를 받아서 전달함으로써 나머지 원숭이들을 안내한다.

우리는 이와 유사한 사회적 의사 결정 패턴들을 많은 동물, 그리고 실제로 모든 영장류 속에서 공통적으로 발견할 수 있다. 신호를 전달하는 방식은 소리를 지르는 것에서 몸동작이나 고개를 흔드는 등 다양한 형태로 나타나지만, 의사 결정 과정의 구조들은 거의 동일하다. 다시 말해, 집단 내 모든 구성원이 합의가 이루어졌다는 사실을 확인할 때까지, 신호와 알림이 계속 반복되는 것이다.[3] 일부 진화학자들은 이러한 형태의 '사회적 투표social voting' 절차가 사회적 동물들의 집단에서 의사를 결정하는 가장 일반적인 유형이라고 생각하는데, 그것은 부분적으로 집단 내 모든 구성원의 합의를 비용 효과적으로 이끌어 낼 수 있는 방법이기 때문이다. 게다가 이러한 형태의 합의 방식은 일반적으로 극단적인 의사 결정의 위험을 피할 수 있고, 집단 전체가 쉽게 따르도록 설득할 수 있다.

인간 조직에서도 동일한 형태의 패턴들이 발견된다. 일반 성과자와 스타 성과자들의 차이에 주목한, 밥 켈리의 '벨 스타' 연구에서 과학자들은 스타 성과자들이 바로 그러한 사회적 투표 방식으로 집단 전체가 움직이도록 격려했다는 사실을 발견했다.[4] 일반 성과자들은 팀워크란 단지 집단 속에서 자신의 몫을 다하는 것이라고만 생각했다. 그러나 스타들의 생각은 달랐다. 그들은 목표 수립과 집단에 대한 기여, 업무 활동, 일정, 집단의 성취와 관련해 구성원들이 협력적인 주인의식을 갖도록 자극했다. 다시 말해, 스타 성과자들은 모든 이가 집단의 일부라는 생각을 갖도록 독려함으로써 팀 내부에서 동기화된 일관적인 아이디어 흐름을 강화했고, 충분한 합의를 바탕으로 모든 사람이 새로운 아이디어를 기꺼이 받아들이게 만들었던 것이다.

집단 내에서 아이디어의 동기화synchronization와 일관성uniformity은 대단히 중요한 개념이다. 압도적 대다수가 새로운 아이디어를 받아들이고자 할 때, 이러한 모습은 회의주의자들까지도 동조하게 만든다. 여기서 놀라운 사실은, 함께 노를 젓거나 춤을 추는 것처럼 많은 사람이 동시에 똑같은 일을 할 때, 사람들의 신체는 기분을 고조시켜 주는 자연적인 진통제인 엔도르핀을 협력에 대한 보상으로서 분비한다는 것이다.[5]

마찬가지로 비즈니스 분야의 연구들은 팀 구성원 모두가 참여하는 반복적이고 협력적인 상호 작용이 집단 전체의 번영을 도모하고,[6] 성공적인 비즈니스 관계에 도움을 주는, 신뢰를 바탕으로 한 협력을 자극한다는 사실을 보여 준다.[7] 오늘날 개발 도상국들에서 쉽게 찾아볼 수 있는 소액금융 시장에서, 방글라데시의 그라민 은행Grameen Bank은 강력한 사회적 참여가 성공의 핵심 요인이라는 사실을 보여주었는데, 그것이 가능했던 것은 강력한 참여가 대출 상환율을 크게 높여 주었기 때문이다.[8]

온라인 디지털 세상에서 참여의 또 다른 흥미로운 측면은 페이스북을 활용하는 최근의 실험 결과들로부터도 확인할 수 있다. 그러한 연구 성과들은 우리 할머니들도 충분히 예상할 수 있을 정도로 간단하면서 참여의 위력에 대해 많은 이야기를 들려준다. 2010년 미국 의회 선거 기간 동안, 페이스북과 캘리포니아 대학 샌디에이고 캠퍼스 연구원들은 제임스 파울러James Fowler를 중심으로 거대한 규모의 실험에 착수했다. 연구원들은 '나가서 투표하세요'라는 메시지를 6100만 명의 페이스북 사용자에게 전송하고, 다양한 형태의 메시지들이 미친 효과를 분석했다.

일부 페이스북 사용자들은 단지 '나가서 투표하세요'라는 메시지만을 받았다. 여기서 연구원들은 이러한 메시지들이 수백만 명에게 정치적 자기표현과 정보 검색, 실질적인 투표 행동과 관련해 직접적인 영향을 미쳤다는 사실을 확인할 수 있었다. 하지만 그 메시지가 투표 행동에 미친 영향력은 실망스러울 정도로 미미한 수준이었다.

반면 다른 페이스북 사용자들에게는 나가서 투표하라는 메시지와 함께, 이미 투표를 마친 친구들의 얼굴 사진을 보여 주었다. 사용자들에게 친숙한 얼굴을 보여 주는 방식은 투표를 독려하기 위한 메시지의 강도를 극적으로 높여 주었다. 물론 사회적 영향의 효과가 직접 얼굴을 맞대는 가까운 친구들 사이에서 특히 두드러지게 나타난다는 것은 사실 우리 할머니들도 잘 알고 있는 이야기다.

페이스북 친구는 실제 세상의 친구들과 다르다. 이 실험에서 연구원들은 단지 메시지만 보낸 경우에 비해, 가까운 친구들의 모습을 담은 메시지를 보낸 경우 실제 투표자들의 규모를 기준으로 약 네 배나 더 강력한 영향을 미쳤다는 사실을 확인할 수 있었다. 실제로 그들의 연구 결과는 각각의 투표 행동이 실제 세상에서 직접 대면하는 사회관계망을 통해 퍼져 나가면서, 평균적으로 세 건의 추가적인 투표 행동을 이끌어 냈다는 사실을 보여 주었다.

사회적
압력

우리는 지금 여기서 무슨 이야기를 하고 있는가? 직접 대면하는 관계가 어떻게 광범위한 영향력을 행사하는 페이스북 메시지보다 사람들의 행동을 훨씬 더 효과적으로 자극할 수 있단 말인가? 그리고 어떻게 이러한 효과를 활용함으로써 다양한 상황들 속에서도 사람들이 같은 반응을 드러내도록 만들 수 있을까? 페이스북 투표 실험 사례는 정보만으로는 그다지 강력한 동기를 제공할 수 없다는 사실을 보여 준다. 다른 한편으로, 원숭이 집단과 '벨 스타' 연구 사례들은 집단 내 동료들이 새로운 아이디어를 받아들이는 모습을 지켜보는 것이 다른 사람들과 함께하고 협력하도록 자극하는 강력한 동기를 제공한다고 말해 준다.

사람들 간의 직접적이고, 강력하고, 긍정적인 상호 작용을 의미하는 참여의 힘이 신뢰를 바탕으로 한 협력적인 행동을 자극하는 과정에서 대단히 중요하다는 사실을 보여 주는 증거들이 속속 등장하고 있다. 예를 들어, 진화 생물학에서는 직접적·네트워크적 상호 관계와 집단 선택(group selection, 종 내부에서 하나의 집단이 서로에게 이타적이고 다른 집단은 그렇지 않을 때,

이타적인 집단이 살아남고 그렇지 않은 집단은 소멸한다는 개념 – 옮긴이)과 같은 메커니즘은 모두 상호 작용이 이루어지는 상황을 활성화하는 방식으로 작동한다.[9] 사람들이 소규모 집단에서 상호 작용할 때, 동료들에게 처벌과 보상을 제공하는 능력은 신뢰를 기반으로 하는 협력 활동을 대단히 효과적으로 강화할 수 있다.[10]

강력한 사회적 연결이 사람들의 행동을 자극할 수 있다는 사실과 관련해, 우리는 어떻게 이런 측면을 가장 효과적으로 활용할 수 있을까? 일반적인 경제적 동기들은 종종 과녁을 빗나가는데, 그것은 인간을 사회적 연결로부터 영향을 받는 사회적 존재라기보다, 개인적이고 합리적인 개체로 규정하기 때문이다. 또한 그러한 경제적 동기들이 제대로 작동하지 않는다는 사실을 보여 주는 강력한 증거들도 나와 있다.[11] 반면 사회물리학은 경제적 보상이나 정보의 다발 대신, 사람들의 사회관계망에 집중하는 동기를 제시함으로써 사람들의 행동을 바꾸는 또 다른 방법이 있다는 사실을 우리에게 말해 준다.

『네이처Nature』의 자매지 『사이언티픽 리포츠Scientific Reports』에 게재했던 한 논문에서, 나는 박사 과정의 안쿠르 마니Ankur Mani, 마사다르의 객원 교수 이야드 라완Iyad Rahwan과 함께 사회관계망 동기를 활용해 협동을 강화함으로써 사람들의 행동을 변화시킬 수 있는 최고의 방법을 수학적으로 풀어냈다.[12] 이러한 사회관계망 동기들은 사회적 압력을 형성함으로써 아이디어 흐름을 바꾸고, 목표로 삼은 구체적인 아이디어를 중심으로 상호 작용을 강화하고, 이를 통해 사람들이 그 아이디어를 자신의 행동으로 통합하게 만들 가능성을 높인다.

이 이론을 실제 세상에서 검증하기 위해, 나는 앞서 소개한 젊은 가구들로 구성된 '친구와 가족' 연구 공동체를 대상으로 신체적 활동 수준을 높이는 과제에 주목했다. 신체적 활동 수준을 높이는 일은 사람들이 실내에 오랫동안 머무르려 하고, 일반적으로 잘 돌아다니지 않게 되는 보스턴의 추운 겨울 동안 특히 더 힘든 과제다. 물론 그러한 습관은 전반적으로 건강에 해로우며, 더 나쁜 것은 그 습관을 떨쳐 버리기가 결코 쉽지 않다는 점이다. 다시 말해, 날씨가 따뜻해져도 예전 활동 수준으로 회복하기까지 상당한 시간이 필요하다. 이 문제는 또한 일종의 '공유지의 비극tragedy of the commons'에 해당하는 것으로, 여기서 일부 사람들의 건강에 해로운 행동이 전체 공동체의 건강관리 비용을 증가시킨다.

여기서 나는 나다브 아로니와 함께 사람들이 활동적인 상태를 유지하도록 힘을 불어넣기 위해, 당시 진행 중이던 '친구와 가족' 연구의 소셜 네트워크 시스템인 펀핏FunFit을 활용하기로 했다. '친구와 가족' 연구에 참여한 모든 사람에게 우리는 두 명의 동료를 지정해 주었다. 거기서 어떤 사람들은 종종 상호 작용을 나누는 동료들이 있는 반면, 다른 사람들은 소수의 지인밖에 없었다. 그 공동체 내부의 거의 모든 사람이 참여했기 때문에, 각각의 피실험자는 행동 변화에 관한 관찰 대상이자 누군가 다른 사람의 동료로서 활동하게 된다.

그림 5에서 알 수 있듯이, 펀핏 시스템을 활용하기 위한 첫 번째 단계는 각각의 목표 인물을 중심으로 형성된 기존 사회관계망 안에서 무리를 형성하는 것이었다. 여기서 그러한 무리의 구성원들은 '동료buddy'가 되고(그림 5에서 옅은 회색 인물), 이 동료들은 이전 3일 동안 목표 인물(그림 5에서 A,

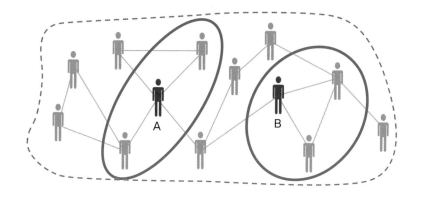

그림 5 좋은 행동을 자극하기 위한 동기를 지엽적 사회관계망(검은색 타원형 안에 존재하는 사회적 연결)으로 한정함으로써, 사회적 압력을 목표 인물에게 가한다. 이 방법은 실질적인 효과를 나타냈다.

B에 해당하는 짙은 회색 인물)에게서 나타난 행동 변화에 따라 소소한 현금 보상을 받는다. 목표 인물과 가장 많이 상호 작용하는 사람에게 동기를 제공하고, 행동 변화에 대해 목표 인물이 아니라 그들의 동료들에게 보상을 지급함으로써, 이러한 설정은 신체적 활동 수준을 높이는 사회적 압력을 형성한다. 다시 말해, 우리가 제시하는 사회관계망 동기는 활동성을 높이는 아이디어를 기반으로, 팀 구성원들 간의 참여, 즉 반복적으로 이루어지는 협력적인 상호 작용을 강화한다.

우리는 공동체 전체 구성원들을 대상으로 휴대 전화에 설치한 가속도계를 활용해 사람들의 활동성 수준을 측정했다. 일반적인 사회과학 실험들과 달리, 우리는 펀핏 시스템을 일상생활의 모든 복잡한 요소들과 더불어, 실제 세상에 적용했다. 또한 나중에 다시 들여다보고 어떤 요인이 가장 큰 효과를 나타냈는지 확인하기 위해, 수십만 시간과 수백 기가바이트에 달하는 상황 자료contextual data를 수집했다.

평균적으로 사회관계망 동기 방식이 전통적인 시장 접근 방식인 개인적 동기 방식보다 네 배 정도 효과적이라는 사실이 밝혀져 있다.[13] 그리고 설정된 목표 인물과 가장 많이 상호 작용한 동료들의 경우, 사회관계망 동기는 일반적인 시장 접근 방식보다 거의 여덟 배나 더 효과적인 것으로 드러났다.[14]

게다가 더 반가운 소식은, 그 상태가 그대로 유지된다는 점이다.[15] 사회관계망 동기로부터 자극을 받은 사람들은 그 동기가 사라진 뒤에도 높은 수준의 활동성을 그대로 유지했다. 소소하지만 집중적인 사회관계망 동기는 공동체 내부에서 행동 변화를 독려하는 사회적 압력을 형성함으로써, 새롭고 건강한 행동 습관을 중심으로 하는 참여를 촉진했다.

사회적 연결의 힘에 대해 지금 우리가 갖고 있는 이해에 비추어 볼 때, 박사 후 과정의 에레즈 슈무엘리, 비벡 싱Vivek Singh과 더불어 내가 발견한 것은 아마도 그다지 충격적인 사실이 아닐 것이다. 사람들이 동료들과 함께 나누는 직접적인 상호 작용의 빈도수는 그들의 행동이 얼마나 쉽게 변할지 예측해 주는 실질적인 기준으로 드러났다.[16] 다시 말해, 직접적인 상호 작용 횟수는 사람들 사이에서 형성되는 사회적 압력의 강도를 매우 정확하게 측정하는 요인인 것이다.[17] 또한 상호 작용 횟수는 실험이 끝난 뒤 사람들이 건강에 도움이 되는 새로운 행동 습관을 얼마나 잘 유지하는지도 예측해 주었다.

이와 마찬가지로 사람들끼리 직접적인 상호 작용을 나누는 횟수는 그들이 서로에 대해 드러내는 신뢰도에 대해서도 놀랍도록 정확한 예측을 보여 주었다.[18] 이 말은 두 사람 사이의 직접적인 상호 작용 횟수가 신뢰를 공유하는 정도와 사회적 압력의 효과를 예측해 준다는 뜻이다.

모든 사람이 협력하도록 만들기 위한 사회물리학적 접근 방식은, 개인적인 시장 동기를 활용하거나 추가적인 정보를 제공하는 것이 아니라, 사회관계망 동기에 집중하는 것이다. 다시 말해, 우리는 사람들이 개별적으로 그들의 행동을 바꾸도록 만드는 대신, 사람들 사이의 관계를 변화시키는 작업에 초점을 맞춘다. 그 원리는 간단하다. 사람들 사이의 교류는 여기에 참여하는 이들에게 대단히 가치 높은 것이므로, 우리는 그러한 교류를 활용해 변화를 자극하는 사회적 압력을 만들어 낼 수 있는 것이다. 참여, 즉 공동체 구성원들 사이에서 반복적으로 이루어지는 협력적 상호 작용은 협동을 독려하는 분위기를 몰고 온다.

사회관계망 동기가 협력이 필요한 사안을 중심으로 사회적 압력을 형성하게 되면, 사람들은 다양한 새로운 행동들을 시도함으로써 더 나은 행동을 발견하고자 한다. 이러한 사회적 압력은 개인의 행동, 관계의 가치, 상호 작용의 빈도수 사이에서 드러나는 부조화의 비용으로 기능한다. 이 말은 곧 사회적 연결이 강력하고 상호 작용 횟수가 많은 인물들에게 사회관계망 동기들을 집중해야 한다는 뜻이다.

디지털
참여

디지털로 연결된 새로운 세상에서, 우리는 지금 소셜 미디어를 통해 사람들이 협력할 수 있도록 해야 한다. 협력이 자연스럽게 이루어질 때도 있지만, 그렇지 않을 때도 있다. 그렇다면 우리는 디지털 세상에서 어떻게 참여를 강화할 수 있을까?

참여가 이루어지는 과정을 이해하기 위해, 편핏 시스템의 변형에 해당하는 피어시Peer See 사례를 한번 살펴보자. 피어시의 기본적인 아이디어는 우리가 페이스북 투표 실험에서 확인한 조건들을 그대로 복제하는 것이다. 즉 비교를 활용함으로써 협력을 강화하는 것이다. 피어시 연구에서, 우리는 활동성 유지에 대해 보상을 제공할 뿐만 아니라(일반적인 경제적 동기), 여기에 더해 동료들이 어떻게 행동하는지 온라인상으로 직접 확인할 수 있도록 했다. 이는 서로 경쟁할 때 작용하는 일종의 사회관계망 동기에 해당한다.

우리는 결합된 형태의 경제적-사회적 장려책인 피어시 접근 방식이, 사회적 요소를 배제하고 개별적으로 사람들에게 보상을 제공하는 방식

(가령 표준적인 경제적 동기 접근 방식)보다 두 배 더 효과적이라는 사실을 확인했다. 단지 주변 동료들이 무엇을 하는지 관찰하는 것만으로 형성된 사회적 압력이 경제적 동기보다 두 배 강력한 효과를 드러낸 것이다.

이 연구 사례를 통해, 우리는 이제 앞서 페이스북 투표 사례에서 직접 대면하는 관계가 왜 그렇게 중요한 역할을 했는지 이해할 수 있다. 피어시 연구 사례에서의 사회적 동기와 마찬가지로, 직접 대면하는 친구들이 이미 투표했다는 정보는 사람들이 투표하도록 설득하기 위한 충분한 사회적 압력을 만들어 냈다. 페이스북 메시지 자체는 효과가 비교적 미미했지만, 그 메시지로부터 동기를 부여받은 몇몇 사람들은 직접 대면 관계를 맺고 있는 친구들이 투표장으로 달려가도록 만드는 분위기를 형성했다. 그런데 왜 그 영향이 직접 대면하는 관계를 맺고 있는 친구들을 중심으로 나타났을까? 다시 말하자면, 그것은 사회적 압력이 사회적 연결 강도와 상호 작용 규모에 크게 의존하기 때문이다. 사실상 페이스북 친구들의 중요성은 평등하지 않다(물론 우리의 할머니들도 그 사실을 잘 알고 있다).

사회적 압력과 디지털 네트워크를 연결하는 또 다른 사례로, 에너지 절약 실험에 대해 생각해 보자. 이 실험에서 나는 안쿠르 마니와 이야드 라완, 스위스 ETH 취리히 대학 동료인 클레어 마리 룩Claire-Marie Loock, 토르스톤 슈타크Thorston Staake, 엘가 플라이슈Elgar Fleisch와 더불어 전력 회사와 손잡고 스위스 전역의 주택 소유자들을 대상으로 절전 캠페인을 실시했다.[19]

첫 번째 실험에서, 우리는 주택 소유자들에게 평균적인 사람들과 비교해 그들이 얼마나 많은 전기를 소비하는지에 대한 사회적 피드백을 제공했다. 그 피드백 정보가 스위스의 주택 소유자와 그 밖의 모든 다른 사람들 간의 비교에 관한 것이었을 때, 실제로 절전 효과는 나타나지 않았다. 사람들은 예전과 똑같은 방식으로 행동했다. 하지만 그 정보가 그들 자신과 그들 이웃들 간의 비교에 관한 것이었을 때는 상황이 훨씬 개선되었으며, 그들이 그 비교 집단 사람들과 스스로를 얼마나 가깝게 동일시하는지가 중요한 역할을 한다는 사실을 보여 주었다. 이것이 바로 사회관계망 효과다. 스스로를 집단과 동일시하는 태도는 집단 구성원들에 대한 신뢰도와 그 집단이 행사할 수 있는 사회적 압력의 강도를 높인다.

이러한 연구 성과들은 사회물리학에 기반을 둔 접근 방식을 시도해야 한다고 말한다. 다음으로 우리는 ETH의 동료들과 함께 전력 회사들의 홈페이지를 기반으로 디지털 소셜 네트워크를 구축하고, 작은 보상을 제공함으로써 사람들이 지역적인 동료 집단을 형성하도록 유도했다. 펀핏 실험에서처럼, 이러한 동료 네트워크는 표준적인 경제적 동기들이 아니라, 사회관계망 동기들을 활용한다. 즉 어떤 사람이 에너지를 절약할 때, 그의 동료들에게 포인트를 선물하는 것이다.

우리는 이와 같은 사회관계망 동기를 통해 전력 소비량을 17퍼센트나 줄였다. 이 수치는 과거 에너지 절약 캠페인들의 최고 기록보다 두 배 더 높고, 일반적인 에너지 절약 캠페인보다 네 배 더 높다.[20] 펀핏 사례에서처럼, 개인의 주변을 둘러싸고 있는 사회적 연결의 힘을 활용했을 때, 우리는 가장 효과적인 행동 변화를 확인할 수 있었다.

디지털 방식과 직접 대면 방식이 결합된 역동성은 기업 내부의 소셜 미디어 활용에서 똑같이 나타나고 있다. 이러한 참여 패턴은 전체 조직이 여러 대륙과 여러 시간대에 걸쳐 있는 기업들에 특히 많은 도움이 된다. 그것은 다양한 상황에서 직원들 간의 주요한 상호 작용 형태가 디지털 소셜 네트워크나 이메일, 문자 메시지이기 때문이다. 이러한 형태들은 직접 대면이나 음성으로 주고받는 상호 작용과 관련된 사회적 신호들을 포함하지 않아 효과적인 업무 팀을 구축하는데 필요한 참여를 이끌어 내지 못한다는 사실에 기업들은 실망감을 드러내고 있다[더 읽을거리인 '디지털 네트워크 vs. 직접 대면'(247쪽)과 '사회적 신호'(193쪽) 참조].

디지털 네트워크를 보다 효과적으로 만들어야 한다는 요구의 목소리가 비즈니스 세상으로부터 나오고 있다. 그 상황을 보다 잘 이해하기 위해, 나는 박사 과정의 이브살렉상드르 드 몽주아Yves-Alexandre de Montjoye와 카멜리아 시모이우Camelia Simoiu와 함께 1천 곳 넘는 기업을 대상으로 조직 내부 디지털 소셜 네트워크의 발전과 그 성과를 살펴보았다.[21] 그리고 평균적으로 1년에 걸쳐 이들 기업들의 수많은 '초대'와 '좋아요', 그리고 게시글들을 분석하면서 그 속에서 뚜렷하게 드러나는 패턴을 확인해 보았다.

그 과정에서 우리는 놀라운 사실을 발견했다. 참여가 폭발적으로 증가하면서 디지털 소셜 네트워크가 성장하는 동안, 그 네트워크는 점진적인 성장을 보일 때보다 훨씬 더 효과적으로 작동했다. 직원들에게 사내 소셜 네트워크에 참여하라는 충분한 메시지를 보낸 기업들의 경우, 지속적으로 널리 확산된 동일한 수의 초대에 대한 반응보다 훨씬 더 많이 참여하고 네트워크를 활용하고자 했다. 그러나 참여의 폭발적 증가가 없었던 기업의 경우, 직원들은 거의 합류를 하지 않았고, 상황은 더욱 나빠졌다. 벨 스타들이 이해한 것처럼, 많은 사람이 새로운 행동을 적극적으로 받아들이려는 움직임을 드러내기 전까지, 대부분의 구성원은 좀처럼 합류하려 들지 않을 것이다.

활동성의 폭발적 증가가 그 활동을 재촉하는 상사나 날마다의 마감에서 비롯된 것이라면, 그것은 아무런 의미가 없다. 그 이유는 페이스북 투표 사례와 마찬가지로, 직원들이 실질적으로 협력하도록 만드는 동기는 사회적 압력이기 때문이다. 즉 누가 누구를 초대해서 디지털 소셜 네트워크에 합류하고 활용하도록 자극하는지가 가장 중요하다. 초대가 오랫동안 일상적으로 교류하는 사람들 사이에서 이루어지고, 특히 그 사람들이 동일한 업무 팀에 있는 다른 사람들과 관계를 맺고 있다면, 그들의 초대는 보다 약한 사회적 연결을 이루는 사람들의 초대보다 훨씬 더 효과적일 것이다.

실제로 30분 사이 네트워크에 참여하라는 초대를 세 번 이상 받고, 그 초대들이 그들 및 그들의 업무 집단과 이미 관계를 맺고 있는 사람들로부터 온 것일 때, 사람들은 대부분 소셜 네트워크에 가입하고, 이를 활용하고자 했다. 하지만 30분 동안 열두 번씩이나 초대받았다고 하더라도, 그것들이 모두 그들 및 그들의 업무 집단과 관계없는 인물들로부터 온 것일 때는 그 효과가 상대적으로 미미했다.

새로운 디지털 도구를 받아들이는 것을 습관의 변화라고 생각한다면, 여기서도 우리는 이러한 패턴을 기대할 수 있다. 3장에서 다루었던 빠른 사고와 느린 사고에 관한 이야기를 다시 떠올려 보자. 습관을 효과적으로 고치기 위해, 짧은 시간 안에 새로운 아이디어를 성공적으로 활용하거나 추천하는 믿을 만한 동료들의 다양한 사례가 필요하다. 그리고 그러한 동료들의 다양한 사례들로 가득한 풍요로운 사회적 학습 환경을 조성하기 위해서는, 조직 내 구성원들이 새로운 사회관계망을 활용하는 습관을 받아들이도록 해야 한다. 페이스북 투표 사례처럼, 일반적으로 디지털 소셜 미디어의 활용 습관은 단지 디지털 네트워크보다는, 직접 대면하는 사람들로 이루어진 네트워크를 통해 더욱 활발하게 퍼져 나간다.

이와 같이 1천 개의 기업으로부터 수집한 데이터들은 사회관계망 동기를 활용함으로써 사람들이 새로운 디지털 도구를 받아들이도록 자극할 수 있다는 사실을 말해 준다. 예를 들어, 우리는 얼마나 많은 동료가 함께 업무를 처리하기 위한 네트워크를 활용하는지를 기준으로 보상을 제공할 수 있을 것이다. 이러한 사회관계망 동기는 사람들이 그 네트워크를 활용하도록 만드는 사회적 압력을 창조하고, 네트워크의 활용을 기반으로 새로운 습관들을 창조하는 흐름을 시작하게 만든다.

이런 다양한 실험들로부터 우리가 이끌어 낼 수 있는 결론은 참여, 즉 반복적으로 계속되는 협력적인 상호 작용은 신뢰의 수준과 관계의 가치를 높여 주고, 이는 협력적 행동을 만들어 내기 위해 필요한 사회적 압력의 기반을 이룬다는 것이다. 다시 말해, 참여가 문화를 창조하는 것이다. 한 발 더 나아가, 우리는 사회관계망 동기들이 이러한 흐름을 가속화하고, 개인적인 동기를 활용하는 방식보다 훨씬 더 효과적이라는 사실을 밝혀 내고 있다.

그런데 기업들은 왜 이러한 사회관계망 동기들을 적극적으로 활용하지 않는 것일까? 아마도 그 부분적인 이유는, 기업들이 사회적 동기를 확실한 경영 도구라기보다 불분명하고, 애매모호하고, 단지 '그럴듯해 보이는' 전략이라고 인식하기 때문일 것이다. 그래서 관리자들이 보편적으로 활용하는 사회적 동기들은(가령 '이달의 사원'과 같은) 일반적으로 실질적인 사회적 관계와 단절되어 있으며, 그래서 이상하거나 겉치레에 불과하다는 느낌을 준다.

그러나 사회물리학과 함께라면 이야기가 달라진다. 그것은 사회물리학이 협력적인 행동들을 이끌어 내는 사회적 동기를 창조하는 방법을 구체적으로 보여 주어 모든 사람의 상황을 개선할 수 있는 새롭고 실용적인 방법을 제시해 주기 때문이다. 사회물리학은 우리에게 경제적 보상보다 더욱 효과적으로 기능하는 비용 효율적인 새로운 방정식을 가져다주고, 협력을 강화하는 실질적으로 새로운 기회를 열어 주고 있다.

복종과
충돌

애덤 스미스는 상품과 아이디어, 재능, 호의의 교환으로 창조된 사회 그물 망이 자본주의로 하여금 공동체 선을 위한 방안들을 만들어 가도록 유도 한다고 주장했다.[22] 그렇다. 공동체는 사회적 연결들로 이루어진다. 사회 적 연결이 형성하는 사회적 압력의 제약이 없을 때, 자본주의는 포식자로 돌변한다. 사회물리학은 인간의 행동을 보다 완전하게 설명하기 위해서 는, 경제적 교환뿐만 아니라 정보와 아이디어 교환, 사회적 규범 창조까지 함께 고려해야 한다고 말한다.

애덤 스미스가 이야기하는 '훌륭한' 자본주의는 이상적인 상황을 개략 적으로 그리고 있다. 그는 다소 지엽적인 세상을 살았기 때문에, 사회적 참여가 거의 대부분 경제적 힘들의 균형을 유지할 수 있다고 생각했다. 당 시 도시에서 살아가던 부르주아들은 서로 많은 것을 알고 있었고, 그래서 바람직한 시민으로서 행동해야 한다는 유사한 사회적 규범 및 압력으로 부터 제약을 받았다. 그러나 동시에 가난한 이들은 그들의 존재감을 드러 내지 못했고, 부자와 빈자 간 참여의 결핍으로 인해 두 집단 사이의 교환에서 사회적 구속이 사라져 버린 시대이기도 했다. 잘 알려져 있는 것처럼, 이는 첫 번째 산업 시대의 공포와 학대의 확산을 초래했다.

이와 같은 형태의 사회적 단절은 서로 다른 윤리적·종교적 혹은 경제적 집단들이 동시에 존재하는 모든 곳에서 드러난다. 최근 『사이언스Science』지에 실린 한 논문에서, 메이 림May Lim과 리처드 메츨러Richard Metzler, 야니어 바르얌Yaneer Bar-Yam은 공동체의 통합이 효과적으로 이루어지지 못할 때, 특정 집단이 다른 집단들을 지배할 때, 그리고 여기에 더하여 정치적 혹은 지리적 경계가 인구 통계적 경계와 서로 크게 어긋날 때, 집단 간 폭력이 발생할 가능성이 높아진다는 사실을 보여 주었다.[23] 이에 해당하는 사례들로, 이들은 1800년대 미국 원주민 부족들의 강제 이주, 아일랜드에서 벌어진 가톨릭과 프로테스탄트 사이의 충돌, 유라시아 전역에 걸쳐 반복적으로 행해진 유대인 학살을 제시하고 있다.

이러한 형태의 갈등이 존재할 때, 복종과 학대가 종종 일어난다. 특정 지역에서 주류 집단이 입법권을 장악하고, 소수 집단들의 세력이 무시하지 못할 정도로 클 경우, 충돌 가능성이 높다. 이러한 상황에서 합리적인 경계 설정이나 효과적인 사회 통합으로 폭력 가능성을 낮출 수 있다.

이러한 사례들은 참여를 통해 신뢰를 높일 수 있다는 사실을 보여 주었던 '친구와 가족' 연구 결과와 일치하는가? 이 질문에 대한 대답은, 여기서 내가 소개하는 실험들 거의 대부분이 협력적 상호 작용이 이루어지는 공동체와 사회 집단을 형성하고 있었다는 것이다. 반대로 대부분의 상호 작용이 착취적인 형태로 이루어질 때, 각각의 상호 작용들은 오히려 신뢰를 파괴하는 쪽으로 작용했다. 한 사람이 다른 공동체 사람들과 거래할 때마다 사기를 당했다면, 당연하게 그는 그 공동체의 모든 구성원을 불신할 것이다.

신뢰는 미래의 협력적 행동에 대한 기대이자, 과거의 교류에 기반을 두고 있다는 점에서, 사람들은 내가 거꾸로 된 황금법칙이라고 부르는, '다른 사람들이 당신에게 한 것처럼 다른 사람들에게 하라'라는 원칙에 따라 움직인다.[24] 이는 전통적인 죄수의 딜레마 문제와 같은 신뢰 게임에서 종종 나타나고, 오늘날에는 보편적인 전략으로서 활용되고 있는 보복 전략과 유사하다.

안타깝게도 사람들은 이 원칙을 동료 집단과 다른 집단에 각각 다르게 적용하는 방법을 너무도 빠르게 습득한다. 즉 동료들은 믿지만 다른 사람은 믿지 않는다. 그래서 그들은 정치인과 변호사들을 개인적으로는 믿지만, 하나의 집단으로서는 신뢰하지 않는 것이다. 이로 인해 집단들 사이에 차별이 발생하고, 문중 간의 다툼이 발생하기도 한다. 하나의 집단이 다른 집단을 착취하는 구조적 위험성은 다양한 동료 집단들에 걸쳐 협력적인 상호 작용을 강화해야 하는 과제의 중요성을 돋보이게 만든다.

참여의
법칙

지금부터는 '참여'라는 말을 사람들 사이에서 이루어지는 교환 네트워크가 그들의 행동을 바꾸는 과정을 의미하는 개념으로 사용하겠다. 탐험의 경우와 마찬가지로, 참여의 개념과 관련해 세 가지를 명심하자.

참여는 상호 작용을 필요로 한다 사람들이 서로 협력하기 위해서는, '네트워크 제약network constraint'이 필요하다. 즉 단지 리더와 구성원들 사이, 혹은 구성원들과 전체 집단 사이(그룹 회의처럼)에서가 아니라, 집단 내 모든 구성원 간에 반복적 상호 작용이 필요하다. 네트워크 제약 정도를 확인하기 위해서는, 여러분이 이야기하고 있는 사람이 다른 사람들과 서로 이야기를 나누고 있는지 물어보면 된다. 그렇지 않다면, 그렇게 하도록 만들어야 한다. 우리는 직접적인 상호 작용 횟수가 협력적인 행동을 받아들이게 하는 사회적 압력에 대한 아주 훌륭한 척도라는 사실을 확인했다. 게다가 상호 작용 횟수는 사람들이 새롭고 보다 협력적인 행동들을 얼마나 잘 유지하고 있는지도 예측해 준다.

참여는 협력을 필요로 한다 벨 스타 사례를 떠올려 보자. 그들은 모든 팀원이 집단 속에서 주인의식을 느끼도록 자극하면서, 모두가 목표를 세우고, 활동을 추진하고, 집단의 성취에 대해 인정받는 일에 참여하도록 했다. 스타 성과자들은 모든 사람이 팀의 일부라고 느끼도록 함으로써 팀 내부에서 참여 수준을 높였고, 충분한 합의에 도달할 수 있도록 노력함으로써 모두가 새로운 아이이어를 기꺼이 받아들이게 만들었다.

신뢰 구축 공정하고 협력적인 미래의 교환에 대한 기대를 의미하는 신뢰는, 사람들 간의 지속적인 교환으로부터 비롯된다. 결론적으로 말해, 사회관계망 속에는 역사와 관성이 존재한다. 직접적인 협력적 상호 작용 횟수는 또한 사람들의 신뢰에 대해 놀랍도록 정확하게 예측한다. 가령 소셜 네트워크 개척자 배리 웰먼Barry Wellman은 두 사람 사이의 통화 횟수는 관계에 대한 두 사람의 투자(종종 사회적 자본을 필요로 하는)를 예측할 수 있는 훌륭한 기준이라고 주장했다. 이는 타당한 설명이다.

간단히 말해, 팀의 일원으로서 성공적으로 자리 잡는 것은 팀의 네트워크에 대한 지속적인 참여를 유지해 나갈 수 있느냐에 달려 있다. 사람들은 행동 규범과 신뢰 및 협력의 패턴을 공동으로 개발하기 위한 사회적 압력, 그리고 개인적인 욕망 사이에서 균형을 잡으면서 마치 스포츠 팀의 선수들처럼 움직인다. 다음 장들에서 우리는 결과적으로 참여 수준이 다양한 활동들과 관련해 팀 생산성과 탄력성을 정확하게 예측해 주는 기준이라는 사실을 살펴볼 것이다.

다음
단계들

앞서 세 장에서 소개한 사례들을 통해 내가 말하고자 한 것은, 사회관계망을 통한 새로운 행동의 확산을, 아이디어들을 선별하고 그 중에서 좋은 아이디어를 습관으로 전환하기 위해 동료들과의 참여가 뒤따라야 하는, 새로운 아이디어들을 수확하기 위한 탐험으로 이해할 수 있다는 것이다. 아이디어 흐름은 양립 가능한 행동 규범들을 마련하기 위한 사회적 학습과 사회적 압력을 통해 기능한다. 그리고 마지막으로 우리는 사회관계망 동기들을 활용해 아이디어 흐름의 역동성을 변화시킴으로써, 새로운 행동을 효과적으로 확산시킬 수 있다.

주변에 존재하는 아이디어 흐름이 우리의 행동에 미치는 영향은 인간본성에 핵심적인 것이다. 부족 집단의 경우, 부족민 전체에 영향을 미치는 의사 결정은 사회적인 차원에서 이루어지며, 승인이나 거부를 나타내는 풍부한 사회적 신호들에 따라 결정된다.[25] 이러한 신호들은 합의가 이루어지고 효력이 시작되기 전에, 그 집단이 모든 구성원의 기호에 주의를 기울이도록 만든다. 원숭이 무리들 역시 이러한 사회적 신호를 기반으로 이루어지는 사회적 합의에 따라 집단의 이동을 결정한다.[26] 무리에 적응하기 위해 필사적으로 애쓰는 10대, 일상적으로 폭력을 휘두르는 갱단이나 무자비한 군인은 행동 규범을 수립하고 이를 강요하는 집단의 사례에 해당한다. 모든 동료가 어떤 새로운 행동을 받아들일 때, 혼자 거부하기란 절대 쉬운 일이 아니다.[27]

하지만 일부 사회과학자들은 대체 그게 무슨 소리냐고 물을지도 모른다. 앞서 세 장에서 소개한 실험들은 동종애(유유상종)의 법칙이나 사회적 학습(로마에 가면 로마법을 따르라)과 같이 이미 우리 모두가 잘 알고 있는 개념들과 똑같은 이야기가 아닌가? 맞다. 하지만 지금까지 어느 누구도 우리가 잘 알고 있는 인간 행동 패턴들의 계산적 영향computational effect, 다시 말해 의사소통 패턴이 개인의 의사 결정과 공동체의 건강에 어떤 영향을 미치는지 실질적으로 추적하지 않았다. 여기서 나는 이러한 사회적 보편성이 공동체의 집단 지능, 그리고 협력적인 방식으로 움직이는 공동체의 역량을 획기적으로 높여 준다는 사실을 보여 주고자 하는 것이다. 그리고 한 발 더 나아가 앞으로 계속 살펴보겠지만, 이러한 계산적 영향이야말로 기업과 도시, 사회 전반의 기능에 핵심적인 것이다.

다음의 더 읽을거리인 '사회적 영향의 수학Mathematics of Social Influence'에서는 이러한 아이디어들을 사회적 조직이 새로운 아이디어와 새로운 동기들에 어떻게 반응하는지 설명해 주는 방정식으로 전환하는 방법을 살짝 보여 준다. 이런 방정식들을 활용함으로써, 우리는 개인의 행동이 어떻게 변화할 것인지, 그리고 업무 팀과 공동체의 성과가 어떻게 달라질 것인지 정확하게 예측할 수 있다. 이러한 사회물리학 방정식에 관한 자세한 사항은 부록 4를 참조하기 바란다.

다음 부분에서는 이런 아이디어와 방정식을 기업과 도시, 사회 전반을 측정하고 관리하는 과정에 어떻게 활용할 수 있는지 살펴볼 것이다. 부디 이들 사례를 통해 지금 떠오르고 있는 과잉 연결된 사회에서 살아가는 기회와 위험을 분명하게 인식하고, 자신을 지키고 성공을 거머쥐기 위해 어떤 변화를 받아들여야 하는지에 관한 주장들을 확인하기 바란다.

사회적 영향의
수학

대부분의 사람들이 수학 이야기를 별로 달가워하지 않는다. 그래서 이 책에서도 수학에 대해서는 그리 많은 이야기를 하지 않고 있다. 그러나 안타깝게도 이로 인해 사람들은 사회물리학이 더 나은 사회 조직을 구축하기 위해 활용하는 인간 행동에 관한 예측적이고, 수학적인 모형들을 개발하고 있다는 사실을 종종 잊어버린다. 그래서 여기서는 다만 수학의 일부를 설명함으로써, 그게 어떤 것인지 감을 잡을 수 있도록 도와주려 한다.

50년 넘는 세월 동안 사회과학자들은 사회 시스템 내에서 누가 누구에게 영향을 미치는지에 관한 질문을 놓고 연구해 왔지만, 그중 상당 부분은 단지 정성적이거나 상관관계에 관한 차원에 머물러 있었다. 여기서 도전 과제는 객관적·수학적 방식으로 사회적 영향을 어떻게 모형화할 것인가이다. 이와 관련해 복잡한 문제는, 사회적 영향을 직접 관찰하지 못할 때가 많고, 그렇다 보니 개인적 차원에서 행동 신호들을 가지고 추론해야만 한다는 것이다.[28]

우리의 영향 모형은 사람 C의 시스템으로 시작한다. 이를 컴퍼니company라고 부르자. 첫 사람에서 마지막 사람까지 각각의 인물을 가리키는 c($c=(1, ..., C$)로 표기된다)는 초기 상태에서 독립적 행위자이며, 일반적인 관찰로는 그들의 활동을 확인할 수 없고, 그들을 움직이게 만드는 아이디어는 그들의 머릿속에 들어 있다. h는 인간 c의 숨겨진 행동hidden behavior을 말하고, t 시점에서 그것은 $h_t^{(c)}$가 된다. 우리는 이들이 무슨 생각을 하는지 직접적으로 알 수는 없지만, 그들의 행동을 통해 관찰 가능한 신호인 $O_t^{(c)}$를 얻을 수 있고, 이러한 신호들의 확률인 $\text{Prob}(O_t^{(c)}|h_t^{(c)})$는 그들의 드러나지 않은 상태에 의존하고 있다. 이 말은 곧 그들의 머릿속에서 진행되는 생각에 달려 있다는 뜻이다.[29]

상태 의존성(state dependence. 한 사람의 상태가 다른 사람의 상태에 영향을 미치는 방식. 그리고 그 역) 관점에서 사회적 영향에 대한 정의는 깊숙이 뿌리 내린 개념이며,[30] 이를 기반으로 우리는 시점 t에서 개인의 드러나지 않은 상태인 $h_t^{(c)}$, 그리고 시점 $t-1$에서 모든 사람의 예전 상태인 $h_{t-1}^{(1)}, ..., h_{t-1}^{(C)}$ 사이의 조건부 확률로서 사회적 영향을 나타낼 수 있다. 결론적으로 말해, 시점 t에서 인물 c의 상태인 $h_t^{(c)}$는 시점 $t-1$에서 다른 모든 사람의 상태로부터 영향을 받으며, 인물 c가 시점 $t-1$에서 사람들의 예전 상태에 의존하는 $h_t^{(c)}$ 상태에 존재하는 조건부 확률은 다음과 같다.

$$\text{Prob}(h_t^{(c')} | h_{t-1}^{(1)}, \ldots, h_{t-1}^{(C)}) \qquad\qquad (1)$$

이 영향 모형은 이러한 전반적인 '컴퍼니 상태'를 각각의 인물 c가 다른 각각의 인물 c'에 미치는 영향들로 이루어진다.

$$\text{Prob}(h_t^{(c')} | h_{t-1}^{(1)}, \ldots, h_{t-1}^{(C)})$$
$$= \sum_{c=(1, \ldots, C)} R^{c',c} \times \text{Prob}(h_t^{(c')} | h_{t-1}^{(c)}) \qquad (2)$$

여기서 영향 행렬influence matrix을 의미하는 $R^{c',c}$는 인물 c가 인물 c'에 미치는 영향을 나타내며, 영향이 기업의 소셜 네트워크를 통해 어떻게 확산되는지 설명해 준다. 이 모형에서 매개 변수parameter들의 수는 증가하는 사람들의 수와 그들의 내적 상태들과 더불어 상대적으로 느리게 성장하고, '살아 있는' 데이터를 수학적으로 모델화하며, 실시간 앱을 통해 이를 쉽게 활용할 수 있도록 만들어 준다. 이 말은 기댓값 최대화 알고리즘을 활용함으로써 사회적 연결이나 학습된 행동들을 사전에 알고 있지 않더라도 영향, 상태 등 영향 모형의 매개 변수를 측정할 수 있다는 것을 의미한다. 매개 변수들을 측정하기 위한 매트랩Matlab 코드와 사례 문제들은 http://vismod. media.mit.edu/vismod/demos/influence-model에서 확인할 수 있다.

이 모형은 이토로 사례에서 투자자들의 행동을 정확하게 설명해 준다. 펀핏 사례에서, 우리는 각각의 인물들이 영향 행렬을 통해 그들의 목표 인물인 c'가 바람직한 행동 상태에 있도록 영향을 줄 수 있는 상태에 존재할 가능성을 높이는 동기들을 추가했다. 예를 들어, 그러한 동기들은 인물 c가 c'에게 활동적인 생활 습관에 대해 더많이 이야기하도록 자극할 수 있으며, 펀핏 실험이 보여 준 것처럼 그러한 행동 효과는 c가 c'와 나누는 상호 작용의 양에 달려 있다.

결론적으로 말해, 우리는 c와 c' 사이의 상호 작용 횟수를 측정함으로써 사회적 영향($R^{c',c}$)을 정확하게 예측할 수 있다. 소규모 집단과 기업 내 부서, 도시 전체는 물론, 정치적 견해와 구매 행동, 건강 선택에 대한 사회적 영향의 역할을 포함해, 이 책에서 소개하는 대부분의 사례 속에서, 우리는 직접적 혹은 간접적인 사회적 상호 작용 횟수를 측정함으로써 사회적 영향을 측정하는 방식을 통해 미래 행동을 정확하게 예측할 수 있다는 사실을 확인할 수 있었다.

여기서 중요한 질문은, 예측된 모형 매개 변수들이 얼마나 일반적으로 사람들 간의 상호 작용에서 실질적인 영향을 정확하게 나타낼 것인가 하는 것이다. 우리는 이 모형을 기반으로 소규모 집단과 조직에서 주인공, 공격자, 후원자, 중립자 등 각자의 사회적 역할을 정확하게 정의하고, 조직의 관계도를 정확하게 그리고, 사람들을 업무 집단들로 묶고, 집단의 리더를 규정할 수 있다는 사실을 확인했다.[31] 그리고 물론 동일한 기본 모형을 변형함으로써 이 책에서 소개하는 거의 모든 사례를 설명할 수 있다. 마지막으로, 최근 1억 명에 이르는 스마트폰 사용자들의 구매 패턴에 대한 지도를 그리는 과제에서, 그러한 한 가지 변형 모형이 상업적으로 활용된 바 있다(http://www.sensenetworks.com 참조. 이는 내가 공동으로 설립한 기업의 웹사이트다).

이 모형이 보여 준 중요한 성과는, 우리가 이를 통해 행동들을 직접적으로 관찰할 수 있고, 아이디어 흐름을 정량적으로 측정하기 위한 사회관계망 변수들을 구할 수 있다는 것이다. 그리고 그 값은 사회관계망으로 소개된 새로운 아이디어를 받아들이고자 하는 사용자들의 비율을 의미하는 것이다. 아이디어 흐름은 영향 모형 요소들, 즉 네트워크 구조, 사회적 영향력, 그리고 새로운 아이디어에 대한 개인적인 민감성을 모두 고려한다.

이토로 사례에서, 우리는 매매자들의 수익성이 아이디어 흐름 속도에 크게 좌우되며, 이는 조직이나 사회관계망 안에서 의사 결정 수준을 측정할 수 있는 도구들을 가져다준다는 사실을 확인했다. 다음의 장들에서는 또한 이를 가지고 생산성과 창조적 성과도 예측할 수 있다는 사실을 다룰 것이다.

마지막으로, 아이디어 흐름을 정량적으로 측정함으로써 우리는 또한 네트워크가 더욱 효과적으로 기능하도록 조율할 수 있다. 아이디어 흐름을 통해 네트워크 구조, 영향력 혹은 개인적인 특성들이 어떻게 달라질지 예상할 수 있기 때문이다.

아이디어 기계
IDEA MACHINES

집단 지능

상호 작용 패턴은 어떻게 집단 지능으로 이어지는가?

사회적 상호 작용의 물리학이 움직이는 방식을 더 깊이 이해하기 위해, 이제 더욱 작은 집단 안에서 사람들이 경험하는 상호 작용들을 살펴보는 과제로 넘어가자. 공동체는 물론 사람들의 집단은 구성원들의 개인적 지능과 또 다른 집단적 지능을 지니고 있다. IQ가 개인의 성과를 예측할 수 있는 중요한 변수인 것처럼, 집단 지능은 집단의 성과를 예측하기 위한 중요한 요소다. 내 동료인 아니타 울리Anita Woolley, 크리스토퍼 카브리스Christopher Chabris, 나다 하슈미Nada Hashmi, 톰 말론Tom Malone과 함께 『사이언스』지에 발표한 놀라운 결과는, 광범위한 형태의 브레인스토밍, 판단 및 기획 과제, 그리고 집단 전체적으로 IQ 테스트를 실시한 수백 개의 작은 집단들에 대한 관찰을 통해 집단 지능을 검토한 연구에 기반을 두고 있다.[1]

우리가 발견했던 집단 지능의 기반은 무엇인가? 뜻밖에도 우리는 대부분의 사람이 일반적으로 집단의 성과를 높여 줄 것이라고 기대하는 결속력이나 동기 부여, 그리고 만족감과 같은 요소들이 통계적 차원에서 별로 중요하지 않았다는 사실을 확인할 수 있었다. 대신 집단 지능을 결정하는 가장 중요한 요인은 대화 과정에서 드러나는 발언 기회의 형평성이었다. 몇 사람이 대화를 장악한 집단들의 집단 지능은 발언 기회를 평등하게 공유한 집단들의 경우보다 더 낮은 것으로 나타났다. 집단 지능과 관련해 두 번째로 중요한 요인은, 상호 간의 사회적 신호를 읽어 내는 능력을 통해 측정할 수 있는, 집단 내 구성원들의 사회적 지능social intelligence이었다. 일반적으로 사회적 신호를 해석하는 능력에서 여성들이 더 뛰어난 모습을 보여주는데, 그래서 여성 구성원들이 더 많은 집단이 더 높은 성과를 드러내는 경향이 있다(더 읽을거리인 '사회적 신호' 193쪽 참조).

그렇다면 이들 여성들이 집단의 성과를 개선하기 위해 무슨 일을 하고 있었던 것일까? 사회물리학의 관점은 그것이 집단 내부에서 일어나는 아이디어 흐름과 밀접한 관련이 있다는 이야기를 들려준다. 다행스럽게도 다양한 그룹 과제를 수행하는 동안, 우리 연구 팀은 집단 내부에서 일어나는 사회적 관계를 조사할 수 있는 소시오메트릭 배지sociometric badge를 활용하고 있어 집단 내 사람들을 관찰할 수 있었다. 나는 박사 후 과정의 웬 동과 함께 나중에 이러한 실험들로부터 얻은 사회관계 측정sociometer 데이터를 분석해 아이디어 흐름의 패턴을 측정해 보았다.[2]

우리 연구 팀이 또 다른 연구 실험들 속에서도 활용한 소시오메트릭 배지는 이번 실험에서 사람들이 어떻게 상호 작용하는지에 관한 구체적이고 정량적인 측정치를 보여 주었다. 이 장비를 통해 우리는 일반적으로 사람들의 어조와 말투, 이야기를 나누는 동안 상대방을 쳐다보는지, 몸짓을 얼마나 많이 활용하는지, 얼마나 많이 말하고 듣고 참견하는지 등을 관찰할 수 있다. 그리고 팀 구성원들에 대한 이러한 데이터를 조합해 성과 데이터와 비교함으로써, 우리는 성공적인 팀워크를 이루는 상호 작용 패턴을 확인할 수 있는 것이다(부록 1 참조).

이러한 사회관계 측정 데이터를 통해 우리가 확인한 것은, 아이디어 흐름의 패턴이 집단의 성과와 관련해 다른 모든 요인보다 더 중요하며, 실제로 다른 요인들 모두를 합친 것만큼 중요하다는 점이었다. 다시 말해, 개인들의 지능과 성격, 기술, 그리고 그 밖의 모든 특성을 합쳐도 아이디어 흐름의 패턴만큼 중요하지 않은 것이다.

웬과 나는 세 가지 단순한 패턴을 통해 집단과 과제 전체에 걸쳐 드러나는 성과 차이의 원인에 대해 약 50퍼센트의 설명을 제시할 수 있다는 사실을 확인했다. 여기서 가장 높은 성과를 기록한 집단들의 일반적인 특성은 다음과 같다. 1)대단히 풍부한 아이디어: 소수의 팀원이 오랫동안 노력하기보다, 다수의 사람이 짧은 시간 동안 기여한다. 2)집중적인 상호 작용: 기여를 하고, 이에 아주 짧은(1초 미만의) 반응적 언급('좋아요', '맞아요', '뭐라고요?' 등)이 지속적이고 중첩적으로 반복된다. 반응적 언급들은 아이디어를 승인하거나 거부하거나 합의를 형성하는 역할을 한다. 3)아이디어의 다양성: 집단 내 모든 구성원이 거의 비슷한 정도로 돌아가며 참여하는 식으로 아이디어를 제시하고 반응을 드러낸다.

그림 6에서 확인할 수 있듯이, 그 패턴은 앞서 2, 3, 4장에서 살펴본 형

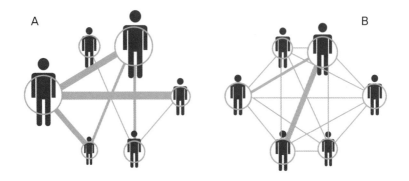

그림 6 (a) 상호 작용의 비생산적인 패턴. (b) 상호 작용의 유익한 패턴.

태와 상당히 흡사하다. 내가 알고 있는 대단히 창조적인 사람들에게서 발견한 것은, 아이디어 발견을 위한 탐험, 그리고 최고의 아이디어를 선택하고 모든 사람이 평등하게 함께할 수 있도록 만드는 참여였다. 그리고 앞서와 마찬가지로 아이디어의 다양성은 대단히 중요한 변수다.

상호 작용 패턴의 활용과 관련해 한 가지 예외는, 스트레스 기간 동안의 성과다. '지금 당장' 결정을 내려야 할 때, 모든 사람의 아이디어를 취합하고 논의할 시간이 없다. 두 번째 예외는 집단이 협력에 어려움을 겪고 감정이 고조되어 있을 때다. 이러한 상황에서 리더는 촉매제로서 기능해야 하고, 다른 사람들의 기여에 종종 개입해야 한다. 물론 새로운 아이디어를 위한 여지를 남겨 두기 위해, 그러한 개입은 가능한 한 짧은 시간 안에 이루어져야 한다.

이처럼 소규모 업무 집단들로부터 수집한 사회관계 측정 데이터들은 이들 업무 팀들이 마치 아이디어 흐름의 패턴이 성과의 원동력으로 작용하는 아이디어 처리 기계처럼 움직인다는 것을 뚜렷하게 보여 준다. 『사이언스』지에 소개한 연구 사례에서, 집단의 성과는 모든 참여자로부터 아이디어를 수집하고, 새로운 아이디어에 대한 반응을 이끌어 내는 구성원들의 역량에 달려 있었다. 우리의 집단 지능 실험에서도 여성들과 사회적 지능이 높은 다른 참가자들의 역할은 아마 그들의 집단이 더 많은 아이디어를 짧은 시간 안에 이끌어 내도록 유도하고, 다른 사람들의 반응을 자극하고, 모든 이가 평등하게 참여하도록 함으로써 아이디어 흐름의 속도를 높이는 일이었을 것이다.

그런데 어떻게 아이디어 흐름의 패턴이 다른 모든 요인을 합친 것만큼 중요하다고 말할 수 있을까? 이 질문에 대답하기 위해, 고대 인류를 살펴보자. 진화 차원에서 볼 때, 언어는 상대적으로 새롭게 등장한 발명품이며, 그전에는 자원을 발견하고, 의사 결정을 내리고, 협력을 도모하기 위해 지배와 관심, 합의 등을 위한 신호를 알리는 더욱 오래된 시스템이 자리 잡고 있었다. 그리고 이러한 태곳적 상호 작용 패턴들은 아직까지도 우리가 의사 결정을 내리고 다른 사람들과 협동하는 과정을 떠받치고 있다.

인류의 선조들이 문제 해결에 어떻게 접근했을지 한번 생각해 보자. 모두가 모닥불 주위에 둘러앉아, 고개를 끄덕이거나, 손짓을 하거나, 언어를 통해 자신의 관심과 승인 여부를 전달하기도 하고, 자신의 의견을 말하거나 직접 목격했던 정보를 조합하는 광경을 떠올릴 수 있을 것이다. 특정 아이디어가 받아들여졌는지 확인하기 위해, 구성원은 집단 내의 대부분 사람들이 동의하고 있음을 말해주는 반응적 신호를 '추가'하기만 하면 된다.

원시 인류 집단은 공통의 문제를 해결하기 위해 아이디어들을 끌어 모아야 했고, 이러한 모습은 오늘날 우리가 목격하는 것처럼, 원숭이 무리가 아이디어를 수집하는 형태와 대단히 비슷하다. 동물들의 행동에 관한 연구 결과들은, 원숭이는 물론 꿀벌 무리도 집단적인 행동을 결정할 때 이와 똑같은 과정을 거친다는 사실을 보여 준다. 우리가 수집한 소시오메트릭 배지 데이터는, 이러한 모습이 오늘날 인류가 집단의 문제를 해결하는 과정에서도 마찬가지로 드러난다는 사실을 입증하고 있다. 오늘날 회의실에서 누가 새로운 아이디어를 제기했을 때, 사람들은 '음', '좋아'와 같은 반응적인 표현을 드러내는데, 이는 다양한 아이디어들을 걸러 내는 고대의 합의 메커니즘을 그대로 활용하는 것이다.[3]

　이 『사이언스』 논문에서 이끌어 낼 수 있는 중요한 결론은, 모든 집단이 개별 구성원들의 지능과 다른 집단 지능을 갖추고 있다는 사실이다. 구성원들의 개별적인 능력보다 더욱 뛰어난 집단 차원의 문제 해결 능력은 개인들 간의 관계에서 비롯된다. 특히 모든 구성원으로부터 다양한 아이디어를 효과적으로 이끌어 내는 상호 작용 패턴은, 합의를 이루기 위한 효과적인 선별 과정과 결합해 핵심적인 역할을 한다. 그렇다면 인류는 개인이 아닌, 집단의 의식을 기반으로 보다 효율적인 방향으로 진화한 것일까?[4]

조직들을
대상으로 한
측정

그룹들을 대상으로 한 집단 지능에 관한 연구를 통해, 우리는 상호 작용 패턴이 마치 데이터 마이닝 유형의 아이디어를 자극하는 아이디어 처리 기계처럼 움직인다는 사실을 확인할 수 있었다. 한 집단의 상호 작용을 확인하는 작업만으로도, 우리는 그 집단의 최종적인 생산성을 정확하게 예측할 수 있는 것이다.

그것은 기업들도 마찬가지다. 어떤 기업들은 잘 관리된 기계 같은, 혹은 모든 부품이 완벽하게 맞물려 돌아가는 복잡한 장비와 같은 인상을 준다. 여기서 이러한 질문이 자연스럽게 나온다. '상호 작용 패턴을 분석하는 것만으로도 기업의 성과를 예측할 수 있을까? 기업이나 정부 기관과 같은 조직들 역시 아이디어 기계처럼 움직이고, 주로 개인적인 상호 작용을 통해 아이디어를 수집하고 확산하는 것일까?'

연구실 실험에서처럼 직장 내 구성원들 역시 그저 빈둥거리며 시간을 때우지는 않는다. 그들은 업무 시간 동안 부지런히 움직이고, 책상에서, 회의실에서, 식당에서, 커피 머신이나 프린터기 앞에서 잠깐씩 서로 이야기를 나눈다. 여기서 우리는 다양한 업무 환경 속에서 직접 대면하는 상호 작용들의 패턴을 확인하기 위해, 소시오메트릭 배지 장비를 활용해 업무 팀들의 모습을 실제로 들여다보기로 했다.

예전에 내 박사 과정 학생이었고, 지금은 MIT 분사 조직인 소시오메트 릭 솔루션스Sociometric Solutions에서 일하는 김태미와 대니얼 올귄 올귄Daniel Olguín Olguín, 벤 와버Ben Waber와 함께 나는 소시오메트릭 배지를 활용해, 기업의 광고 및 연구 팀, 병원의 회복실 병동, 전통적인 전략기획 팀, 콜 센터 등 다양한 업무 현장을 관찰했다.[5] 조직 내부에서 벌어지는 전반적인 상호 작용 패턴을 확인하기 위해서는, 이메일이나 문자 메시지와 같은 실질적 인 의사소통 도구들을 가지고 모든 데이터를 수집하는 시도가 무엇보다 중요하다. 이러한 모든 형태의 의사소통 방식을 분석하고 나서, 우리는 생산성이 높은 팀과 낮은 팀들 내부에서 일어나는 상호 작용 패턴들을 검토했다.

내가 『하버드 비즈니스 리뷰』에 게재한 「위대한 팀을 만드는 새로운 과학The New Science of Building Great Teams」에서 밝힌 것처럼, 우리 연구 팀은 수십 곳의 업무 현장에서 수백 기가바이트에 달하는 데이터를 수집했다.[6] 그리고 여기서 우리가 발견한 것은, 조직 내부에서 직접 대면하는 형태의 참여와 탐험 패턴들이 생산성과 창조적 성과와 관련해 종종 가장 중요한 요인으로 작용한다는 사실이었다. 지금부터는 이러한 상호 작용 패턴이 업무 성과에 어떤 영향을 미치고, 기업들은 또 그러한 효과를 어떻게 활용할지에 대해 살펴보도록 하자.

생산성

첫 번째 사례로, 콜 센터에서 수집한 데이터를 살펴보자. 콜 센터는 고도로 기능화되어 있으며, 대부분의 정보를 추적할 수 있다는 점에서 특수한 조직에 해당한다. 콜 센터 직원들의 업무는 대단히 반복적이고 표준화되어 있기 때문에, 조직은 직원들끼리 나누는 대화 시간을 가급적 줄이려 한다. 즉 서로에게 배울 것이 별로 없다고 생각한다. 이러한 태도는 다양한 모습들로 나타나지만, 그래도 공통적인 한 가지는 직원들에게 시차를 두고 휴식 시간을 제공한다는 것이다.

2008년 우리 연구 팀은 뱅크 오브 아메리카와 협력 관계를 맺고, 이들을 대상으로 직원들 사이에서 형성되는 아이디어 흐름이 치밀하게 관리되는 은행 콜 센터의 생산성을 결정하는 가장 중요한 요소라는 가설을 엄격한 방식으로 검증해 보고자 했다. 그래서 우리 연구 팀은 뱅크 오브 아메리카에 직원들의 상호 관계 패턴을 측정하고 아이디어 흐름을 개선할 수 있는 방안을 모색하기 위해 간단한 프로그램을 실시할 것을 제안했다.

우리는 직원 수가 3천 명 넘는 콜 센터를 대상으로 두 단계에 걸친 연구 프로젝트를 실시했다. 우선 첫 단계에서 각각 스무 명 정도의 직원으로 구성된 네 팀을 선정해 6주일에 걸쳐 콜 센터 안에 있는 동안 계속 소시오트리 배지를 착용하도록 했다. 그 과정에서 우리는 총 수십 기가바이트에 달하는 행동 데이터를 수집할 수 있었다.

뱅크 오브 아메리카 콜 센터에서 생산성을 평가하는 가장 중요한 기준은 평균 통화 처리 시간average call handle time, AHT으로, 이를 통해 콜 센터 운영에 들어가는 비용을 산정한다. 예를 들어, 통화 1건당 AHT를 5퍼센트 줄일 수 있다면, 매년 대략 100만 달러의 비용 절감 효과를 얻는 셈이다.

여기서 수집한 거대한 규모의 데이터를 분석했을 때, 연구 팀은 생산성을 예측하는 가장 중요한 요인이 전체적인 상호 작용 규모와 참여 수준(모든 직원이 주요 업무에 참여하는 정도)이라는 사실을 확인할 수 있었다. 이 두 가지 요소를 결합했을 때, 우리는 업무 팀들 간의 생산성 격차를 3분의 1 정도 예측할 수 있었다.

이 사례는 콜 센터 업무 팀 내부의 아이디어 흐름이 업무 실적에 어떤 영향을 미치는지 잘 보여 주며, 이는 우리가 이토로 거래 네트워크를 분석한 경우와도 흡사했다(2장의 그림 3 참조). 다시 말해, 아이디어 흐름과 성과의 관계를 보여 주는 그림을 갖고 있을 때, 우리는 성과를 높이는 방향으로 네트워크를 조율할 수 있는 것이다.

우리는 경영진에 콜 센터 직원들의 커피타임을 조정하도록 제안했다. 다른 많은 콜 센터의 경우와 마찬가지로, 뱅크 오브 아메리카 콜 센터 직원들은 일반적으로 한 사람씩 돌아가며 휴식을 취하고 있었다. 하지만 이 경우에는 아주 많은 직원이 상주하기 때문에, 팀 내부에서는 물론 팀들 간에도 통화 업무량을 쉽게 분배할 수 있었다. 이 말은 한 번에 한 사람씩 휴식 시간을 주는 방식만큼, 한 번에 한 팀씩 휴식 시간을 주는 방식도 얼마든지 가능하다는 뜻이다. 그래서 우리는 팀별로 휴식 시간을 제공하는 방식을 통해, 서로 정보를 교환하는 상호 작용 횟수와 직원들 간의 참여 수준을 높이고자 했다.

실제로 휴식 시간 조정을 통해 직원들이 더 많이 교류하도록 자극함으로써, 우리는 콜 센터 업무 팀들 내부의 상호 작용 횟수와 직원들 간의 참여 수준을 높일 수 있었다. 그 결과, AHT가 크게 줄어든 것을 확인했다. 즉 직원들의 생산성이 크게 높아졌다. 이는 상호 작용 패턴과 생산성 사이에 강력한 상관관계가 존재함을 입증한다. 놀라운 성과에 자극을 받은 경영진은 모든 콜 센터의 휴식 시간 시스템을 이러한 형태로 전환했고, 이를 통해 매년 1500만 달러의 생산성 증가 효과를 기대하고 있다.

이 사례 연구는 직접 대면하는 방식의 참여가 생산성에 중대한 영향을 미친다는 사실을 분명하게 보여 주었다. 그렇다면 이와 똑같은 효과를 다른 업무 현장에서도 확인할 수 있을까? 이를 확인하기 위해, 우리는 다시 소시오메트릭 배지를 활용해, 영업부를 지원하기 위해 IT 솔루션을 개발하는 전형적인 화이트 컬러 보안사업부로 시선을 돌렸다. 이번 연구에서 우리는 총 28명의 직원 중 23명이 참여한 영업지원 팀에 초점을 맞추었다. 우리는 한 달 동안(영업일 기준으로 20일) 시카고를 기반으로 데이터 서버를 유통하는 한 기업의 직원들에게 소시오메트릭 배지를 착용하도록 했으며, 이를 가지고 누가 누구와 이야기를 나누는지는 물론, 직원들의 몸짓과 말투 및 어조에 관한 약 10억 개의 데이터를 수집할 수 있었다. 직원

1명당 평균 8시간에 해당하는 데이터와 함께, 우리는 전체적으로 약 1,900시간의 데이터를 수집했다[7](관련 데이터와 논문, 그리고 기타 세부 사항들은 다음을 참조. http://realitycommons.media.mit.edu).

우리는 영업부를 지원하는 각각의 과제들에서 직원들의 행동을 관찰하고 분석했다. 우선 해당 부서 직원들은 선착순으로 컴퓨터 시스템을 설정하는 과제를 할당받는다. 그리고 영업 사원들에게 완성된 과제를 제출하고 나서, 다시 새로운 과제를 기다린다. 그 과정에서 과제를 시작하고 끝내는 정확한 시점이 기록되는데, 이를 통해 각각의 과제들에 대한 직원들의 정확한 금전적 생산성을 평가한다.

이 실험에서 우리가 발견한 것은, 생산성에 대한 가장 중요한 예측 요인이 바로 직원들의 참여 수준이라는 사실이다. 여기서 참여란 업무 팀 내부에서 이루어지는 아이디어 흐름을 의미한다는 사실을 상기하자. 이 경우 우리는 직원들이 서로 대화를 나누는 횟수를 측정함으로써 참여 수준을 구할 수 있다. 근무 연수나 성별 같은 다른 요소들을 고려했을 때, 우리가 측정한 참여 수준에서 3위 안에 든 직원들은 일반 직원들보다 생산성이 10퍼센트 이상 높은 것으로 나타났다.

이와 같은 사무직 현장에서, 우리는 아이디어 흐름이라고 하는 기준이 생산성과 상호 작용 패턴 사이의 관계를 이해하기 위한 핵심적인 요인이라는 사실을 다시 한 번 확인할 수 있었다. 하나의 구성원으로서 일하는 동안 직원들은 업무적인 기술, 다시 말해 초심자와 숙련자를 구분하는 세부적 경험이라고 할 수 있는 기술들을 배우고, 이러한 방식을 바탕으로 아이디어 기계는 계속 효과적으로 돌아간다.

창조성

직원들의 상호 작용 패턴은 생산성뿐만 아니라, 가장 복잡한 창조적 역량에도 중대한 영향을 미친다. 우리 연구 팀이 다양한 조직들로부터 수집한 소시오메트릭 데이터를 보면, 창조적 성과는 두 가지 요인에 크게 좌우된다는 사실을 확인할 수 있다. 그것은 바로 새로운 아이디어 발견(탐험)과 그러한 아이디어를 새로운 행동으로 받아들이는 과정(참여)이다. 연구실이나 디자인 부서의 경우, 창조성이 낮은 집단과 높은 집단 사이의 차이는 집단 내부에서 일어나는 사람들의 참여와 더불어, 집단 외부에서 이루어지는 직접적인 탐험 패턴으로부터 비롯된다.

비록 탐험과 참여 모두 창조적 성과에서 대단히 중요한 요소이기는 하지만, 그 둘은 상호 작용 패턴과 관련해 상호 모순된 요구를 한다. 이에 대해 원숭이나 꿀벌과 같은 사회적 종들이 보여 주는 해결책은, 새로운 아이디어 발견을 위한 탐험 활동과 행동 변화를 자극하는 다른 사람들과의 참여 사이를 부지런히 왔다 갔다 하는 것이다.[8]

자원의 발견과 집단적 의사 결정을 조합하는 이러한 원시적 메커니즘은 실제로 인간과 동물들의 다양한 조직의 기반을 이룬다. 예를 들어, 꿀벌은 사회적 상호 관계의 바람직한 패턴에 관한 다양한 이야기를 들려준다. 풍부한 식량 원천을 발견한 일벌이 집으로 돌아와 8자 춤을 추면서 동료들에게 그 원천의 방향과 거리를 알려 준다는 것은 이미 널리 알려진 사실이다. 그 특별한 춤은 다른 일벌들의 행동을 변화시켜, 새로운 식량 원천을 찾아 떠나도록 재촉하는 역할을 한다.

이보다는 좀 덜 알려져 있지만, 벌들은 이와 같은 메커니즘을 똑같이 활용함으로써 집단적 의사 결정을 내린다. 꿀벌 집단이 내려야 하는 가장 중요한 결정 중 하나는 벌집을 지을 위치 선정이며, 이를 위해 벌들은 일종의 아이디어 기계를 활용한다. 먼저 꿀벌 집단은 소수의 정찰벌들을 파견해 지역의 환경을 탐험하도록 한다. 적절한 장소들을 발견한 정찰벌들은 집으로 돌아와, 그들만의 강렬하고 힘찬 춤을 통해 그들이 발견한 정보에 관해 다른 벌들과 의사소통을 한다. 그러면 벌들은 기존 행동을 바꾸고, 정찰벌들이 발견한 장소를 직접 확인하기 위해 그들과 동행한다. 이들은 집으로 돌아와, 마찬가지로 특유의 춤을 통해 더 많은 다른 벌들이 그 장소를 방문하도록 하고, 이러한 과정이 계속 반복되다가, 결국 티핑 포인트를 넘어선 규모의 아주 많은 벌이 가장 좋은 장소에 대한 찬성 신호들을 보내면 마침내 벌들은 하나의 집단으로서 이동을 시작한다.

벌들의 이러한 의사 결정 과정은 자원 발견 수단으로서 탐험과 공동체를 통한 새로운 행동을 확산하는 수단으로서 참여 사이의 전환을 뚜렷하게 드러낸다. 앞으로 살펴보겠지만, 이 두 가지 활동은 인간 조직에도 대단히 중요하다. 그 두 활동은 서로 다른 조건들을 필요로 한다. 벌들이 보

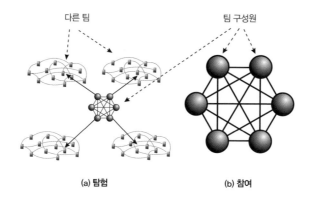

(a) 탐험　　　　　　**(b) 참여**

그림 7 탐험과 참여의 네트워크
(a) 탐험은 팀 구성원이 다른 팀들과 교류할 때 이루어진다. (b) 참여는 팀 구성원들끼리 교류할 때 이루어진다.

여 준 해결책은 탐험에 적합한 별 모양 네트워크와 참여, 아이디어 통합 및 행동 변화에 적합한 일관적이고 풍부하게 연결된 네트워크 사이를 왔다 갔다 하는 것이었다. 꿀벌이든 인간이든 간에, 상호 작용 형태를 필요할 때마다 자유자재로 변화시킬 수 있는 네트워크는 탐험과 참여 모두에 최적화된 아이디어 흐름을 창조할 수 있다.[9]

　일반적인 협력적 탐험 패턴에서는 구성원들이 다른 팀들에 접근하고, 상호 작용을 시도하면서 별 모양의 네트워크를 형성한다. 이것이 바로 그림 7(a)에 해당한다. 일반적으로 이러한 방식은 외부에서 아이디어 흐름을 끌어들임으로써 새롭고 유용한 아이디어들의 발견을 촉진한다. 반면 일반적인 참여의 패턴에서, 구성원들은 대부분의 상호 작용이 팀 내부의 다른 구성원들과 더불어 이루어지는, 서로 강력하게 연결된 패턴을 선택한다. 여기서 사람들은 팀 구성원들과 함께 점심이나 커피를 나누고, 팀원들 간의 우정을 강조하며, 수동적인 구성원들을 끌어들이는 노력들을 한다. 참여에서 중요한 목표는 모든 사람이 다른 모든 이들과 함께 이야기를 나누도록 만드는 것이다. 이는 팀 내부에서 일어나는 아이디어 흐름 속도를 높이고, 이를 통해 새로운 아이디어들을 검토하며, 이를 팀의 규범과 습관으로 통합하려는 시도를 강화한다. 그림 7(b)가 이러한 과정을 보여준다.

이는 2장과 3장 '벨 스타' 연구가 정성적인 차원에서 발견한 성과에 해당된다. 스타 성과자들은 업무적으로 자신과 다른 입장에 있는 사람들과 친숙하다. 경영진과 고객, 영업 및 제조 부서들 모두 서로 다른 관점들을 지니고 있으며, 스타 성과자들은 이들의 다양한 아이디어를 기존 업무 팀 아이디어들과 조합함으로써 유용한 창조적 사고방식의 주요한 원천을 만들어 낸다. 하지만 여기서 더 나아가, 이제 우리는 소시오메트릭 배지를 활용함으로써 그러한 탐험 활동을 직접적으로 측정하고, 매우 자주 다양한 방식으로 그 작업을 수행할 수 있게 되었다.

탐험과 참여 패턴이 창조적 성과와 연관 있다는 사실을 증명하기 위해, 나는 학생들, 그리고 피터 글루어Peter Gloor와 그의 협력자들과 함께 연구를 추진하는 과정에서 소시오메트릭 배지를 활용해 한 독일 은행의 마케팅 사업부에서 일어나는 상호 작용 패턴을 관찰했다. 우리는 은행의 마케팅 부서에서 일하는 22명(5개 팀에 걸쳐 분포되어 있는)으로 이루어진 집단을 대상으로 한 달에 걸쳐 관찰을 실시했다. 우리는 모든 직원에게 매일 소시오메트릭 배지를 착용하도록 했고, 이를 통해 총 2,200시간에 해당하는 데이터를 수집했다(직원 한 사람당 100시간씩). 또한 이메일 트래픽도 관찰하

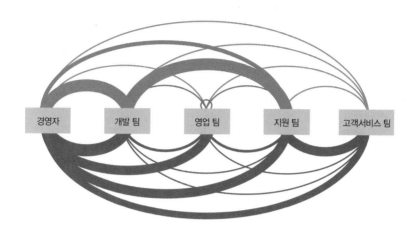

그림 8 한 독일 은행의 마케팅 사업부에서 하루 동안 일어난 상호 작용 패턴. 집단들을 연결하는 서로 다른 농도의 곡선들은 각각 직접 대면하는 상호 작용(위쪽 옅은 회색), 이메일 상호 작용(아래쪽 짙은 회색)을 나타낸다.

고, 서로 주고받은 880건의 이메일도 기록했다.[10]

이렇게 수집한 데이터를 분석하는 과정에서, 우리는 그 직원들이 점차 상호 작용 방식을 변화시키고, 탐험과 참여 사이를 왔다 갔다 하는 방식으로 아이디어 흐름을 형성해 나간다는 사실을 분명히 확인할 수 있었다. 한 가지 예로, 그림 8은 이들이 하루 동안 했던 상호 작용 형태를 보여 준다. 아래에 있는 짙은 회색 곡선은 팀들 간에 주고받은 이메일 횟수를 의미하고, 위쪽의 옅은 회색 곡선은 직접 대면하는 방식의 상호 작용 횟수를 나타낸다.

데이터 분석 작업을 통해, 우리는 새로운 마케팅 프로그램을 기획하는 업무 팀들이 새로운 아이디어를 발견하기 위한 탐험과 그러한 아이디어를 팀 활동으로 받아들이기 위한 참여 패턴 사이를 왔다 갔다 한다는 사실을 확인할 수 있었다. 이러한 모습은 아이디어 흐름의 속도를 높임으로써 팀의 창조적 성과를 더욱 높인다. 반면에 생산 관련 팀들은 이러한 전환을 거의 보여 주지 않았고, 구성원들 대부분 팀 내 다른 동료들과 참여하는 단계에 머물러 있었다. 이러한 이유로, 새로운 아이디어들은 집단 내부로 거의 유입되지 못했다.

이 조직을 연구하는 동안, 우리는 또한 아이디어 흐름의 블랙홀을 발견할 수 있었다. 그 직원들은 고객서비스 팀과 직접적인 대화를 거의 나누지 않고 있었다(그림 8의 '고객서비스 팀'). 이에 대해 은행은 자리 배치를 바꾸는 방식으로, 고립되어 있던 고객서비스 팀이 조직의 중요한 부분을 차지할 수 있도록 했다. 이 간단한 작업만으로, 은행의 마케팅 사업부가 그동안 겪었던, 협력과 관련된 여러 가지 문제(가령 고객서비스 팀에만 과중한 부담을 안겨 주었던 광고 캠페인 사업)를 크게 개선할 수 있었다.

그러나 탐험과 참여 사이를 왔다 갔다 하는 이와 같은 전환 패턴이 정말로 창조적 성과의 원동력으로 작용한 것일까? 이 질문에 대한 대답을 내놓기 위해, 나는 대학원생 네이선 이글Nathan Eagle과 함께 한 '현실 마이닝 연구Reality Mining Study'에서, MIT 사람들 94명으로부터 수집한 33만 시간에 달하는 상호 작용 데이터를 기반으로 사람들이 관계를 이루는 패턴을 분석했다.[11] 우리는 피실험자들이 실제로 지니고 다녔던 스마트폰으로부터 데이터를 수집했고, 이를 기반으로 미디어랩 내 다양한 연구 팀의 직접적인 상호 작용 패턴을 확인했다.

대학원생 웬 동과 나는 이들 집단들이 또한 연구소 전반에 걸친 인적 자원 조사에서 창조적 성과를 평가했다는 사실을 발견했다. 창조성 점수와 상호 작용 패턴을 비교했을 때, 웬과 나는 사회관계망 형태에서 더 많은 전환을 드러낸 팀들이 또한 보다 창조적인 성과를 보여 준 것으로 스스로를 평가했다는 사실을 확인할 수 있었다.[12] 다시 말해, 사회관계망 내부에서 이루어졌던 보다 활발한 탐험과 참여 사이의 전환은 적어도 네트워크 내부 사람들의 평가를 기준으로 볼 때, 창조적 성과와 밀접한 연관이 있었던 것이다(부록 1 참조).

이러한 연구 결과들이 탐험과 참여 사이의 전환 주기가 주관적인 창조적 성과와 어떻게 관련되어 있는지에 대해 더 많은 이야기를 들려준다는 점에서, 이상적인 차원에서 우리는 객관적인 창조적 성과를 예측할 수 있는 보다 확실한 증거를 확보한 셈이다. 물론 안타깝게도 창조적 성과를 결정하는 객관적 기준을 마련하기란 쉽지 않다. 누가 어떤 것이 진정으로 창조적인 성과라고 단정 지을 수 있겠는가? 그렇다고 하더라도, 하버드의 테레사 애머빌Teresa Amabile 교수가 개발한 'KEYS 창조성 평가KEYS creativity assessment' 방법은 우리가 실제로 활용할 수 있는 최고 기준이라고 하겠다.[13] KEYS 방식은 조직의 업무 환경 내에서 팀들의 창조성과 혁신을 평가하기 위한 최고 표준으로서 널리 인정받고 있다.

피아 트리파시Pia Tripathi는 박사 학위 논문에서, 논문에 도움을 준 윈 벌레슨Win Burleson과 나와 함께 소시오메트릭 배지를 활용해 미국의 두 연구 개발 연구소를 대상으로 실험을 했다.[14] 트리파시는 각각 11일, 15일 동안 일곱 명으로 이루어진 두 집단 구성원들에게 배지를 착용하도록 했다. 그리고 KEYS 팀 조사 방식을 활용해 자기 평가 및 전문가 평가 방식으로 정량화된 창조성 평가를 실시했다. 매일 평가가 이루어지는 두 가지 점수를 기준으로, 트리파시는 상위 집단과 하위 집단, 창조적인 하루와 비창조적인 하루를 구분했다.

KEYS 팀 창조성 데이터에 대한 분석을 통해, 우리는 이들 집단 내부의 구성원들이 비창조적인 하루보다 창조적인 하루에 더 많은 참여와 탐험을 경험했다는 사실을 확인할 수 있었다. 실제로 참여와 탐험 수치의 간단한 조합만으로도, 우리는 언제가 가장 창조적인 하루였는지 87.5퍼센트의 정확성으로 예측할 수 있었다.

이러한 결과를 통해, 우리는 참여와 탐험이 번갈아 가며 등장하는 패턴이 더 높은 수준의 창조적 성과를 강화한다는 사실을 다시 한 번 확인하게 된다. 탐험은 새로운 아이디어를 집단 내부로 가져오기 위한 이상적인 상태이며, 참여는 그러한 아이디어를 중심으로 합의를 이끌어 내기 위한 최적의 상태인 것이다. 허버트 사이먼의 설명에 따르면, 어떤 아이디어에 대한 합의가 이루어질 때, 이는 그들의 신속한 사고를 위해 활용할 수 있는 '행동 습관'이라고 하는 집단의 축적된 자산으로 통합된다. 다른 방식으로 말하면, 탐험과 참여 사이의 전환 과정은 사례들에서 확인할 수 있는 것처럼 집단 내부에 보다 다양한 경험들을 축적함으로써 창조적 성과를 높이는 형태로 나타난다.

창조적인 성과와 경험적 다양성 사이의 밀접한 관계는 무의식적 지각 unconscious cognition의 위력으로부터 비롯되는 것으로 보인다. 우리는 복잡한 문제를 해결하는 과정에서 무의식적 지각이 의식적 지각보다 효과적이라는 사실을 말해 주는 다양한 증거를 과학 논문들에서 발견할 수 있다.[15] 인간의 신속한 사고 과정은 잠을 자거나 의식의 표현 아래에서 생각이 진행될 때처럼, 논리적이고 느린 사고 과정이 개입하지 못할 때, 가장 잘 작동한다. 빠른 사고 과정은 논리 대신 연상 작용을 활용하기 때문에, 창조적인 은유를 발견함으로써 보다 쉽게 직관적으로 도약한다. 그 과정은 우선 새로운 상황에 대한 경험을 받아들이고, 잠시 동안 흡수되도록 내버려 두고, 그러고 나서 연상에 의해 많은 유사한 행동들을 양산하는 방식을 취하게 된다. 반면에 신중한 느린 사고 과정은 행동을 깊이 이해하고, 문제점을 파악하고, 또 다른 행동 계획들을 꼼꼼히 살펴보는 역할을 한다.

아이디어 흐름
속도
높이기

이 장에서 우리는 아이디어 흐름의 패턴이 업무 집단과 조직 전체의 집단 지능에 어떤 영향을 미치는지 살펴보았다. 그리고 특히 원활한 아이디어 흐름이 의사 결정과 생산성, 창조적 성과를 어떻게 개선할 수 있는지 집중적으로 다루었다. 수십 곳의 조직에 관한 실험을 바탕으로, 나는 일반적으로 동료들 간의 비공식적 직접 대면 방식의 상호 작용을 통해 이루어지는 많은 사회적 학습 기회가 종종 기업 생산성을 높이는 최고 단일 요인으로 작용한다는 사실을 확인했다. 우리 연구 팀은 집단의 참여 수준을 기준으로 사회적 학습 기회가 얼마나 풍부하게 존재하는지 평가했다. 한 구성원이 이야기를 나누는 상대방은 또한 다른 구성원들과도 함께 이야기를 나누는가? 동료 네트워크가 얼마나 촘촘한 관계로 이루어져 있으며, 서로 연결되어 있는가?[16]

사회적 학습 기회와 생산성이 서로 밀접한 관계를 이루기 때문에, 우리는 사회적 학습 기회를 개선할 수 있는 간단한 방법으로 종종 엄청난 성과를 올릴 수 있다. 앞서 살펴본 것처럼, 단지 커피 타임을 조정하는 시도만으로 직원들이 서로 보다 활발하게 이야기를 나눌 수 있도록 했고, 이로 인해 생산성이 높아지면서 연간 1500만 달러의 비용 절감 효과를 거둘 수 있었다. 또 다른 기업의 사례에서, 우리는 직원들의 생산성을 높이기 위한 간단한 방법으로 구내식당의 테이블 길이를 늘리는 방법을 선택했다. 이러한 방법으로 그 기업의 직원들은 서로 모르는 사람들끼리 함께 점심을 먹게 되었다.[17] 다음 장에서는 뚜렷하게 드러나는 상호 작용 패턴을 바탕으로 모든 구성원이 기존 패턴들을 인식하고, 이를 개선하기 위한 집단적인 합의를 도출함으로써 아이디어 흐름 속도를 높이는 방법들을 살펴볼 것이다.

이들 사례 모두 우리의 행동이 사회적 학습으로부터 비롯된다는 사실을 분명하게 말해 주며, 가까운 동료들과의 참여가 실질적으로 중요한 역할을 한다는 확실한 증거를 보여 준다. 참여 수준이 높아질 때, 사회적 학습을 위한, 그리고 암묵적인 전략적 지식과 성공적인 업무 습관 같은 주요한 자원들을 공유하기 위한 기회가 증가한다. 다시 말해, 우리는 직장에서 성공을 거두고 생산성을 높일 수 있는 소중한 아이디어를 커피포트나 정수기 주변에서 발견할 수 있다는 뜻이다.

조직을 이루는 **방법**

상호 작용 패턴의
시각화를 통한 사회적 지능

조직에 대한 사회물리학의 시선은 아이디어를 발견하고, 통합하고, 의사
결정을 내리는 핵심적인 과제를 수행하기 위한 일종의 '아이디어 기계'로
작동하는 상호 작용 패턴에 초점을 맞추고 있다. 리더들은 조직 내부에서
일어나는 건강한 상호 작용 패턴들을(대화와 같은 직접적인 상호 작용, 우연히
듣거나 관찰하는 간접적인 상호 작용 모두 포함) 강화함으로써 성과를 높일 수 있
다. 이러한 방식은 조직의 개별 구성원들이나 널리 알려진 특정한 정보에
집중하는 방식과 완전히 다르다. 주로 개인 간의 상호 작용을 통해 아이
디어를 수집하고 확산하는 일종의 아이디어 처리 기계로서 조직을 바라
볼 때, 건강한 아이디어 흐름의 패턴을 구축할 수 있다는 것은 자명한 사
실이다.

　20곳 넘는 조직을 대상으로 한 연구를 바탕으로, 나는 내부적으로 일어

나는 상호 작용 패턴들을 통해 일반적으로 성과가 높고, 낮은 성과 집단들 간의 차이들 중 '절반' 가까운 부분을 설명할 수 있다는 사실을 확인했다.[1] 이 말은 곧 아이디어 흐름의 패턴이야말로 리더십을 통해 형성할 수 있는 최고의 단일 성과 요인이라는 사실을 의미하지만, 아직까지도 직접 대면 방식이나 전자적 방식의 상호 작용 패턴에 주의를 기울이는 기업은 한 곳도 없다. 그리고 우리 모두가 알고 있는 것처럼, 측정하지 않은 것을 관리할 수는 없는 법이다.

『하버드 비즈니스 리뷰』에 게재한 「위대한 팀을 만드는 새로운 과학」에서, 나는 조직표를 기반으로 하는 경영 방식에서 아이디어 흐름에 주목하는 경영 방식으로 변화하기 위해, 개인의 능력에 집중하는 조직 관리 접근 방식에서 벗어나 탁월한 집단 지능을 성취하기 위해 상호 작용 패턴을 형성하는 방향으로 넘어가야 한다고 주장했다.[2] 정적인 조직표로부터 실질적인 상호 작용 네트워크로 시선을 옮김으로써, 우리는 모든 사람이 중요한 일원으로서 함께 참여할 수 있도록 자극할 수 있으며, 이를 통해 훌륭한 아이디어들을 협력적 활동으로 전환할 가능성을 높이게 된다.[3]

바람직한 아이디어 흐름을 형성하기 위한 첫 번째 단계는, 구성원들이 그들의 상호 작용 패턴을 인식하도록 만드는 것이다. 하지만 그러한 작업은 불가능하지는 않다고 하더라도 전반적으로 쉽지 않다. 직원들이 복도에서 무슨 이야기들을 나누는지 어떻게 알 수 있을 것인가? 그리고 직원들이 다른 사람들이 복사기를 사용하는 모습을 보고 그 사용법을 배운다는 사실을 어떻게 확인할 수 있겠는가?

여기서 분명한 사실은, 모든 사람이 그들의 상호 작용 패턴을 인식하도

록 함으로써, 함께 협력해 더욱 원활한 아이디어 흐름 패턴을 만들어 낼
수 있다는 것이다. 이를 확인하기 위해, 우리 연구 팀은 상호 작용 지도, 즉
한 집단이나 조직 내에서 이루어지는 상호 작용 패턴을 측정하고 피드백
을 제공하기 위한 도구를 마련했다. 그리고 이를 통해 모든 구성원이 개인
들 간에, 그리고 업무 집단 내부에서 아이디어들이 어떻게 흘러 다니는지
확인할 수 있도록 했다. 그 목표는 업무 집단과 전체 조직의 사회적 지능
을 개선함으로써 업무 성과를 끌어 올리는 것이다.

직원들이 실제로 그들의 상호 작용 패턴을 인식할 수 있다면, 그들은 그
패턴을 개선하기 위한 최고의 방법에 대해 논의를 시작할 수 있을 것이다.
어떤 패턴들을 강화하고, 어떤 패턴들을 억제할지에 관한 논의 과정에서
사람들은 어떤 변화가 필요한지 공통된 이해에 도달하게 된다.

일반적인 조직을 대상으로 상호 작용 패턴을 뚜렷하게 보여 주기 위해,
우리는 경영자와 직원들에게 특별히 설계된 소시오메트릭 배지를 착용하
도록 했다(보다 자세한 사항은 부록 1 참조). 그런 다음에 컴퓨터 화면의 형태
혹은 그룹 토론을 활성화하기 위한 인쇄물 형태로, 모든 구성원의 상호 작
용 패턴에 대한 모든 시각적 피드백 정보를 계기판의 모습으로 보여 주었
다. 그러한 피드백은 실시간으로, 혹은 (보다 일반적으로) 다음 날 업무가 시
작되는 시점에 제공했다.

가장 유용한 시각화 피드백은 조직 내부의 참여와 탐험 수준을 높여 주
는 것이다. 이유는 그 두 가지 요소가 건강한 아이디어 흐름을 나타내는
주요한 패턴이기 때문이다. 개인적인 차원에서 참여란, 여러분과 이야기
를 나누는 상대방이 다른 이들과도 이야기를 나눈다면, 여러분은 중요한

일원으로, 그리고 바람직한 방식으로 참여하고 있다는 개념이다. 우리는 그러한 참여 수준이 만족감이나 성격 등의 다른 요소들과 무관하게 집단의 생산성에서 드러나는 차이를 절반 정도 예측해 준다는 사실을 확인했다. 다음으로 탐험은 한 집단 내에서 얼마나 많은 구성원이 외부로부터 새로운 아이디어를 가지고 오는가에 관한 개념이다. 탐험은 혁신과 창조적 성과를 예측해 준다. 장기적인 성과에서 혁신이 가장 중요한 원동력이라는 점에서, 직원들끼리 다양한 관계를 형성하도록 함으로써 새로운 아이디어를 위한 탐험 수준을 강화하려는 리더의 노력이 대단히 중요하다고 하겠다.

참여

광범위한 지역으로 분산되어 있거나, 여러 언어를 함께 쓰는 일부 집단들 내에서는 아이디어 흐름이 원활하게 이루어지기가 쉽지 않다. 이러한 일반적인 문제에 대처하기 위해, 우리 MIT 연구 팀은 다양한 형태의 업무 집단의 성과를 높여 주는 참여 패턴에 대해 실시간으로 시각적인 피드백을 제공하는 기술을 개발하고 있다. 이 기술의 목표는 실시간 디스플레이를 기반으로 바람직한 상호 작용 패턴을 강화하기 위한 사회적 지능을 개선하고, 이를 통해 생산성을 높이고 창조적 성과를 자극하는 것이다.

박사 과정의 김태미 연구원과 내가 함께 개발한, 그림 9에서 소개하는 방식은 '회의 중재자Meeting Mediator'라고 하는 것으로, (a)에서 알 수 있듯이 이는 두 가지 주요 요소, 즉 차례로 돌아가며 수행하는 행동을 포착하는 소시오메트릭 배지와 그 집단의 상호 작용을 시각화하여 보여 주는 휴대 전화로 이루어져 있다.[4] 회의 중재자 시스템에서 집단 내부의 참여 수준이 높을 때, 중간에 떠 있는 공의 색상이 밝은 녹색을 유지한다.[5] 그리고 모든 사람이 비교적 평등한 형태로 참여하고, 건강한 상호 작용 패턴이 나

(a)

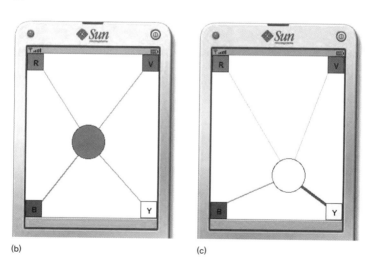

(b)   (c)

그림 9 회의 중재자 시스템의 구성(a)은 집단 내 상호 작용 패턴을 기록해 주는 소시오메트릭 배지(왼쪽), 실시간 피드백을 보여 주는 휴대 전화(오른쪽)로 이루어져 있다. (b)의 경우처럼 팀 참여가 높을 때, 가운데 공의 색상은 뚜렷해지고, (c)처럼 낮을 때는 흐리고 옅어진다. (b)의 경우처럼 상호 작용 패턴이 건강하고, 모든 사람이 평등하게 참여할 때, 공은 화면 중간에 위치한다. 반면 (c)처럼 한 사람이 대화를 장악할 경우, 공은 그 사람을 향해 이동한다.

타날 때, (b)에서처럼 그 공은 화면 중간에 위치한다. 그러나 한 사람이 대화를 장악할 때, (c)에서처럼 공의 색깔은 옅어지면서 지나치게 발언을 많이 하는 사람 쪽으로 기운다. 이를 나타내는 화면은 사람들에게 실시간 피드백을 제공함으로써, 집단 내 참여 수준을 개선하고 균형 잡힌 참여를 강화하게 된다.

이 피드백 시스템의 한 가지 장점은, 사람들이 그 화면에 의식적으로 집중하지 않는다고 하더라도, 충분한 효과를 드러낼 만큼 사용이 간편하다는 것이다. 우리는 넓은 지역으로 흩어져 있는 업무 조직의 경우에 바로 이 회의 중재자 시스템이 특히 유용하며, 업무 성과와 신뢰도를 직접 대면하는 조직의 수준으로까지 끌어 올릴 수 있다는 사실을 종종 확인했다.[6] 4장에서 살펴본 것처럼, 구성원들 간의 높은 신뢰도는 탄력적인 협력을 이루는 기반이 된다.

지리적으로 널리 흩어진 조직에서 회의 중재자 시스템을 사용할 때, 가장 분명하게 드러나는 변화는 1분당 참여 횟수가 증가하고, 모든 구성원의 참여 횟수가 골고루 나타난다는 것이다. 다시 말해, 짧은 참여 횟수가 많아지고, 어느 구성원도 대화를 혼자서 지배하지 않은 상태에서 모두 회의에 참여한다. 5장에서 논의했듯이 집단 지능을 높이기 위한 방안들을 상기할 때, 우리는 회의 중재자 시스템이 집단 생산성을 높여 줄 것이라고 기대할 수 있다.

집단행동에서 드러나는 이러한 변화는 우리가 기대할 수 있는 성과를 실질적으로 보여 준다. 연구실 실험들의 경우, 회의 중재자 시스템을 활용한, 지역적으로 광범위하게 분포해 있던 조직들은 대단히 높은 수준의 협력을 보여 준 것은 물론, 직접 대면하는 집단의 경우와 거의 다를 바 없는 모습을 보여 주었다. 게다가 그 구성원들에게 신뢰와 소속감 같은 요소들에 관한 질문을 던졌을 때도, 우리는 비슷한 결과를 확인할 수 있었다. 여기서 중요한 사실은, 구성원들이 나누는 이야기를 자막으로만 보았을 때, 연구원들은 어느 집단이 실제로 협력적으로 활동하고 있는지, 혹은 어느 집단이 더 높은 신뢰감을 느끼고 있는지 구분할 수 없었다. 중요한 것은 사람들의 말이 아니라 참여였다.

회의 중재자 시스템은 또한 지역적으로 널리 분포해 있는 조직들이 아이디어를 보다 활발하게 공유하도록 도움을 주고, 직접 대면하는 집단의 수준으로까지 높여 준다. 또 다른 다양한 연구실 실험에서, 우리는 여러 집단이 시험 문제를 해결하는 과정에서 얼마나 신속하고 완벽하게 중요한 아이디어를 찾아내는지 측정했다. 그 데이터들은 집단 구성원들 간의 유사한 참여 수준, 특히 균등한 수준의 1인당 참여 횟수가 가장 중요한 요인임을 확인시켜 주었다. 이는 5장에서 소개한 집단 지능 실험 결과와도 일맥상통한다.

놀랍게도 이와 같은 유사성 효과는 대화에 대한 참여 횟수뿐만 아니라, 사람들의 몸짓에도 똑같이 해당한다. 이는 지역적으로 널리 분산된 조직의 구성원들처럼 서로를 직접 볼 수 없는 상황에서도 마찬가지였다. 성과가 더 높은 집단일수록, 더 많은 구성원이 신체적 움직임, 이야기, 어조 등 공통된 리듬을 공유했다. 그리고 최고의 성과를 올린 집단들은 말 그대로 서로를 똑같이 따라 하는 모습을 보여 주었다.[7]

이러한 형태의 시각화 피드백은 또한 다양한 언어들이 공존하는 조직 내에서도 업무 성과를 높여 준다. 예를 들어, 우리는 시범 사업으로 일본 도쿄에서 열린 한 리더십 포럼에 참여해 사람들에게 소시오메트릭 배지를 나누어 주었다. 그 포럼에는 대부분 광역 보스턴 지역 대학에 다니는 20명의 미국 대학생과 대부분 도쿄 지역 대학에 다니는 20명의 일본 학생이 함께 참여했다. 6~9명 단위로 그룹을 이룬 학생들로부터, 우리는 창조적인 공학 기술에 초점을 맞추고, 모든 그룹 구성원의 협력을 필요로 하는 훈련 프로젝트에 참가하겠다는 동의를 구한 뒤 일주일에 걸친 업무 기간 동안 소시오메트릭 배지를 착용하도록 했다.

문화적·언어적 장벽이 그룹들의 업무 성과에 악영향을 미칠 것이라는 생각에, 우리는 학생들이 더 많이 교류하고, 하나의 팀으로 소속감을 느끼도록 만들고자 했다. 이를 위해 우리는 학생들이 협력해서 업무를 처리하는 동안 소시오메트릭 배지를 통해 매일 그들의 의사소통 패턴들을 확인해 보았다. 그리고 하루의 업무가 끝날 무렵, 우리는 모든 학생에게 그룹 내 의사소통 패턴에 관한 시각화 자료를 나누어 주었다.

그림 10은 일주일 간의 상호 작용을 시작하는 시점에서, 우리가 소시오메트리 배지를 가지고 포착한 직접 대면 방식을 취하는 일반적인 업무 팀의 상호 작용 패턴을 보여 준다.[8] 각각 원의 크기는 그 사람이 대화에 참여한 시간의 양을 나타내고, 이들을 연결하는 선의 굵기는 두 사람이 얼마나 많은 이야기를 나누었는지를 의미한다. 이 사례의 경우, 아래의 두 명은 일본인이고, 나머지 학생은 모두 미국인이다.

한 주가 시작되는 시점에서, 미국과 일본 학생들은 대부분 그들끼리 상호 작용했다. 이와 같은 낮은 수준의 그룹 통합은 부분적으로 그룹 내에서

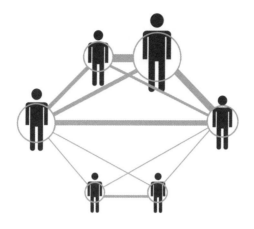

그림 10 일주일간의 상호 작용이 시작되는 시점에서, 우리가 소시오메트릭 배지로 측정한, 한 팀의 직접 대면 방식의 상호 작용 패턴. 인물들의 크기는 그 사람이 의사소통에 참여한 시간의 양을, 연결선의 굵기는 두 사람 간 의사소통 양을 보여 준다.

대화가 영어로 이루어졌기 때문이며, 그렇다 보니 일본 학생들은 언어적인 어려움과 문화적인 차이를 겪었다. 하지만 그 주가 끝나갈 무렵에는 완전히 통합된 모습을 보였고, 전반적인 상호 작용 패턴이 크게 개선된 것으로 나타났다. 그 주의 마지막 보고 시간에, 참여 학생들은 보다 통합적이고, 더 높은 성과를 올리는 팀을 형성하는 과정에서 소시오메트릭 피드백이 도움이 되었다고 밝혔다.

탐험

5장에서 논의했듯이 창조적 성과는 탐험에 크게 의존한다. 그러나 아쉽게도 조직의 탐험 패턴을 파악하기는 쉽지 않다. 그 부분적인 이유는, 탐험 활동이 집단이 아니라 개인적인 차원에서 이루어지기 때문이다. 따라서 탐험을 강화하는 집단적인 습관을 창조하기도 쉽지 않다. 그러므로 집단의 탐험 패턴을 시각화하여 보여 줄 수 있는 기술을 개발하는 노력이 아이디어 흐름의 속도를 높이기 위해 대단히 중요하다.

하나의 집단과 외부인들 사이에서 일어나는 아이디어 흐름을 수학적으로 측정하는 방법이 탐험 수준을 파악하기 위한 최고 방법이기는 하지만, 우리는 외부와 상호 작용하는 횟수를 측정하는 것이 일반적으로 충분한 방법이라는 사실을 확인할 수 있었다.[9] 다시 말해, 피드백 순환이나 사회 관계망 내 구조적 허점과 같은 복잡성은, 이들 네트워크 구조가 문제를 일으킬 것이라 예상되는 특정한 경우에만 고려할 필요가 있다는 것이다.

그림 11은 집단의 탐험 활동을 보여 주는 한 가지 사례다.[10] 여기서 우리는 그룹들 간의 상호 작용 패턴을 확인할 수 있다(그룹 P00-P18 사이를 연결

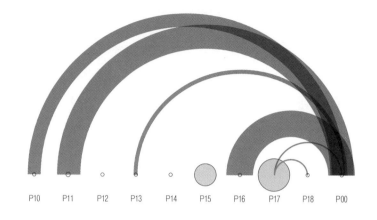

하는 회색 반원들이 보여 주는 것처럼). 원의 크기는 그 그룹 내에서 일어나는 상호 작용의 양을 의미하며, 반원의 폭은 그룹 간 상호 작용의 양을 보여 준다. 그림에서 알 수 있듯이, 경영진 그룹(P00)의 참여는 일부 그룹들과는 잘 이루어지지만, 그 밖의 그룹들과는 거의 이루어지지 않고 있다. 게다가 더욱 심각한 문제는, 어떠한 개별 그룹도 서로 거대한 규모의 상호 작용을 보여 주지 않는다는 것이다. 그리고 마찬가지로 중요한 사실은, 그룹 P15와 P17을 제외하고 그룹 내부에서 상호 작용이 전혀 이루어지지 않는다는 것이다. 이 사례는 전통적인 수직 경영 방식의 가장 나쁜 경우에 해당하는 것으로 보인다.

앞서 살펴보았듯이, 이처럼 탐험 패턴이 열악한 조직들은 과거의 행동 패턴에 오랫동안 갇혀 있던 경우가 많다. 게다가 이들은 종종 다른 업무 그룹들의 기대와 심각한 단절을 드러낸다. 가령 5장에서 살펴본 독일 은

행의 사례를 떠올려 보자. 어느 팀도 고객서비스 팀과 상호 작용하지 않았다는 사실은, 고객서비스 팀의 업무 역량을 전혀 고려하지 않고 광고 캠페인을 종종 기획했음을 말해 준다. 조직의 관리자들은 그림 10(참여를 위해)과 그림 11(탐험을 위해)의 계기판을 통해 의사소통 패턴을 시각화하고, 조직 내 모든 업무 그룹들 내부에서, 그리고 그룹들 사이에서 아이디어 흐름이 원활하게 이루어지도록 조치를 취해야 한다.

다양성

사회적 지능과 관련해 중요한 문제는 끌어 모은 아이디어들이 얼마나 다양한지 파악하는 것이다. 사회관계망 속에서 피드백 순환이 반복적으로 이루어져 동일한 아이디어들이 계속 돌아다니거나 구성원들이 탐험에 나서도록 호기심을 자극하는 외부의 의사소통 채널들이 모두 지나칠 정도로 유사할 때, 아이디어 흐름 속에는 충분한 다양성이 존재하지 않는다. 바로 이러한 상태를 인식하고 해결하기 위한 세 가지 기본적인 방법을 소개한다.

첫 번째 방법은 부키 솔루션bookie solution이다. 휴렛팩커드HP의 베르나르도 휴버먼Bernardo Huberman 연구 팀은 각각의 사람들에게 다른 모든 사람들이 무슨 말을 할 것이라고 생각하는지 묻는 틀을 개발했다.[11] '사람들이 누구나 알고 있는 지식'은 분명하게도 여러 차례 인식되었다는 점에서 중요성이 낮다. 부키 솔루션은 선거 운동이나 영화 흥행 수익 등에 투자를 하는 아이디어 시장에 대단히 유용한 것으로 드러났다.

반향실 문제를 해결하기 위한 두 번째 방법은 MIT의 드라젠 프렐렉

Drazen Prelec에 의해 개발되었는데, 그는 혁신을 창조하는 완전히 새로운 정보를 누가 가지고 있는지를 밝혀내기 위한 도구인 소위 '베이지언 자백유도제Bayesian truth serum'를 제시했다.[12] 우리는 이 방법을 아이디어 흐름에서 다양성이 결핍된 문제에 대한 현자의 해결책wise guys solution이라고 부를 수 있을 것이다.

현자의 해결책에서 우리는 다른 사람들이 어떻게 움직일지 정확하게 예측하면서도, 정작 자신은 다르게 행동하는 사람들에 집중한다. 그 논리는, 한 사람이 다른 사람의 행동을 예측할 수 있다면, 사람들은 이미 그 상식을 알고 있다는 것이다. 그럼에도 불구하고 다른 사람들과 다른 행동을 한다면, 그 사람은 분명히 다른 사람들은 모르는 무언가를 알고 있는 것이다. 그렇다면 우리는 그러한 현자들의 행동을 독립적인 정보로 간주해야 할 것이다.

다음으로 반향판 문제의 세 번째 해결책은 내가 제시한 것으로, 사람들 사이의 사회적 영향을 측정하고, 사람들의 생각과 행동 사이에서 의존성을 추적하는 것이다.[13] 예를 들어, 일반적으로 의견이 비슷한 사람들은 아마도 유사한 정보 원천을 갖고 있을 것이며, 그러한 점에서 서로 비슷비슷한 의견들은 독립적인 정보로 인식할 수 없다. 이러한 상황은 일반적으로 긴밀한 관계를 형성하는 사회적 집단 내에서 일어나는데, 그 이유는 이러한 집단의 구성원들은 종종 정보를 공유하며, 동일한 입장을 드러내야 하는 사회적 압력이 존재할 가능성이 높기 때문이다. 네트워크 내부에서 일어나는 아이디어 흐름에 주목을 해야, 우리는 반향실 효과를 감소시키고, 진정으로 독립적인 의견들을 받아들일 수 있다.

대부분의 실제 적용 사례를 통해 나는 사람들 사이의 사회적 영향력을 측정하는 세 번째 방법이 가장 쉽고 효과적이라는 사실을 확인했다. 집단의 규모가 클 경우, 이를 위한 가장 실용적인 방법은 부록 4에서 소개하는 영향 모형influence model을 활용하는 것이다. 하지만 많은 교환이 발생하는 복잡한 상황에서는, 현자의 해결책이 최고 대안이 될 것이다. 가장 좋은 방법은 개인적인 정보의 원천이나 새로운 성공 전략을 확보하는 것이다.

사회적
지능

집단 지능의 특성에 대해 소개한 『사이언스』지 논문에서, 우리는 사회적 지능이 높은 집단 구성원들이 폭넓은 범위의 과제들에서 전반적으로 높은 집단적 성과를 달성했다는 사실을 확인했다. 그리고 그 밖의 다른 연구들을 통해서는 구성원들의 상호 작용 패턴에 관한 시각적 피드백을 제공함으로써 집단 내 사회적 지능을 높일 수 있다는 사실을 확인할 수 있었다. 이러한 피드백은 집단의 상호 작용 패턴을 개선하고, 이것은 다시 집단의 객관적 성과를 높인다.[14]

서두에서 우리는 집단 내부에서 이루어지는 아이디어 흐름에 대한 시각적 피드백과 이에 대한 논의를 통해 이끌어 낼 수 있는 장점을 다루었다. 이러한 피드백은 업무 집단의 상호 작용 패턴을 개선해 주는 사회적 압력을 형성함으로써 집단의 성과를 끌어 올리는, 일종의 컴퓨터 기반의 사회적 지능을 의미한다. 업무 집단 내부의 아이디어 흐름을 개선하기 위해, 우리는 사회적 지능과 사회적 압력 혹은 사회관계망 동기의 개념을 어떤 다른 방식으로 활용할 수 있을까?

성과를 끌어 올리는 업무 문화를 개발하기 위한 가장 일반적인 방법들 중 하나는 리더들이 구성원들에게 직접적으로 영향을 미치는 것이다. 실질적인 영향력을 발휘하는 리더들은 일반적으로 일종의 실무적 카리스마를 지니고 있다. 그들은 구성원들이 다른 사람들과 활발하게 교류하고, 시스템적인 차원에서 참여하게 만들며, 조직의 상호 작용 패턴을 바람직한 방향으로 개선할 수 있다. 그리고 집단 내부의 논의를 장악하려 들기보다는 아이디어 흐름의 바람직한 패턴을 강화하고자 한다.

이러한 실무적 카리스마의 위력은 박사 과정의 대니얼 올귄 올귄과 내가 MIT에서 경영자들을 대상으로 추진한 일주일간의 집중적인 경영자 교육 과정에 관한 연구에서 뚜렷하게 드러나는데, 이 과정의 마지막 과제는 비즈니스 플랜을 수립하는 것이었다.[15] 수업 첫날 저녁, 서로를 소개하는 시간 동안 우리는 소시오메트릭 배지를 활용해 거기에 참여한 경영자들의 행동을 관찰했다. 교육 과정 주최 측에는 대단히 미안한 얘기지만, 우리는 교육 과정에 앞서 마련된 모임에서 각각의 경영자들이 보여 준 사회적 태도가 그 과정의 마지막 과제인 팀 비즈니스 플랜에 대한 평가를 대단히 분명하게 예측해 주었다는 사실을 확인할 수 있었다.

여기서 가장 성공적인 사회적 태도는 내가 '카리스마적 연결자charismatic connector'라고 부른 유형으로 드러났다. 이들은 꿀을 모으는 벌의 모습이 아니라, 모든 구성원 사이를 활발하게 돌아다니면서, 짧고 활기 넘치는 대화를 통해 사람들과 다양한 관계를 형성하는 모습을 보여 주었다. 우리는 이러한 카리스마적 연결자들이 많은 팀일수록, 그 주의 마지막에 열리는 비즈니스 플랜 경쟁에서 더 높은 평가를 받았다는 사실을 확인했다. 카리스마적 연결자들이 풍부한 팀들은 보다 평등하고 활발한 수준의 참여를 드러냈고, 이것이 바로 집단 지능의 핵심이다.

카리스마적 연결자들이라고 해서 꼭 외향적이거나 파티를 즐기는 유형은 아니다. 대신 그들은 모든 사람과 모든 것에 관심이 많다. 물론 그들이 직접적으로 그렇게 표현하는 것은 아니지만, 나는 이들의 진정한 관심이 바로 아이디어 흐름에 있다고 생각한다. 이들은 다른 사람들의 삶에서 어떤 일이 벌어지는지, 사업이 어떻게 진행되는지, 그리고 문제를 어떻게 해결하는지 물어보면서 대화를 이끌어 나간다. 그렇기 때문에 카리스마적 연결자들은 지금 어떤 일이 벌어지는지 정확하게 인식하고, 사회적 지능의 원천으로서 기능할 수 있는 것이다. 게다가 이들과 이야기를 나누는 상대방 역시 긍정적인 느낌을 받는다. 여러분이 지금 하고 있는 일에 다른 사람들은 얼마나 많은 관심을 보여 주는가? 그러한 관심은 우리에게 좋은 느낌을 전달해 준다.

카리스마적 연결자들의 최고 역할은 팀 내부가 아니라, 다양한 팀들 사이에서 드러난다. 공동으로 박사 논문을 쓰는 동안, 나와 탄짐 초더리는 대화를 뚜렷하게 주도한 사람들, 즉 항상 호기심을 보이며 다양한 질문들을 던진 사람들이 조직 내부에서 카리스마적 연결자로 기능했다는 사실을 확인할 수 있었다.[16] 그들은 여러 그룹의 경계를 넘나들면서 아이디어를 옮기고, 모든 사람의 참여를 이끌어 냈다. 이러한 차원에서 사회적 지능이 높은 이와 같은 카리스마적 연결자들은 성공적인 조직을 구축하기 위한 핵심적인 요소인 것이다.

우리는 스스로 카리스마적 연결자가 되는 법을 배울 수 있다. 다시 말해,

카리스마적 연결자는 타고나는 것이 아니라 만들어지는 것이다. 그 방법은 창조적인 사람들이 하는 것을 그대로 따라 하는 것이다. 창조적인 인물들은 주변에 널려 있는 모든 새로운 아이디어에 주의를 기울이고, 흥미로운 정보들을 즉시 다른 이들에게로 널리 전파한 뒤, 그들의 반응을 살펴본다. 또한 자신의 사회관계망을 확장해 다양한 유형의 사람들까지 포함시키고, 이를 통해 다양한 유형의 아이디어를 접한다. 그리고 커피포트나 냉수기 주변에서 청소부와 영업사원 혹은 다른 부서의 관리자들과 이야기를 나눈다. 그들은 새로운 소식이나 골칫거리 혹은 상대방의 계획에 대해 물어보고, 자신과 생각이 다른 사람들과 기꺼이 토론하고자 한다. 아이디어 수집가로서 그들의 역할은 다른 이들에게 즐거움을 선사하며, 사람들은 관계를 강화해 주는 그들의 역할에 고마움을 느낀다.

여기서 중요한 것은, 상호 작용 패턴을 시각화하여 보여 줌으로써 직원과 관리자들이 아이디어 흐름 속도를 높이도록 도움을 주고, 그 결과 조직의 생산성과 창조적 성과를 개선할 수 있다는 사실을 분명히 확인했다는 점이다. 모든 구성원이 집단 내부에서, 그리고 집단들 간에 일어나는 의사소통 패턴을 보다 정확하게 인식하도록 함으로써, 우리는 그들의 사회적 지능을 높여 더 높은 생산성과 창조적 성과를 이끌어 낼 수 있었다.

그리고 마지막으로, 우리는 직원과 관리자들이 개인 간의 상호 작용 패턴을 활용해 아이디어 흐름을 직접적으로 개선하고, 다른 사람들이 긍정적인 습관을 받아들이도록 자극할 수 있다는 사실 또한 확인했다. 구성원들이 아이디어 흐름을 개선하는 노력을 자신의 일로 받아들이고, 모든 이가 서로 이야기를 나누도록 하며, 다양한 집단 사이에 다리를 놓음으로써, 우리는 조직의 성과를 대단히 효과적으로 개선할 수 있다.

다음 장에서는 이와 똑같은 목표를 사회관계망 동기를 활용해 보다 시스템적인 차원에서 달성할 수 있는 방법에 대해 알아볼 것이다. 또한 사회관계망 동기를 활용함으로써 조직이 대단히 빠른 속도로 성장하고, 변화하는 환경에서 나타나는 도전 과제를 해결해 나가는 방법을 살펴보고자 한다.

07
Organization Change

조직적 **변화**

사회관계망 동기를 활용해
일회용 조직을 만들고 파괴적 변화로 유도하기

경제학을 포함해 모든 사회과학 분야는 대단히 빈곤한 데이터를 기반으로 연구를 추진해야 하기 때문에, 과학자들이 변화의 과정을 이해하기가 쉽지 않다. 과거에 지속적이고 정제된 충분한 규모의 데이터 수집이 어려웠다는 말은, 종종 사회과학 분야의 연구가 변화의 전제 조건들 혹은 인구 통계적 변화나 건강과 관련된 장기적인 성과 같은 현상들을 검토하는 과제에 한정되어 있음을 의미하는 것이었다. 예를 들어, 경제학은 역사적으로 모든 것이 균형을 이루는(대부분의 인간 세상과 달리) 이상적인 상태에 대한 분석에만 몰두해 있었다.

하지만 디지털 미디어와 빅데이터의 등장으로 모든 게 바뀌었다. 오늘날 우리는 인간의 조직들이 변화하는 모습을 100만 분의 1초 단위로 관찰하고, 수백만 명의 사람들 사이에서 일어나는 모든 상호 작용을 지켜보고 있다. 하나의 조직 안에서 벌어지는 상호 작용에 대한 정제된 데이터들의 패턴을 분석함으로써, 우리는 조직의 성과를 개선하고, 앞으로 그 조직이 새로운 환경에 어떻게 적응해 나갈지 예측하기 위한 수학적 질서를 발견할 수 있다.

2장에서 우리는 아이디어와 정보를 발견하기 위해 필요한 탐험 과정에 대해 집중적으로 살펴봤으며, 사회관계망 동기를 활용함으로써 구성원들의 탐험 활동이 다양하게 이루어지도록 자극할 수 있다는 사실을 확인했다. 그리고 4장에서는 사회관계망 동기를 활용해 협력을 강화할 수 있다는 사실을 보여 주고, 그 아이디어들을 행동 규범으로 전환하기 위해 필요한 참여 과정을 살펴보았다. 두 경우 모두 그 동기들은 공동체의 방향을 쇠퇴하는 흐름에서 건강한 상태로 전환하기 위해, 개인적인 행동보다 사회적인 상호 작용에 초점을 맞추고 있다.

다음으로 '레드 벌룬 챌린지Red Balloon Challenge'에 대해 살펴보자. 이 대회에서 우리 연구 팀은 사회관계망 동기들을 활용해 세계적으로 조직을 구축하고, 짧은 시간 안에 힘든 과제를 해결함으로써 수백 개에 달하는 경쟁 팀을 물리치고 우승을 차지했다. 여기서 우리가 선택한 전략은 대단히 참신하고 효과적인 것으로 인정받아 『사이언스』지에 소개되었으며,[1] 나중에 미국 『국립과학원 회보Proceedings of the National Academy of Science』에도 실렸다.[2]

레드 벌룬 챌린지는 인터넷 발명 40주년을 기념해 미국 국방첨단과학기술연구소Defense Advanced Research Projects Agency, DARPA의 후원으로 이루어졌다. 이 대회의 목적은 시간이 결정적인 한계로 작용하는 중요한 검색 문제를 해결하기 위해 인터넷과 소셜 네트워킹을 활용하는 최고 전략을 개발하는 것이었다. 그러한 문제들로는 자연재해 직후의 수색 구조 작업, 도주 중인 범죄자 추적, 사람들의 건강을 위협하는 문제에 대한 즉각적인 대처 혹은 선거 기간에 투표를 독려하기 위한 지지자 모집 등이 있다. 또한 이 대회는 장편 영화 제작이나 대형 건축물 프로젝트와 같은 대규모 문화 프로젝트를 위해 일반적으로 필요한, 그러면서도 매우 바쁜 일정에 따라 움직여야 하는 역동적인 조직을 구축해야 하는 대단히 어려운 과제에 주목하고 있었다.

이런 시간 임계적인 사회적 동원time-critical social mobilization 과제의 경우, 모든 사람에게 정보를 전달하는 과정에서 발생하는 높은 비용이나, 재난으로 파괴된 제반 시설과 같은 문제들로 인해, 대중 매체를 통해 충분한 인원을 동원하는 일은 현실적으로 어렵거나 불가능할 때가 종종 있다. 그러한 경우, 우리는 정보 확산을 위해 분산된 의사소통 방식에 주목한다. 예를 들어, 허리케인 카트리나가 휩쓸고 지나간 뒤 통신 시설이 크게 훼손된 지역에서 무선 아마추어 자원봉사자들이 911의 긴급 파견 활동 업무를 대신 수행했다.

레드 벌룬 챌린지의 경우, 이 대회에 참여한 팀들은 미국 전역에 흩어져 있는 빨간색 기상관측 기구들의 위치를 모두 찾아내야 했다. 그리고 총 열 개의 위치를 맨 먼저 정확하게 보고한 팀이 4만 달러의 상금을 차지하게 된다. DARPA의 설명에 따르면, 미국 국립지리정보국National Geospatial Intelligence Agency의 한 선임 연구원은 이를 '전통적인 정보 수집 방식으로는 해결이 불가능한' 문제로 규정했다고 한다.[3]

DARPA는 이 대회를 거의 한 달 가까이 홍보했지만, 우리 연구 팀은 관측기구들을 띄우기 불과 며칠 전에 그 이야기를 들었다. 그때는 이미 거의 4천 팀이 참가 신청을 한 뒤였다. 물론 경쟁은 그만큼 치열했지만, 우리는 우승 가능성을 확신했다. 그러한 과제야말로 우리가 정말로 잘하는 일이었기 때문이다. 즉각 우리는 앤몰 메이던과 이야드 라완의 도움을 얻어, 릴리 크레인Riley Crane, 갤런 피커드Galen Pickard, 웨이 판, 매뉴얼 세브리언Manuel Cebrian과 함께 팀을 꾸렸다.

대회에 참여한 다른 팀들과 달리, 우리가 선택한 전략은 관측기구들의 위치를 정확하게 알려 준 사람뿐만 아니라, 우리 팀에 최종적으로 풍선의 위치를 알려 준 사람들을 끌어들인 사람들에게까지 보상을 지급하는 것이었다. 우리 팀이 만약 4만 달러의 우승 상금을 받는다면, 각 풍선에 4천 달러씩 할당할 계획이었다. 먼저 우리는 기구의 정확한 위치를 처음으로 알려 준 사람에게 기구당 2천 달러를 주겠다고 약속했다. 다음으로 기구 발견자를 소개한 사람에게는 1천 달러를, 그 사람을 소개한 사람에게는 500달러를, 다시 그 사람을 소개한 사람에게는 250달러를 주겠다고 약속했다. 이러한 방식으로 우리의 보상 사슬은 계속 이어졌다. 그리고 남는 돈은 모두 자선 단체에 기부할 계획이었다.

우리가 선택한 사회적 동기 접근 방식은 직접적이고, 시장에 기반을 둔, 그리고 기구 하나에만 4천 달러를 보상하는 접근 방식과는 두 가지 중요한 차원에서 다르다. 첫째, 직접적인 보상 방식은 사람들이 우리 팀에 관한 이야기를 널리 퍼뜨리지 못하도록 방해하는 역효과를 내는데, 그것은 그 이야기를 듣고 새로 참여한 사람들은 곧 추가적인 경쟁 상대를 의미하

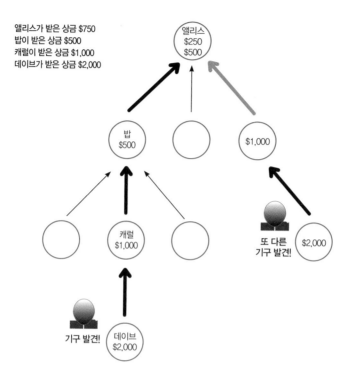

앨리스가 받은 상금 $750
밥이 받은 상금 $500
캐럴이 받은 상금 $1,000
데이브가 받은 상금 $2,000

그림 12 데이브는 우리 팀에 처음으로 기구 위치를 알려 주었고, 우리 팀이 경쟁에서 우승하는 과정에 큰 기여를 했다. 우리는 데이브에게 기구를 발견한 보상으로 2천 달러를 지급했다. 데이브를 소개한 캐럴에게는 1천 달러를, 캐럴을 소개한 밥에게는 500달러를, 그리고 밥을 소개한 앨리스에게는 250달러를 주었다. 그렇게 해서 남은 250달러는 자선 단체에 기부했다.

기 때문이다. 둘째, 직접적인 접근 방식은 미국 외부 사람들을 제외하는 데, 그것은 그들이 기구를 발견할 가능성이 없기 때문이다.

우리의 모집 사슬은 15명까지 이어졌고, 약 세 건의 트위터 글 중 하나가 미국 외부 지역에서 우리 팀에 관한 정보를 확산하는 기능을 했으며, 이 두 가지가 합쳐져 우리 팀의 성공에 중요한 역할을 했다. 보상금을 광범위하게 지급하는 우리의 전략은 훨씬 더 많은(4천 명 넘는) 사람이 우리 팀에 합류하도록 동기를 부여했다. 여기에는 실제로 기구를 발견할 수 있는 사람에게 단지 이메일을 보내는 것만으로도 보상받을 수 있는, 미국 이외 지역의 사람들까지 포함되어 있었다. 더욱 인상적인 사실은, 우리가 예상하기로 우리 팀에 합류한 5천 명의 사람 모두가 평균 400명의 친구에게 그 이야기를 알려 주었다는 점이다. 그렇다면 전체적으로 200만 명에 달하는 사람이 우리가 기구들을 발견하는 과정에 도움을 준 셈이다.

이처럼 사회관계망 동기 전략을 활용한 덕분에, 우리 연구 팀은 8시간 52분 41초 만에 열 개의 정확한 위치를 알아내는 데 성공했다.

일회용
조직

어쩌면 많은 사람이 레드 벌룬 챌린지 사례를, 간단하고 개별적인 과제를 처리하기 위해 사용자들이 수천 명의 독립적인 사람들을 '고용'할 수 있도록 해주는 아마존 메커니컬 터크Amazon Mechanical Turk 서비스와 같은 크라우드소싱crowdsourcing의 한 가지 형태쯤으로 여길지도 모른다. 하지만 그것은 시대에 뒤떨어진 시장 접근 방식이며, 바로 그와 같은 전략을 선택한, 레드 벌룬 챌린지의 다른 팀들은 실패했다.

중요한 것은 많은 사람이 과제를 수행하도록 만드는 것이 아니라, 사람들이 그러한 과제를 수행하는 조직을 구축하도록 만드는 것이다. 바로 이러한 관점에서 우리는 기구를 직접 발견한 사람들은 물론, 그러한 사람들을 소개한 모든 사람에게 보상을 지급한 것이다. 네트워크를 구축하는 작업은 실질적인 탐색 활동만큼이나 중요하기 때문에, 우리는 이러한 두 과제에 어느 정도 형평성 있게 보상을 지급했다. 우리는 일반적인 개별적 보상을 가지고 사람들이 기구의 위치를 보고하도록 동기를 부여했으며, 동시에 사회관계망 보상을 가지고 사람들이 더 많은 다른 사람들을 끌어들이도록 동기를 부여했다. 수천 명의 사람이 조직을 구축하고, 대단히 까다로운 과제를 해결하는 과정에 참여해, 불과 몇 시간 만에 목표를 달성할 수 있도록 도움을 주었다는 점에서, 우리가 레드 벌룬 챌린지에서 취한 접근 방식은 대단히 탁월한 선택이었다.

비교를 위해, 획기적인 크라우드소싱 사례로 종종 인용되는, 그리고 많은 사람이 자발적으로 참여해 만들어 가는 거대한 온라인 백과사전인 위키피디아Wikipedia의 경우를 생각해 보자. 실제로 많은 사람이 그 사전의 콘텐츠 구성에 참여하지만, 새로운 내용이 추가될 때마다 그 정보를 통합하기 위해 오랜 시간 동안 노력하는 에디터들로 구성된 핵심 집단 또한 존재한다. 위키피디아의 경우 사회관계망 보상은 경제적인 것이 아니라 사회적인 것임에도 불구하고, 이들 에디터들 역시 우리가 레드 벌룬 챌린지에서 사람들을 모집한 것과 유사한 방식으로 모여들었다. 펀핏 사례와 마찬가지로, 위키피디아의 에디터 모집 과정은 사회관계망 동기를 기반으로 이루어졌으며, 이들은 표준화되고 공유된 업무 방식과 더불어 깊이 관여된 업무 집단을 형성하기에 이르렀다.[4]

어떠한 네트워크 상호 작용이나 사회적 동기도 없는 메커니컬 터크와 같은 핵심적인 크라우드소싱 툴을 활용해 위키피디아를 구축하는 과정을 한번 생각해 보자. 그 이야기 속에서 사람들은 서로 알지 못하고, 다만 다음 과제를 설명해 주는 이메일을 받게 될 것이다. 수천 혹은 수백만 명의 사람이 자신이 만들어 낸 콘텐츠에 대해 보상을 받고, 수백 명의 사람이 새로운 정보의 수준과 완성도를 검토한 작업에 대해 보상을 받고, 고용된 또 다른 사람들은 중요한 편집 작업으로 보상을 받는다. 마지막으로 소규모 핵심 관리자 집단이 정책을 세우고, 모든 업무 처리 방식을 결정한다. 그러나 우리는 이러한 형태의 수직적인 크라우드소싱 방식이 분명 비효율적이고 엄청난 비용이 들 것이며, 결국 완전한 실패로 끝날 것이라고 어렵지 않게 예상할 수 있다.

그럼에도 불구하고 20세기 전반에 대부분의 기업은 이러한 수직적 크라우드소싱 방식을 선택했다. 근로자들은 사무실에서 각자 업무를 처리하고, 그렇게 만들어진 결과물은 다음 업무 단계를 담당하는 익명의 다른 근로자들에게 넘어간다. 그리고 또 다른 익명의 근로자들이 점검 목록을 기준으로 품질을 관리하고, 마지막으로 경영진이 그 전체 과정을 감독한다. 그런 이유 때문에 기존 백과사전들을 만들어 내는 데 그렇게 많은 비용이 들고, 오늘날까지 많은 기업이 비효율적인 상태에 머물러 있으며, 빠른 속도로 변화하지 못하는 것이다.

여기서 중요한 문제는, 이처럼 시대에 뒤떨어진 기업들 모두 시장 사고 방식, 다시 말해 익명성을 강조하고, 동일한 근로자들이 동일한 부품을 만들어 내도록 하는 방식을 기반으로 하고 있다는 사실이다. 이러한 형태의 조직적 구조는 사람들 간의 사회관계망 동기들을 거의 혹은 전혀 통합하지 못하기 때문에 근로자들은 다른 동료들이 최고의 기술을 익히거나 최고의 성과를 유지하는 데 도움을 주려고 하지 않는다. 그리고 근로자들은 관리자로부터 멀리 떨어져 있기 때문에 다른 사람들로부터 배울 기회가 없으며, 비즈니스 절차는 딱딱하고 비효율적인 상태를 벗어나지 못한다. 반면에 위키피디아 조직의 경우, 참여자들과 편집자들 사이의 지속적인 교류는 비즈니스를 신속하게 성장시키기 위해 필요한 상호 작용 패턴의 개발로 이어졌다. 그리고 그러한 상호 작용 패턴으로부터 비롯된 동료 압력은 대단히 효과적이고 효율적으로 사람들의 협력을 이끌어 냈다.

위기의
기업들

레드 벌룬 챌린지는 최고의 조직적 역동성 사례를 잘 보여 주었다. 모든 조직은 어떤 차원에서 역동적이며, 조직이 새로운 사건과 환경에 대응할 때, 아이디어 흐름의 네트워크 속에서 예측 가능한 변화가 나타나게 된다.

조직적 습관을 개발하고, 사회적 압력을 통해 그 습관들을 강화하는 참여 과정을 한번 들여다보자. 한 집단이 변화에 직면했을 때는 새로운 환경에 적응하기 위한 새로운 상호 작용 습관을 개발하고 강화하려는 노력이 필요하다.

새로운 제품, 새로운 컴퓨터 시스템 혹은 기업의 조직 개편은 일반적으로 모든 직원의 업무 내용이 바뀐다는 것을 의미한다. 그리고 이에 따라 협력해야 할 사람들, 세부적인 업무 내용, 그리고 업무를 할당하는 방식 모두가 바뀐다. 이러한 변화는 곧 빠른 속도로 새로운 습관을 개발하고 수용하며, 조직 내에서 이루어지는 참여 수준을 높여야 한다는 사실을 의미한다.

연구를 통해 새로운 도전 과제를 해결해 나가는 동안, 우리는 직원들이 드러내는 참여 수준에서 구조적인 변화를 포착할 수 있었다. 예를 들어,

우리 연구 팀이 한 독일 은행을 대상으로 상호 작용 패턴을 살펴보는 동안, 직원들의 업무량이 갑자기 증가하는 일이 벌어졌다(그림 8 참조).[5] 초 단위로 데이터를 기록해 주는 소시오메트릭 배지를 통해, 우리는 직원들 간의 참여 수준이 거의 즉각적으로 치솟았다는 사실을 확인했고, 이러한 변화는 갑자기 증가한 업무량을 처리하기 위해 새로운 업무 패턴을 개발하는 데 도움을 주었다.

우리는 120명가량의 직원을 해고하기 위한 절차를 밟고 있던 한 기업을 관찰하는 과정에서, 새로운 조직적 습관을 개발하는 또 다른 사례를 목격했다.[6] 정제된 초 단위 데이터를 바탕으로, 우리는 남아 있는 직원들이 새로운 상호 작용 패턴을 개발함으로써 새로운 상황에 적응하기 시작하면서 참여 수준이 즉각적으로 치솟았다는 사실을 확인할 수 있었다. 흥미롭게도 새로운 상호 작용 패턴에 가장 자연스럽게 적응한 사람들은 기업이 해고를 실시하기 전에 최고 참여 수준을 보여 준 직원들이었다.

우리가 관찰한 참여에서 드러난 증가는 단지 사회적 지원을 제공하는 사람들로 여겨질 수 있다. 실제로 그들은 그 이상의 존재다. 그것은 앞서 두 장에서 살펴보았듯이 참여 수준의 변화는 또한 생산성 수준의 변화를 의미하기 때문이다. 스트레스가 높은 상황에서 사람들은 앞으로 무슨 일을 해야 할지 서로 활발하게 이야기를 나누기 시작하고, 새로운 상황에 적응하기 위한 새로운 상호 작용 패턴을 개발함으로써, 참여 수준이 거의 즉각적으로 높아진다. 이후 스트레스를 줄이려는 욕망이 새로운 상호 작용 패턴의 개발을 가속화하면서, 상호 작용 네트워크에서 일어나는 변화는 사회관계망 동기처럼 기능하게 된다.

신뢰

신뢰는 다른 사람들과의 지속적이고 잦은 상호 작용을 통해 형성되고, 이러한 점에서 소셜 네트워크 개척자 배리 웰먼은 사회적인 접촉 빈도수가 사회적 연결 정도를 대략적으로 드러내는 기준이 될 수 있다고 생각했다.[7] 우리는 4장에서 웰먼의 생각이 절대적으로 옳았음을 확인했다. '친구와 가족' 연구에서, 직접적인 상호 작용 빈도는 두 사람 사이의 신뢰도를 정확하게 예측해 주었다. 높아진 신뢰도는 보다 활발한 아이디어 흐름을 형성하고, 이는 다시 생산성 증가로 이어진다.

사회적 연결의 힘은 레드 벌룬 챌린지 사례에서는 물론, 4장에서 소개한 참여를 주제로 한 실험들에서 대단히 중요한 변수로 작용했다. 그 모든 경우에서, 기존에 존재하는 개인들 간의 사회적 연결을 활용할 때 협력은 가장 효과적으로 이루어졌고, 사회적 연결이 활발하게 이루어질수록 협력 정도도 더 높아졌다. 레드 벌룬 챌린지 사례의 경우, 활동적인 사회적 연결을 바탕으로 한 모집 전략은, 일반적인 모집 전략들에 비해 두 배 이상의 효과를 보여 주었다. 펀핏 실험의 경우, 활동적인 사회적 관계로 이루어진 동료들로부터 비롯된 사회적 영향력은 단지 알고만 지내는 동료들의 경우에 비해 두 배 넘는 효과를 보여 주었다.

나는 가장 중요한 것이 개별적인 경제적 동기가 아니라, 레드 벌룬 챌린지 동기에서 사회적 연결에 대한 투자(때로는 사회적 자본 구축building social capital 이라고도 하는)라고 믿는다. 일반적인 참여에서 그 활동에 따른 기대할 수 있는 경제적 보상은 제로에 가까웠다. 수백만 명의 사람들이 그 기구들을 찾으려 했고, 수천 개의 팀이 시합에 참가했다. 한 사람의 참가자 혹은 새로 가입한 사람이 우승 팀에 처음으로 기구의 위치를 보고할 확률은 100만 분의 1이었다. 그러나 수천 명의 사람이 우리 이야기를 그들의 친구들에게 알려 주었고, 이들 모두 우리의 탐색 활동에 도움을 주었다.

대회가 끝나고 가진 인터뷰에서, 우리는 사람들이 친구들에게 호의를 베푸는 마음으로 그들을 가입시켰다는 사실을 확인할 수 있었다. 즉 친구들을 가입시킴으로써 그들에게 공짜 복권을 선물로 나누어 주었던 것이다. 비록 실제로 당첨을 기대한 것은 아니지만, 선물을 통해 친구와의 관계를 돈독하게 할 수 있을 것이라고 생각했다. 이러한 공유를 통해, 사람들은 나중에 친구들로부터 선물을 받거나 또 다른 상황에서 도움을 얻을 가능성을 높이는 것이다. 즉 신뢰와 사회적 자본을 쌓아 나가는 것이다.

사람들 간의 강력한 관계 구축은 아이디어 흐름에 도움을 주고, 또한 그러한 관계를 통해 사회적 압력을 행사할 수 있다. 4장의 '참여 실험'에서, 사람들은 친구의 행동에 따라 보상을 받았다. 관계에 가장 많은 투자를 한, 다시 말해 가장 활발하게 상호 작용을 나누고 협력한 사람들로 이루어진 쌍들은, 서로에게 가장 강력한 사회적 압력을 행사한 사람들이었다. 다시 말해, 우리는 사무실 동료나 엄마를 미치게 만들기를 원치 않는다. 그래서 다른 사람들이 습관을 바꾸라고 하면 어떻게든 타협하려고 한다. 4장에서 살펴본 실험들에서, 강력한 사회적 연결은 동료 압력이 협력을 이끌어 내기 위한 가장 효과적인 매커니즘으로 작동할 수 있는 환경을 만들어 주었다.

참여와 신뢰, 그리고 협력의 역량의 관계는 로버트 퍼트넘Robert Putnam의 고전, 『나 홀로 볼링Bowling Alone』의 주제이기도 하다. 여기서 퍼트넘은 시민 참여civic engagement와 사회적 건강 사이의 관계를 집중적으로 조명한다.[8] 우리는 아이디어와 제품, 호의, 정보를 서로 교환하며 살아간다. 그리고 전통적인 시장적 접근 방식이 묘사하듯, 단지 서로 경쟁만 하는 존재는 아니다. 신뢰를 바탕으로 하는 사회적 연결망 속에서 이루어지는 교환은 아이디어의 흐름을 촉진하고, 전반적으로 활력 넘치는 문화를 창조하며, 우리 사회의 집단 지능을 주도한다. 9장에서는 그 똑같은 이야기를 도시 전체에 대해서도 할 수 있다는 사실을 보여 줄 것이다.

우리 자신을 이러한 방식으로 이해하는 태도는 사회적 특성에 중대한 영향을 미칠 수 있다. 아이디어 흐름이 문화를 창조하고, 생산성을 높이고, 창조성을 강화한다는 점에서, 우리는 아이디어 흐름을 개선해 주는 교사나 간호사, 장관, 정치인, 자선 단체를 위해 일하는 의사나 변호사, 국선 변호인 혹은 빈민가 병원 등의 가치를 더욱 높게 평가해야 한다. 사회적 구조를 강화하는 분야에 더 좋은 보수를 제공함으로써, 우리는 개인적 이기심과 사회적 건강 사이에서 보다 긍정적이고 장기적인 균형점을 발견할 수 있다.

다음
단계

앞서 세 장에서 우리는 아이디어 흐름이 어떻게 업무 집단과 조직의 집단 지능에 영향을 미치는지, 그리고 시각화 작업을 통해 어떻게 아이디어 흐름을 개선할 수 있는지 살펴보았다. 마지막으로 이 장에서는 사회관계망 동기를 활용함으로써 조직을 성장시키고, 변화에 잘 대처해 나가도록 조직에 도움을 주는 방법들에 대해 논의하고자 한다. 앞으로는 지금까지 살펴본 동일한 사회물리학 개념들을 도시에 적용하는 방법에 대해 살펴볼 것이다. 여기서 나의 목표는 데이터 주도적인 도시가 어떤 모습으로 나타날지, 빅데이터와 사회물리학을 통해 생산적이고 창조적인 도시를 어떻게 건설할지 머릿속으로 그려 보는 것이었다. 그리고 마지막 부분에서는 보다 활기차고 안전한 미래를 열어 나가기 위해, 프라이버시와 경영, 정치 분야에서 어떠한 변화가 필요한지 이야기를 나눌 것이다.

사회적
신호

상호 간의 의사소통을 주제로 하는 『어니스트 시그널Honest Signals』이라는 책에서, 나는 상호 작용 패턴이 그 내용과 상관없이 아이디어 흐름과 의사 결정을 예측해 주는 정확한 기준이라는 사실을 보여 주었다.[9] 『네이처』지에도 발표했듯이, 그것이 가능한 것은 상호 작용 패턴(누가 누구에게 간섭하고, 사람들이 얼마나 자주, 그리고 누구에게 이야기하는지)이 아이디어 흐름과 동의, 그리고 참여를 드러내는 사회적 신호이기 때문이다.[10]

그렇기 때문에 일반적으로 우리는 대화 내용을 완전히 무시해도 무방하며, 시각적인 사회적 신호만으로도 협상이나 판매 권유의 결과, 집단의 의사 결정 수준, 그리고 집단 내에서 구성원들의 역할을 예측할 수 있는 것이다.

이러한 사회적 신호들은 현대 인류의 언어와 어떤 관계를 맺고 있는가? 진화는 성공적으로 일하는 부분을 거의 포기하지 않는다. 일반적으로 진화는 기존 역량을 그대로 유지하면서 추가적인 구조들을 구축하거나 기존 구조를 새로운 요소로 포괄하게 된다. 인류의 언어적 능력이 진화하기 시작할 때, 사회적 신호를 주고받는 기존 방식은 새로운 구조 속으로 통합되었다. 그렇기 때문에 과거의 사회적 신호들은 현대의 대화 패턴들을 그대로 이루는 것이다.

소규모 그룹들이 과제를 해결하는 과정에 대한 다양한 연구에서, 우리는 개인들이 활용하는 사회적 신호와 상호 작용 패턴을 살펴보았다. 그 결과, 우리는 심리학자들이 정의하는 주인공, 지지자, 공격자 혹은 중립자에 해당하는 서로 다른 역할에 따라 서로 다른 사회적 신호들을 활용해 말하는 길이, 다른 사람에 대한 간섭, 말하는 빈도수와 관련해 서로 다른 패턴을 드러낸다는 사실을 확인할 수 있었다.[11]

정보 내용에 대해서도 똑같은 말을 할 수 있다. 새로운 아이디어를 제시하는 사람들은 기존 아이디어를 강요하는 사람 혹은 중립적인 사람들과 다른 이야기들을 들려줄 것이다. 그렇기 때문에 우리는 개인의 상호 작용 패턴을 활용함으로써, 그들의 이야기를 듣지 않고도 그들의 기능적 역할(추종자, 참가자, 후원자, 수색자 등)을 확인할 수 있다.

마찬가지로 원숭이 무리에서 사회적 신호가 우월한 네트워크를 결정하는 것처럼, 오늘날 사람들이 나누는 대화 패턴은 사회관계망 속에서 사람들의 지위를 결정한다. 특히 대화를 시작하고, 끼어드는 등 대화를 통제하는 패턴으로부터 사회적 구조를 파악할 수 있다.[12]

예를 들어, 2주일에 걸쳐 우리 실험실의 23명을 대상으로 대화 패턴을 추적했을 때, 우리는 대화 패턴에 미치는 영향력이 사회관계망 속에서 피실험자들의 지위를 거의 정확하게 예측해 주었다는 사실을 확인했다.[13] 결론적으로 말해, 이러한 실험들의 결과는 대화 패턴에 미치는 영향력이 곧 주변을 둘러싼 사회관계망 안에서 개인이 발휘하는 영향력을 말해 주는 정확한 기준이라는 사실을 보여 준다.

우리에게 익숙한 사회적 신호들도 많지만, 의식적으로 인식하기 힘든 것들도 있다. 익숙한 것들로는 분위기 감염mood contagion이 있다.[14] 집단 내에서 한 사람이 행복하고 활달한 모습을 보일 때, 주변의 다른 사람들도 긍정적이고 즐거운 모습을 보이는 경향이 있다. 또한 이러한 형태의 신호 전달은 집단 내부적으로 위험에 대한 긴장을 완화하고, 결속력을 높이는 영향을 미친다.

마찬가지로 사람들은 다른 사람을 자동적·무의식적으로 따라 하는 경향이 있다.[15] 대부분이 무의식적인 상태에서 진행되는 것임에도 불구하고, 이러한 따라 하기 습성은 피실험자들에게 중요한 영향을 미친다. 즉 다른 사람들과 더불어 느끼는 공감과 신뢰감을 높이는 역할을 한다. 어느 쪽이 먼저 상대의 행동을 따라 하는지와 상관없이, 이러한 따라 하기 행동들이 풍부하게 드러나는 협상은 성공적인 결과로 이어질 가능성이 높다. 모든 사회적 신호는 우리의 생물학적 신경 시스템에 뿌리를 내리고 있다. 그리고 따라 하기 습성은 영장류에게서만 발견되며, 특히 인간에게서 뚜렷하게 발견되는, 넓게 퍼진 두뇌 구조를 이루는 대뇌 피질의 거울 뉴런mirror neuron과 밀접하게 관련된 것으로 알려져 있다. 예를 들어, 거울 뉴런은 다른 사람의 행동에 반응하고, 사람들 간에 이루어지는 직접적인 피드백의 통로로서 기능한다. 이러한 기능으로 인해, 아기들은 신체적인 통제 능력이 아직 제대로 발달하지 못한 상태에서도 부모들의 표정 변화를 따라 하는 놀라운 능력을 보인다.

마찬가지로 우리의 활동성은 대단히 오래전에 만들어진 신경 시스템인 자율 신경계의 상태와 밀접한 관련이 있다. 보다 활동적으로 반응해야 할 때, 가령 투쟁－도주 상황에 놓이거나 성적으로 흥분한 경우, 자율 신경계는 우리의 활동성을 높인다. 다른 한편으로 우울증에 빠져 있을 때와 같이 자율 신경계가 위축되어 있을 때, 우리는 더욱 소극적으로 반응한다. 자율 신경계의 기능과 활동성은 대단히 긴밀하게 연결되어 있으며, 우리는 그 관계를 이용함으로써 우울증 정도를 정확하게 확인할 수 있다.

실제로 이와 같은 신호 전달 패턴은 대단히 뚜렷하게 드러나기 때문에, 우울증과 같은 정신적 건강 상태를 체크하거나 치료 중인 환자의 참여를 측정하는 등 상업적인 차원에서 활용되고 있다. 보다 자세한 사항은 내가 공동으로 설립한 MIT 분사 기업 홈페이지 http://cogitocorp.com을 참조하기 바란다.

데이터 주도적 도시
DATA-DRIVEN CITIES

도시를 측정하기

모바일 센싱 기술을 통해 도시의 신경 시스템을 구축하고,
건강하고 안전하며 효율적인 공간을 만드는 방법

건강하고 안전하고 효율적인 사회를 유지하기 위한 노력은 일종의 과학적·공학적 도전 과제로서, 산업 혁명이 신속한 도시 확산에 박차를 가하고, 심각한 사회적·환경적 문제들을 야기한 1800년대로 거슬러 올라갈 수 있을 것이다. 이 문제에 대한 해결책은, 깨끗한 식수와 안전한 먹거리를 제공하고, 상업을 활성화하고, 쓰레기를 처리하고, 에너지를 공급하고, 원활한 교통 체계를 설계하고, 보건·정책·교육 서비스를 실시하는 중앙 집중적인 네트워크를 마련하는 것이었다.

그러나 지난 세기의 이러한 해결책은 이제 시대에 뒤떨어진 것이 되고 말았다. 도시들은 교통 체증으로 몸살을 앓고, 세계적인 질병 확산은 멈출 기미를 보이지 않으며, 막다른 골목에 들어선 정치 상황은 활로를 찾지 못하고 있다. 게다가 우리는 지구 온난화, 에너지와 물, 식량 자원 공급의 불

안정, 그리고 현재 상태를 유지하기 위해서만도 100만 명을 수용할 1천 개의 도시를 새로 지어야 하는 심각한 환경오염 문제를 떠안고 있다.

그러나 앞으로의 시나리오가 반드시 지금처럼 흘러갈 필요는 없다. 우리는 에너지 효율적이고, 식량과 물을 안정적으로 공급하며, 훨씬 더 나은 정부를 가진 도시를 건설할 수 있다. 그러나 이러한 목표를 달성하기 위해서는 기존 접근 방식을 완전히 다른 시각에서 바라볼 필요가 있다. 이제 우리는 물, 식량, 쓰레기, 교통, 교육, 에너지 등 기능에 따라 분화된 정적인 시스템이 아니라, 그것들 모두를 하나의 역동적이고 전체적인 시스템으로 바라보아야 한다. 지금 우리에게 필요한 것은 접근과 분산에만 치중하는 시스템이 아니라, 네트워크를 기반으로 하고, 스스로를 규제하며 시민들의 요구와 기호에 따라 움직일 수 있는 그러한 시스템이다.

유지 가능한 미래 사회를 건설하기 위해, 우리는 새로운 기술을 활용해 세계적인 차원에서 정부와 에너지, 공공 보건 시스템의 안정성을 보장할 수 있는 '신경 시스템'을 창조해야 한다. 오늘날의 디지털 피드백 기술로, 우리는 보다 거대하고 복잡한 현대 사회가 필요로 하는 역동적인 응답성을 실현할 수 있다. 이 기술을 바탕으로, 우리는 통제 체계 내부에서 사회 시스템을 새롭게 개발해야 한다. 즉 가장 먼저 현재 상황을 관찰하고, 그러한 관찰들을 수요와 역동적 반응의 모형들과 결합해서 얻은 예측을 기준으로 요구 사항들을 충족시킬 수 있도록 시스템을 조율해야 한다.[1]

지금 이 순간 도시에 관한 데이터를 생성해 내는 가장 중요한 도구는 우리에게 대단히 익숙한 것이다. 그것은 어디서나 볼 수 있는 휴대 전화다. 사실 휴대 전화는 개인적인 관찰 장비로서, 새로운 모델이 나올 때마다 더욱 강력하고 복잡해지고 있다. 사용자 위치나 통화 패턴으로부터 얻는 정보는 물론, 우리는 휴대 전화를 통해 사회관계망 지도를 그려 보고, 일상적인 디지털 잡담을 분석함으로써 개인의 감정 상태까지 예측할 수 있다. 소비자들은 또한 자신의 휴대 전화를 통해 제품을 살펴보고 구매 활동을 시작하는데, 이는 휴대 전화의 트래픽이 그려 내는 디지털 일대기에 금융 및 제품 선택과 관련된 정보를 추가하게 된다. 게다가 스마트폰이 보다 발전된 컴퓨팅 기술을 탑재한 개인의 정보 허브로 발전을 거듭하면서, 인간 행동에 관한 더 많은 정보를 반영할 것으로 보인다.

전체적으로 무선 장비 및 네트워크는 진화하는 디지털 신경계의 눈과 귀 역할을 하고 있다. 더 나아가, 기본적인 경제적 힘들은 물론, 컴퓨팅과 상호 작용 기술 분야의 기하급수적인 발전에 힘입어, 진화 속도가 더욱더 빨라지고 있다. 앞으로 네트워크 속도는 더욱 높아지고, 장비들은 더 많은 센서들을 탑재할 것이며, 인간 행동을 모형화하는 기술은 더욱 정확하고 정교해질 것이다.

디지털 신경 시스템을 구축하기 위해 필요한 다양한 인식 및 통제 기술들은 이미 개발되어 있다. 현재 부족한 것은 두 가지 핵심적인 요소다. 첫째는 사회물리학, 특히 시스템이 올바르게 작동하도록 만들어 줄 요구와 반응의 역동적 모형이다. 둘째는 데이터 뉴딜로, 사생활과 보안, 효율적인 정보 활용을 뒷받침하는 기반이자 법률적 정책을 말한다. 이 장과 다음 장들에서 나는 디지털 신경 시스템의 사회물리학적 측면에 대해 다룰 것이다. 그리고 사생활과 보안, 정보 효율성에 관한 이야기는 마지막 장에서 이야기할 것이다.

행동 인구
통계학

오늘날 상업적 활동과 정부 서비스는 지침을 보여 주는 인구 통계적 데이터에 크게 의존하고 있다. 어디가 주거 지역인가? 어디가 산업 지대인가? 얼마나 많은 사람이 여기서 일하거나 살고 있는가? 그들의 경제 수준은 어떠한가? 안타깝게도 현재 이러한 데이터를 수집하기 위해서는 상당한 비용이 든다. 예를 들어, 미국 정부의 인구 조사는 10년에 한 번 이루어지고, 그 데이터는 조만간 과거의 유물이 되고 말 것이다. 게다가 세상의 많은 지역에서는 이러한 인구 통계적 데이터가 아예 존재하지 않는다. 하지만 휴대 전화의 보급으로, 우리 사회는 인구 통계적 데이터를 넘어 인간의 행동을 직접적으로 측정할 수 있는 단계로 도약했다. 사람들이 흘리고 다니는 디지털 빵가루로부터 얻은 데이터를 기반으로, 우리는 이제 다음과 같은 질문들에 대답할 준비가 되었다. 사람들은 어디서 먹고, 일하고, 즐기는가? 어디로 여행을 다니는가? 누구와 교류하는가?

그림 13은 샌프란시스코 과학관에서 수집한 휴대 전화 GPS 데이터를 기반으로 그린 샌프란시스코 내부의 활동 패턴이다. 각 패턴들은 식당, 유

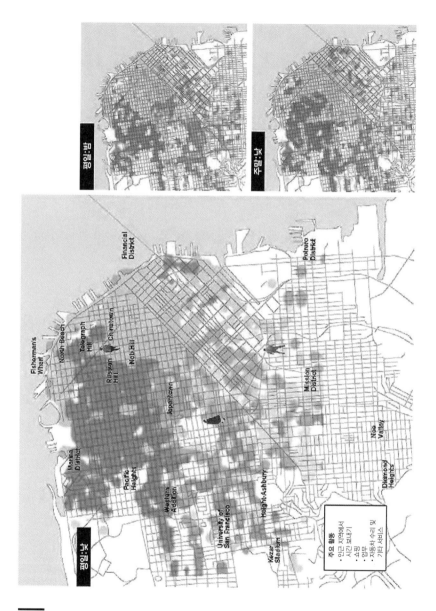

그림 13 휴대 전화를 통해 수집한 GPS 데이터의 현실 마이닝. 도시에서 일어나는 인간 활동의 패턴으로, 일반적인 활동 패턴에 따라 음영으로 구분되어 있다. 활동 패턴들은 예측 가능한 형태로 변화하는 리듬을 뚜렷하게 보여 준다(사진 출처: Sense Networks).

흥 거리, 서비스 매장, 기업 등을 중심으로 이루어지는 일반적인 활동(쇼핑, 일상적인 일, 여행 등)들의 유형에 따라 음영으로 구분되어 있다. 이러한 패턴들은 하루 혹은 일주일 단위로 예측 가능한 리듬을 나타낸다. MIT의 분사 기업인 센스 네트웍스Sense Networks(내가 공동으로 설립한)에서 만든 데이터를 바탕으로, 우리 연구 팀은 수천만 명의 움직임과 구매 행동을 실시간으로 분석했다.[2]

그림 13은 전체 인구가 때로는 부족tribe이라고 불리는 서로 다른 하위 집단들로 구성되어 있다는 사실을 말해 주지 않는다. 각각의 하위 집단 구성원들은 서로 똑같은 장소를 찾고, 비슷한 음식을 먹으며, 유사한 활동을 즐긴다. 그 구성원들의 행동들이 하위 집단의 기본적인 취향을 선택적으로 드러낸다는 점에서, 우리는 그들을 행동 인구 통계학의 차원에서 바라볼 수 있다. 게다가 이 하위 집단 사람들은 끼리끼리 많은 시간을 보내기 때문에, 사회적 학습 과정은 점점 속도를 얻고, 특정 집단의 행동 규범을 강화해 나간다. 이는 의식적 선택과 관련이 없으며, 하위 집단 구성원들은 아마 인식조차 하지 못할 것이다. 그럼에도 불구하고 동일한 행동 인구 통계behavior demographic 집단에 속한 사람들은 비슷한 식습관과 비슷한 의상, 비슷한 경제적 습관, 정부에 대한 비슷한 입장을 지니며, 이로 인해 그들은 비슷한 수준의 건강관리와 비슷한 직업 경력을 보인다.

나의 경험에 따를 때, 이러한 행동 인구 통계 데이터를 기반으로 전반적인 소비 취향, 경제적 위험, 정치적 입장들을 예측할 수 있다. 이는 지역을 기준으로 하는 일반적인 지형적 인구 통계 데이터보다 네 배나 더 높은 정확성을 보여 준다. 이러한 데이터는 또한 비만이나 알코올 중독과 같은 행동 관련 질병의 위험성도 정확하게 예측해 준다. 3장에서 소개한 '친구와 가족', '사회적 진화' 연구에서처럼, 사회적 학습 과정과 도시 전반의 사회적 규범 형성은 동료들의 행동을 관찰함으로써, 다시 말해 선택한 동료 집단에 적응하기 위해 노력하는 사람들에 의해 이루어진다.

우리는 사람들의 취향을 파악하는 것은 물론, 그들의 일상적인 습관의 리듬도 이해할 수 있다. 대부분의 사람들은 일하고, 잠자고, 즐기면서 시간을 보내는 과정에서 다양한 제약을 받는다. 식사 및 커피 타임, 친구들과 어울리는 시간은 하루 혹은 일주일 단위로 패턴을 이룬다. 그렇다면 사람들의 생활에서 드러나는 일반적인 패턴은 어떠한 것인가? 그림 13에서처럼 왔다 갔다 하는 주기는 도시의 리듬을 설정하고, 교통과 에너지, 즐길 거리, 음식에 대한 최대 수요를 결정한다.[3]

대부분의 경우, 기본적인 패턴은 평일에 나타난다. 즉 일반적으로 매일 똑같은 경로에 따라 이루어지는 출퇴근 흐름을 보인다. 두 번째로 뚜렷한 패턴은 주말과 휴일에 종종 집과 일터가 아닌 지역에서 잠을 자거나, 밤을 보내는 특징적인 행동들로 나타난다. 놀랍게도 여가 시간에 사람들이 찾는 장소와 하는 일들 역시 그들의 업무 패턴과 거의 비슷한 정도로 규칙적이다. 그러나 세 번째 패턴은 예외적인 것으로서, 일반적으로 쇼핑 여행이나 야외 활동과 같은 탐험을 하며 시간을 보내는 경우다. 이 마지막 패턴은 구조의 '부재'라는 점에서 차별화된다. 이 세 가지 패턴 모두 일반적으로 사람들의 행동에서 90퍼센트 이상을 설명해 준다.

이러한 패턴들을 앞서 논의한 행동 인구 통계와 조합함으로써, 우리는 관리가 훨씬 잘된 사회를 건설할 수 있다. 도시 내부에서 일어나는 일반적인 행동 패턴들을 파악함으로써, 우리는 도시 교통과 서비스, 성장을 위한 더 나은 계획을 수립할 수 있다. 특히 인간 행동에 관한 지속적인 데이터 흐름을 통해, 우리는 교통과 전력 사용, 노상 범죄 및 독감의 확산까지도 정확하게 예측할 수 있다. 앞으로 계속 살펴보겠지만, 이러한 데이터 기반의 예측을 활용함으로써, 우리는 최대 수요에 대비하고, 보다 잘 관리할 수 있다. 이 말은 또한 우리가 긴급 상황이나 재난에 보다 효과적으로 대처할 수 있다는 의미다. 그것은 어떤 사람들이 언제, 어디에 있을지 알 수 있기 때문이다. 당뇨 위험이 높은 사람들이 언제, 어디서 식사하는지, 혹은 씀씀이가 헤픈 사람들이 어디서 쇼핑하는지 파악하는 기술에는 또한 공중 보건과 공교육을 개선하기 위한 놀라운 잠재력이 숨어 있다.

이 장에서 우리는 주로 교통과 건강 분야의 사례들을 가지고, 이러한 새로운 신경 시스템이 우리의 삶을 어떻게 바꾸어 놓을지 이야기할 것이다. 그리고 정부 조직을 혁신하고, 바람직한 학습 환경을 조성하며, 우리 문화의 창조적 역량을 강화하는 사례들은 이후의 장들에서 계속 다룰 것이다.

교통

사람들이 흘리는 디지털 빵가루를 활용하는 유명한 사례로, 운전자들의 휴대 전화로부터 수집한 GPS 데이터를 바탕으로 교통 흐름을 분 단위로 업데이트해 주는 기술이 있다. 이 기술을 통해, 교통 체증 패턴과 예상 운행 시간을 정확히 예측할 수 있으며, 이러한 기술의 단순한 형태는 이미 전 세계적인 차원에서 내비게이션 시스템에 구축되어 있다. 극심한 교통 혼잡을 피해 운행 일정을 설정하기 위해, 이러한 데이터를 개별 운전자들의 일정표에서 얻은 정보와 결합함으로써 기존 시스템을 개선하는 새로운 방식을 어렵지 않게 상상할 수 있다. 배송 및 통근 흐름을 다른 시간대와 경로로 분산하는 방식을 기반으로, 상업적인 교통 분야에서도 유사한 형태로 일정을 설정할 수 있으며, 이를 통해 보다 효율적인 분산 네트워크를 구축할 수 있다.

그러나 이와 같은 사례들은 단지 그 무한한 가능성의 맛보기에 불과하다. GM의 온스타^{OnStar} 서비스처럼, 휴대 전화 시스템으로부터 수집한 데이터를 분석함으로써 사고 위험 순간을 미리 예측할 수도 있다. 기본적으로 크라우드소싱 방식의 위험한 조건들로 구성된 사례를 살펴보자. 앞서 가던 차량이 비상 상황에서 급브레이크를 밟은 순간, 여러분의 차가 지금 그 지점으로 막 진입하고 있다고 상상해 보자. 그렇다면 여러분 역시 아주 짧은 시간 안에 중대한 위험에 처할 것이다. 그럴 때 여러분의 차량이 다른 차들보다 더 빨리 달리고 있다면, 정말로 위험한 상황이 벌어질 수 있다. 이럴 때 빅데이터에 기반을 둔 경고 시스템을 활용한다면, 교통사고율을 크게 낮출 수 있을 것이다.[4]

습관과 기호에 관한 데이터를 가령 날씨 정보와 결합해 트럭이나 기차 혹은 물류와 같이 도시를 관통하는 흐름을 개선하는 방법으로, 우리는 도시의 활력을 높일 수 있다. 도시의 리듬을 더욱 활발하게 개선함으로써, 기업들은 분산 네트워크의 흐름을 더욱 부드럽게 만들고, 수요의 등락에 미리 대비할 수 있다. 일반적으로 도시 버스 시스템의 연비 효율은 출퇴근 혼잡 시간을 제외한 1인당 연료 소비량을 기준으로 측정된다. 그러나 승객들이 갑작스럽게 몰리는 순간들이 심심찮게 발생하기 때문에, 우리는 실제로 길거리를 돌아다니는 대형 버스들을 직접 관찰해야 한다. 시민들이 언제, 어디로 이동하는지 구체적으로 파악할 때, 우리는 편의성을 높이고, 통행과 에너지 소비를 최소화하는 방식으로 도시 개발 계획을 개선할 수 있다.[5]

여기서 가장 흥미로운 아이디어는 아마 교통 네트워크를 기반으로 도시의 생산성과 창조적 성과를 높이는 일일 것이다. 도시 안에서 더 많은 탐험 활동을 자극하기 위해, 우리는 대중교통을 이루는 사람들의 습관에 관한 데이터를 활용할 수 있다. 지리적으로 고립된 지역들이 더욱 낮은 사회적 성과를 보이는 사례들이 보고되고 있다.[6] 이러한 현상은 2장에서 살펴본 것처럼, 집단들 사이에서 일어나는 탐험이 생산성과 창조적 성과를 개선한다는 아이디어와 밀접한 관련이 있다. 도시 전반적으로, 대개 외부인들이 방문하는 지역의 수가 탐험 속도를 결정해 혁신과 생산성 성장 속도를 결정한다는 주장들이 나와 있다. 다음 장에서 다시 살펴보겠지만, 주거 중심 지역, 비즈니스 및 문화 중심 거대 지역 모두를 활성화할 수 있는 정액제 방식의 빠른 교통 시스템을 갖춘 도시를 설계하는 것이야말로 빈민 지역을 개발하고, 전반적인 생산성을 높일 수 있는 가장 간단하고 비용 효율적인 접근 방식이다.

건강과
질병

빅데이터를 활용해 공중 보건 시스템을 개선한 최근의 유명 사례로 구글 플루Google Flu가 있다. 이는 특정 국가나 지역에서 '독감flu'이라는 검색어를 사용한 빈도수를 분석함으로써 감염의 확산을 예측하는 기술이다. 인터넷상에서 독감에 대한 검색 횟수가 급증할수록, 그 지역은 실제 발병률에서도 빠른 증가세를 보일 가능성이 높다. 질병관리본부가 필요로 하는 의약품 공급을 미리 예측하고, 병원 및 지방 정부, 기업들이 환자의 규모를 가늠할 수 있도록 정보를 제공하는 것은 물론, 새로운 종류의 독감 바이러스를 발견하도록 도움을 준다는 점에서, 이 기술은 대단히 중요하다.

그러나 이 기술 역시 다시 한 번 디지털 신경 시스템이 공중 보건에 기여할 수 있는 잠재력을 맛보기로 보여 준 것에 불과하다. 예전에 의사들은 사람들이 질병에 걸릴 때 드러내는 행동적 변화를 정량적으로 측정하는 방법을 알지 못했다. 그래서 감염 확산에 대한 연구들 대부분이 일반적으로 감염 기간 동안 사람들의 움직임과 상호 작용 패턴이 거의 변화하지 않을 것이라고, 다시 말해 일상적인 행동 패턴을 계속 이어 갈 것이라고

가정했다.[7]

하지만 휴대 전화로부터 수집한 데이터 집합은 그게 아님을 보여 준다. 병에 걸릴 때, 사람들의 행동은 뚜렷하게 달라진다. 박사 과정의 앤몰 메이던, 웬 동과 함께, 나는 질병에 걸릴 때 사람들의 행동은 일반적으로 예측 가능한 형태로 변화하며, 휴대 전화 센서를 활용해 그러한 행동 변화를 측정할 수 있다는 사실을 발견했다.

인후염과 기침 증세가 나타났을 때, 우리는 사람들의 일상적인 사회적 패턴이 크게 달라졌고, 더 많이 그리고 다양한 사람들과 상호 작용하기 시작했다는 사실을 확인할 수 있었다(바이러스에는 좋지만, 인간에게는 나쁜 소식). 감기에 걸린 무렵, 전반적인 상호 작용과 야간 시간대의 상호 작용이 증가했다는 사실을 발견했다. 그들은 퇴근 후에 친구들에게 전화를 걸었다.[8]

하지만 질병 주기 후반부로 들어서면서 고열 및 여러 다른 독감 증상이 나타나기 시작했을 때는 그들의 행동이 상당히 좁아졌다는 사실을 확인할 수 있었다(주변의 다른 사람들에게는 좋은 소식). 스트레스와 슬픔, 외로움, 우울감을 보고한 사람들은 그 증상이 있는 동안 사회적으로 고립된 모습을 보였다. 이러한 사례들 모두 휴대 전화를 가지고 거의 실시간으로 개인의 건강 상태를 점검할 수 있는 기술적 가능성을 잘 보여 준다.

호흡기 증상과 고열, 독감, 스트레스, 우울감 등은 서로 다른 문제이지만, 각각의 문제들에 따른 행동 변화는 사람들에게서 비슷하게 나타나기 때문에, 우리는 사람들의 행동만으로 전반적인 건강 상태를 평가할 수 있다. 가령 스마트폰 앱을 통해 우리는 사람들의 행동에서 잘 드러나지 않는 변화를 조용히 관찰하고, 질병이 진행되는 것은 아닌지 판별할 수 있다.

이와 같은 예방적인 건강관리 기술은 진행 상황이 뚜렷하게 드러나지 않는 고위험군 질환(정신 쇠약이나 노화 관련)에서 특히 더 중요한 기능을 할 수 있다. 이러한 아이디어는 내 제자인 앤몰 메이던과 내가 공동으로 설립하고, 그의 박사 학위 연구로부터 시작된 우리 연구소의 또 다른 분사 조직인 진저 아이오Ginger.io의 근간을 이루고 있다.[9]

여기서 한 발 더 나아가, 우리는 전체 인구를 대상으로 이와 같은 행동 정보를 크라우드소싱 방식으로 수집하고, 그 정보들을 사람들이 어제 몇 시에 어디를 방문하였는지에 관한 데이터와 결합함으로써, 그림 14에서 처럼 전체 지역에 걸친 감염 위험성을 밝혀낼 수 있다.[10] 이 그림을 통해 우리는 특정한 날짜와 시각에 어디서 감염이 가장 잘, 그리고 가장 덜 일어나는지 확인할 수 있다.

독감과 같은 질환들을 개별적으로 추적하는 기술을 활용해, 감염 범위가 넓게 확산되기 전에 환자들에게 적절한 조치를 취함으로써, 우리는 실질적으로 유행병을 예방할 수 있다. 독감의 확산을 실시간으로 추적하기 위해, 우리는 두 가지 원천으로부터 수집한 정보들을 함께 조합해야 한다. 첫째, 개인의 행동 패턴에서 드러나는 변화에 관한 정보로서, 사람들이 병에 걸릴 때 그들의 행동 패턴에서 예측 가능한 변화를 감지할 수 있기 때문이다. 둘째, 위치 데이터로서, 사람들 간의 신체적 상호 작용이 공기로 감염되는 질병의 전파를 촉진하는 중요한 메커니즘이기 때문이다.

특히 병에 걸렸을 때 사람들의 행동이 어떻게 변하는지에 관한 정보를 활용하고, 휴대 전화 센서를 통해 그 변화를 측정함으로써 개인적인 차원에서 독감에 걸릴 가능성을 예측할 수 있다. 웬 동은 확산 과정을 수학적

3부 데이터 주도적 **도시**

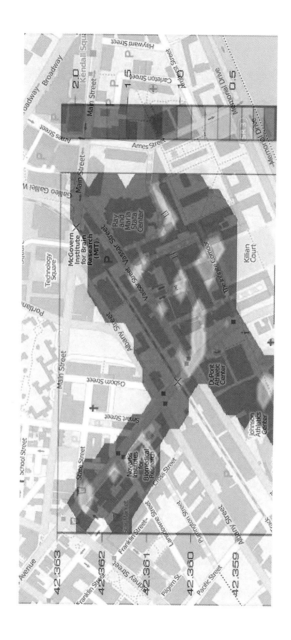

그림 14 각 지역에서 사람들이 어떻게 교류하고, 독감에 얼마나 잘 걸리는지 보여 주는 지도. 어두운 영역은 우리가 데이터를 수집한 지역으로서, 그중에서 밝게 나타나는 부분은 독감 감염이 활발하게 이루어지는 곳이다.

으로 모형화해 개인들의 가능성들을 조합함으로써, 그림 14와 같은 지도를 그릴 수 있다는 사실을 보여 주었다. 이 지도는 지역별로 감염 위험도를 시각적으로 보여 주기 때문에, 이것을 참조해 감염에 노출될 위험이 높은 지역들을 피해서 다닐 수 있다.[11]

개인적으로, 그리고 실시간으로 질병을 추적하는 기술을 확보할 필요성이 점점 더 높아지고 있다. 사람과 물건의 이동으로 세상이 더욱 긴밀하게 연결되면서, 감염 질병들이 세계적인 유행병으로 확산될 위험이 그만큼 더 높아지고 있다. 최근 SARS(Severe Acute Respiratory Syndrome, 중증 급성 호흡기 증후군)를 비롯한 여러 심각한 감염 질병이 지리적으로 멀리 떨어져 있음에도 사회적으로 긴밀한 관계를 유지하고 있는 공동체들 사이에서 급속도로 확산되고 있다. 이로 인해 사스와 신종 인플루엔자를 비롯한 다양한 감염 질환이 세계적인 유행병으로 발전할 위험성이 급격히 높아지고 있다.

개인들 간에 전파되는 감염 질환을 분 단위로 점검하는 기술의 발달로 실질적인 예방 활동이 가능해졌다. 실제로 일부 감염 질환 전문가들은 이러한 예방 기술이야말로 향후 등장할 다양한 유행병으로부터 수억 명의 목숨을 지켜 줄, 우리가 확보하고 있는 유일한 희망의 끈이라 믿고 있다.[12]

사회관계망
개입

하지만 데이터 주도적 도시를 향해 나아가는 우리의 여정 가운데 한 가지 도전 과제가 자리 잡고 있다. 그것은 이러한 질문이다. 사람들이 현실적으로 활용할 수 있는 시스템을 어떻게 구축할 수 있을까? 시스템이 인간의 본성과 조화를 이루지 못할 때, 사람들은 그 시스템을 외면하거나 제대로 사용하지 못할 것이다. 그리고 데이터를 기반으로 움직이는 인간 중심적인 도시를 건설하기 위해, 사회물리학의 조언들을 도시의 모든 측면에 적용하려는 시도가 필요하다.

오늘날 도시 시스템의 설계는 일반적으로 경제적 동기들에 의존하고 있다. 가령 통행세는 도심 한복판에서 더 높고 교외 지역에서 더 낮게 부과한다. 하지만 아쉽게도 여러 사례는 이러한 접근 방식이 제대로 작동하지 않으며, 특히 공유지의 비극에 해당하는 상황에서 문제가 더욱 심각함을 보여 준다.

게다가 금융적 동기들은 부자들에게 더 이익이다. 한 가지 사례로, 교통 통제를 위해 혼잡세를 징수하는 경우를 생각해 보자. 특정 지역에서 차량을 운행하는 사람들을 대상으로 요금을 부과할 때, 부자들은 원하는 대로 갈 수 있도록 내버려 두면서, 가난한 사람들은 가로막는다. 탐험이 혁신을 낳는다는 점에서, 이러한 접근 방식은 특히 많은 우려를 낳는다. 가난한 사람들이 접근할 수 있는 탐험의 범위를 제한함으로써, 발전과 사회적 진화를 위한 공동체의 역량까지 함께 제한하기 때문이다.

반면 사회적 규범을 형성하는 사회물리학적 접근 방식은 사회관계망이 미치는 영향력을 기반으로 한다. 사회물리학적 관점에서 우리는 세 가지 유형의 개입을 자연스럽게 제시할 수 있다.

사회적 동원

레드 벌룬 챌린지(7장 참조) 사례에서처럼, 사회적 동원은 미아나 탈주범을 찾고, 지진이나 태풍과 같은 재난 직후 생필품을 공급하기 위해 대단히 중요하다. 레드 벌룬 챌린지에서 우리 연구 팀이 사회관계망 동기를 활용함으로써 아주 짧은 시간에 문제를 해결하기 위해 많은 사람을 동원한 사실을 떠올려 보자.

나는 사회관계망 동기를 활용하는 접근 방식이 단기적인 재난에 대처하는 것보다, 새로운 조직을 구축하는 과정에 더욱 필요하다고 생각한다. 선거 기간에 근로자들의 관심을 끌기 위해, 그리고 신생 기업들이 신입 사원을 뽑기 위해 이러한 접근 방식을 활용하는 모습을 목격할 수 있다.

사회관계망 조율

두 번째 유형의 개입은 충분히 다양한 아이디어들을 공급하기 위해 네트워크를 조율하는 작업에 관한 것이다. 2장에서 우리는 구성원들의 선택과 그 결과를 폭넓게 관찰할 때, 더 나은 의사 결정을 내릴 수 있다는 사실을 살펴보았다. 물론 이러한 집단적 지혜에도 예외적인 경우가 있다. 지나치게 밀집된 형태의 사회관계망이 일종의 반향판으로서 기능해 동일한 아이디어들이 반복적으로 돌아다닐 때가 여기에 해당한다.

이와 같은 다양성 결핍과 반향판 문제를 해결하기 위해, 우리는 일상적인 동기나 넛지를 활용함으로써 사람들 간의 아이디어 흐름을 조율해야 한다. 그리고 이를 통해 고립된 사람들이 다른 사람들과 더 많은 관계를 맺도록 격려하고, 과잉 연결된 사람들은 기존 관계 범위에서 벗어나 외부 세상을 탐험하도록 자극해야 한다.

지금 우리는 이와 같은 조율의 접근 방식을 다양한 사회관계망들로 적용해 나가고 있다. 예를 들어, 직원들로부터 집단의 지혜를 이끌어 내기 위해 일부 기업이 시행하는 조언 네트워크를 조율하는 사례에 대해 생각해 보자. 조언 네트워크의 목표는 조직 운영을 보다 부드럽게 만드는 것이며, 여기서 직원들은 많은 웹 사이트에서 찾아볼 수 있는 제품 리뷰와 같은 형태가 아니라, 그들이 문제를 어떻게 해결했으며, 그 이후 상황이 어떻게 달라졌는지를 기록해야 한다. 일부 기업들은 조언을 제시한 직원들에게 경제적 보상까지 제공하고 있다. 가령 어떤 직원이 유용한 아이디어를 제시했을 때, 그는 다른 직원들이 자신의 아이디어를 공유한 것에 따라 보상을 받는다.

피드백 제공은 물론, 아이디어와 사람들의 반응, 추가적인 제안들 사이의 연결 패턴을 통해 아이디어가 확산되는 네트워크에 대한 보다 정확한 그림을 그려 볼 수 있다. 이렇게 하면 아이디어 흐름에 대한 측정을 활성화하고, 이를 통해 우리는 아이디어와 반응의 패턴을 살펴본 뒤, 충분히 다양한 집합을 검토하는 것인지 확인하고, 효과적인 사회적 학습이 이루어지는지 점검할 수 있다. 그 결과, 우리는 사람들이 들여다보는 아이디어의 집합이 신뢰할 수 있는 훌륭한 의사 결정을 내릴 수 있을 만큼 충분히 다양한지 가늠할 수 있다.

또한 뉴스 블로그나 유사한 시민 매체들을 대상으로 다양성 평가를 실시할 수 있으며, 이를 통해 모든 이익 집단이 다른 시민들의 이익도 함께 고려하도록 만들 수 있다. 이러한 조율 접근 방식은 과잉 연결된 세상에서 드러나는 특정한 병폐를 해결하는 데 대단히 중요하다. 오늘날 일시적인 유행과 두려움은 사회 전반에 걸쳐 끊임없이 파장을 일으키면서 과잉 반응과 스트레스를 촉발하고, 더 좋은 세상을 만들어 나가기 위한 지속적이고 장기적인 노력을 가로막고 있다. 네트워크를 조율해 동일한 정보들이 계속 돌고 도는 악순환을 방지함으로써, 우리는 진정한 발전을 일구어 나가는 과정에 집중할 수 있다.

사회적 참여 활용

세 번째 유형에 해당하는 이 네트워크 개입은 사회관계망 동기를 활용해 지역 공동체 내부의 문제들을 중심으로 참여를 강화함으로써, 공유지의 비극에 해당하는 상황에 대처하는 데 도움을 준다. 4장에서 우리는 다른 사람들의 행동 변화를 기준으로 보상을 제공함으로써 협력을 위한 사회적 압력을 조성할 수 있으며, 이러한 방식은 개인들의 행동 변화를 기준으로 보상을 제공하는 방식보다 더욱 효과적이라는 사실을 살펴보았다.

우리는 이러한 아이디어를 보다 거대한 규모로 적용할 수 있을 것이다. 우리는 4장에서 2010년 페이스북의 '나가서 투표하세요' 캠페인이 6100만 명에 달하는 사용자를 대상으로 했다는 사실을 살펴보았다. 이 캠페인의 직접적인 효과는 그다지 놀라운 수준이 아니었지만, 사용자들이 자신의 투표 인증 게시글을 페이스북 친구들과 공유하면서, 직접 대면하는 사회관계망 내부에서 강력한 사회적 압력을 만들어 냈고, 이러한 움직임이 지속되면서 실제로 투표한 사람들의 수가 크게 증가했던 것이다. 4장의 또 다른 사례에서, 우리 연구 팀은 ETH 동료들과 함께 한 전력 회사의 홈페이지 내부에 소셜 네트워크를 마련하고, 거기서 사용자들이 친목 모임을 만들도록 했다. 이 소셜 네트워크에서 우리는 일반적인 경제적 보상이 아니라, 사회적 보상을 활용했다. 가령 한 사람이 에너지를 절약할 때, 우리는 그 사람의 동료들에게 포인트를 선물로 지급했다. 이러한 방식으로 형성된 사회적 압력은 전력 소비량을 17퍼센트 가까이 떨어뜨렸다. 이 수치는 앞서 실시한 에너지 절약 운동의 성과보다 두 배나 되는 것이었다.[13]

디지털 신경 시스템에서
데이터 주도적 사회로

오늘날 우리는 센서와 커뮤니케이션의 디지털 신경 시스템을 확보해 놓고 있으며, 도시들을 데이터 주도적·역동적·반응적 조직으로 변형시킬 준비가 갖추어져 있다.[14] 보건, 교통, 에너지, 안전 분야의 거대한 도약은 이제 우리의 현실적인 과제가 되었다.[15] 11장에서 다루는 '개발을 위한 데이터D4D' 프로젝트에서, 우리는 해상도가 낮고, 익명으로 이루어진, 총량 데이터aggregate data만을 가지고도 교통 흐름을 10퍼센트 이상, 그리고 건강 상태를 20퍼센트 이상 개선할 방법을 발견할 수 있으며, 민족 간 폭력 사태 예방에도 중요한 역할을 할 수 있다는 사실을 확인하게 될 것이다. 하지만 개인 정보에 대한 우려, 개인적 가치와 사회적 가치 사이의 균형에 관한 사회적 합의를 아직 이끌어 내지 못했다는 점이 이러한 성과를 가로막는 주요한 장애물로 작용한다.

우리는 이와 같은 신경 시스템으로부터 이끌어 낼 수 있는 공공의 이익에 주목해야 한다. 어쩌면 다음번에 찾아올 유행성 독감으로 수억 명이 목숨을 잃을지도 모른다. 그러나 우리는 그러한 재앙을 막을 수 있는 기술을 이미 손에 쥐고 있다. 마찬가지로 우리에게는 도시의 에너지 소비량을 크게 낮출 수 있을 뿐만 아니라, 다음 장에서 살펴볼 범죄를 줄이고, 동시에 생산성과 창조적 성과를 높일 수 있는 그러한 도시와 공동체를 건설할 능력이 있다. 아마도 여러분이 충분히 예상할 수 있듯이, 그 능력의 핵심은 사회물리학을 기반으로 아이디어 흐름을 창조하는 것이다.

도시 | 과학

도시와 개발에 대한 기존의 이해를
사회물리학과 빅데이터는 어떻게 바꾸어 놓을까?

유명하게도 토머스 제퍼슨Thomas Jefferson은 18세기 도시들을 '인간 본성
의 모든 타락의 화장실'이라고 언급했다. 그러나 제퍼슨의 시대 이후 전
세계 도시들은 엄청나게 성장했고, 그 흐름은 계속 이어지고 있다. 역사상
그 어떤 시대보다 오늘날 더 많은 사람이 도시에서 살아가고 있다.[1] 치솟
는 생활비, 범죄와 오염, 전염병의 확산에도 불구하고, 사람들은 왜 계속
도시로 몰려드는 것일까?[2] 이 질문에 대한 애덤 스미스의 대답이 옳은 듯
들린다. 즉 도심은 타락뿐만 아니라 혁신을 위해서도 특별한 공간이기 때
문이다.[3]

도시들에 대한 연구가 100년 넘게 이어져 오고 있음에도, 아직까지 우
리는 왜 도심 지역들이 혁신을 촉진하는지 명쾌한 설명을 내놓지 못하고
있다. 하지만 도시들은 분명히 혁신을 거듭하고 있다. 시골 지역에 비해

도시들은 보다 효율적으로 자원을 활용하고, 1인당 더 낮은 도로와 서비스 비용으로 더 많은 특허와 발명들을 만들어 내고 있다.[4] 더 많은 사람이 함께 살아가면서 보다 효과적으로 아이디어를 창조하고 생산성을 높일 수 있다는 말은 무슨 뜻인가? 이에 대해 어떤 사람들은 지적 자산을 창조하는 과정에서 기술 확산의 중요성을 언급하고,[5] 다른 이들은 수직적인 사회 구조와 전문화specialization의 가치를 거론한다.[6]

도시의
사회물리학

앞에서 살펴보았듯이, 사회관계망 안에서 일어나는 상호 작용과 아이디어 흐름은 조직과 기업들 내부에서 창조적 성과와 생산성을 높일 수 있는 주요한 원동력이다. 이러한 사회물리학 개념들은 사회과학 분야에서 거의 유일하게 측정이 가능한 기준이며, 이 장에서 살펴보겠지만, 소규모 집단이나 기업의 역동성을 뛰어넘어 도시 차원에서 그 위력을 발휘하고, 훨씬 더 거대한 사회관계망들을 기반으로 생산성과 창조성을 강화한다. 기업이 아이디어 기계로 작동하는 것처럼, 도시도 그렇게 기능할 수 있다.

학생 및 동료인 웨이 판, 구라브 고샬Gourab Ghoshal, 코코 크럼Coco Krumme, 매뉴얼 세브리언과 함께, 내가 직접 대면하는 관계 내부 사람들의 수를 기준으로, 사회적 연결이 도시들 내부에서 아이디어 흐름을 어떻게 강화하는지에 관한 수학적 모형을 개발했다. 자연 의사소통Natuer Communications에서 설명한 것처럼, 이 모형을 바탕으로 우리는 GDP와 창조적 성과를 정량적으로 예측할 수 있는 단순하고 거꾸로 된, 신뢰할 만한 모형을 개발할 수 있다.[7] 우리는 또한 사회적 연결을 기반으로 하는 아이디어 흐름을 통해 에이즈 감염률과 통화 의사소통 패턴, 범죄 및 특허 빈도수와 같은 다양한 도시적 특성들을 정확하게 복제할 수 있다는 사실도 확인했다. 또한 도시들을 보다 창조적이고 생산적인 공간으로 개선하면서, 동시에 범죄 및 다른 부정적인 요소들을 최소화하는 방법들을 발견할 수 있다.

도시를 바라보는 사회물리학 관점은 사회에 대한 고착화된 구분이 아니라, 아이디어 흐름에 집중한다는 점에서 전통적인 계층 및 전문화 모형들과는 다르다는 사실을 이해하는 것이 중요하다. 이러한 측면에서 사회물리학은 공장들의 인접성과 물류비를 기준으로 도시의 생산 효율성을 설명하고자 하는 이론들과 비슷하다고 하겠다.[8] 그렇다고 하더라도 사회물리학이 도시와 기업들을 '아이디어' 공장으로 개념화해서 제품의 흐름 대신 아이디어의 흐름에 초점을 맞춘다는 점에서 차별화된다.

이러한 관점에서 사회물리학은 사회적 연결과 창조성에 따른 확산은 물론, 인구 밀도와 혁신 사이의 관계를 탐구하는 사회학과 지리학, 경제학적 사고방식의 기나긴 계보를 잇고 있다.[9] 사회물리학이 가져다주는 새롭고 중요한 기여는, 이러한 아이디어들을 단일한 수학적 모형으로 통합했다는 것이며, 우리는 이 모형을 밀도 높은 지속적인 행동 데이터와 가용한 경제적·사회적 성과 데이터를 가지고 검증할 수 있다. 사회적 연결의 밀도와 아이디어 흐름은 수직 구조와 전문화 혹은 유사한 사회적 구조에 의존하지 않고서도 인간의 상호 작용 패턴과 유동성 패턴 사이의 단순하고 생성적인 연결, 그리고 도시 경제의 특성을 보여 준다. 계속 설명하겠지만, 정말로 중요한 것은 계급과 시장이 아니라 아이디어 흐름이다.

도시 속
사회적 연결

두 사람이 관계를 맺을 가능성이 '간섭 기회intervening opportunity'의 횟수에 의해 결정된다는 아이디어를 통해, 우리는 도시 안에서 일어나는 사회적 연결들의 패턴을 쉽게 이해할 수 있다. 핵심적으로 말해, 이 이야기는 집단 내부에 관계를 맺을 수 있는 잠재적인 동료들이 풍부하게 존재할 때, 특정 인물과 관계를 맺을 가능성이 줄어든다는 간단한 사실을 의미한다. 이와 관련해 데이비드 리벤노웰David Liben-Nowell과 동료들은 한 일기 웹 사이트 구성원들을 살펴보고, 그들의 친구와 지인들이 얼마나 멀리 떨어져 살고 있는지 지도로 그려 보았다.[10] 그들은 친구 대부분이, 두 사람 사이에서 사회적 관계가 형성될 가능성이 두 사람의 거주 지역들 사이에서 함께 시간을 보낼 수 있는 사람들의 규모에 따라 완만하게 감소한다는 사실을 발견했다.[11] 이와 비슷한 현상을 지역 기반 소셜 네트워크 앱인 '고왈라Gowalla'에서도 확인할 수 있는데, 이 앱의 사용자들은 자신과 자신의 친구들이 '방문'하는 장소들을 기록한다. 연구원들은 그러한 기록 데이터를 통해 사용자들의 친구가 얼마나 자주 동일한 장소를 방문하는지는 물론,

얼마나 가까이에 거주하는지도 확인할 수 있다.[12] 이들의 연구 결과는 사람들이 어떻게 인근에 살고 있는 사람들과 더 많은 사회적 관계를 맺고, 멀리 떨어져 사는 사람들과 점점 더 소원해지는지 설명해 주는 간단한 수학 방정식을 보여 주었다.[13]

그러나 또한 우리는 사회적 연결에 관한 이러한 수학적 관계를 보다 흥미로운 다른 방식으로 활용할 수 있다. 예를 들어, HIV/AIDS와 같은 전염병의 확산은[14] 사회적 연결의 분산에 달려 있고, 전화 통화의 패턴 역시 (아주 다른 방식으로) 그러한 모습을 보여 준다.[15] 이러한 두 가지 서로 다른 현상, 즉 마을 인구의 함수로서의 전화 통화 패턴과 제곱마일당 인구 밀도의 함수로서의 HIV/AIDS 발병률을 웹사이트와 소셜 네트워크를 분석함으로써 측정하는 것처럼, 거리와 사회적 연결 규모 사이의 동일한 수학적 관계를 가지고도 예측할 수 있을까?

그림 15를 통해 우리는 사회적 연결에 대한 우리의 모형이 인구 밀도의 증가에 따라 이러한 사회적 패턴들이 어떻게 변화하는지 정확하게 설명해 주었음을 확인할 수 있다. 여기서 우리는 사회적 연결이 거리와 얼마나 밀접한 관련을 맺고 있는지 보여 주는 동일한 수학적 모형을 통해 실제 대면, 전화 혹은 소셜 네트워크의 상호 작용 전반에 걸쳐 일관적인 예측을 보여 준다는 사실을 이해할 수 있다. 아주 다양한 현상들, 그리고 거대한 범위를 포괄하는 정량적인 예측 모형은 그 밖의 다른 과학 분야에서는 좀처럼 발견하기 힘들고, 게다가 사회과학 분야에서는 거의 다루어지지 않았다.

도시에서 나타나는 이러한 사회적 연결 패턴들은 모두 더 작은 집단 내

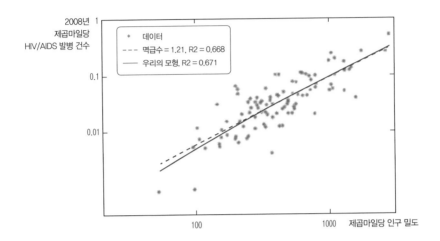

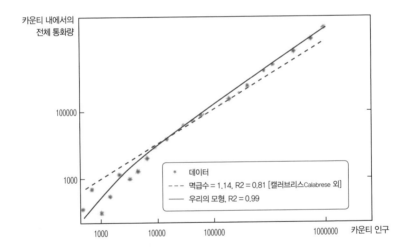

그림 15 사회적 연결의 밀도는 통화 패턴과 HIV/AIDS 발병률을 정확하게 예측해 준다.

부에서도 마찬가지로 나타난다. 기업들을 대상으로 실시한 우리의 사례들에서 살펴본 것처럼(5, 6장), 가까운 사회적 연결은 서로 더 많은 이야기를 나누게 하고, 아이디어를 행동으로 바꾸도록 자극함으로써 참여 수준을 높인다. 마찬가지로 멀리 떨어진 사회적 연결은 새로운 환경에서 새로운 사람들을 만나게 하고, 그 과정에서 새로운 아이디어를 수집함으로써 탐험 기능을 수행한다.

그러나 기업들의 경우, 일반적으로 업무 집단과 '다른 사람들' 사이에 뚜렷한 경계가 존재한다. 반면 우리 삶의 다른 나머지 영역의 경우, 일반적으로 다른 사람들과의 전반적인 상호 작용 패턴 속에서 나타나는 탐험과 참여 사이에는 뚜렷한 경계가 없다. 다시 말해, 모든 상호 작용을 들여다볼 때, 우리는 사람들이 다양한 사회적 역할들을 수행하고 있으며(가령 엄마, 동료, 시민, 재즈 애호가 등), 이러한 각각의 역할들을 기준으로 서로 다른 범주의 사람들과 관계를 맺고, 그렇기 때문에 참여와 탐험 기능은 개인의 소셜 네트워크 전체에 걸쳐 통합되어 있다는 사실을 깨닫게 된다.

도시를
탐험하기

앞에서 우리는 휴대 전화나 소셜 네트워크, 소시오메트릭 배지와 같은 빅데이터 원천으로부터 수집한 데이터를 활용한, 우리 연구 팀의 다양한 연구 사례를 살펴보았다. 인간의 행동을 관찰할 수 있는 빅데이터의 또 다른 렌즈에는 신용 카드 정보가 있다. 나는 미국 대형 금융기관의 협조를 얻어, 코코 크럼과 함께 그녀의 박사 학위 논문을 기반으로, 경제 활동을 하는 미국 성인 절반에 달하는 사람들의 신용 카드 거래 내역을 분석했다(카드 사용 내역 자체를 들여다본 것은 아니니 걱정 마시길).[16]

그림 16은 일반 성인들의 한 달 동안 쇼핑 패턴을 보여 준다. 큰 원은 한 사람이 자주 방문한 곳을, 작은 원은 별로 방문하지 않은 곳을 의미한다. 화살표는 한 사람이 한 달에 걸쳐 특정 장소에서 다른 장소로 이동한 패턴을 보여 준다. 『네이처』의 자매지인 『사이언티픽 리포츠』에서[17], 나와 코코는 알레잔드로 로렌트Alejandro Llorente, 매뉴얼 세브리언, 에스테반 모로Esteban Moro 와 함께 다양한 곳들을 방문한 횟수, 나머지 모두를 합해도 더 많이 방문한 곳, 두 번째로 자주 방문한 곳 등 사이에서 대단히 규칙적이고 보편

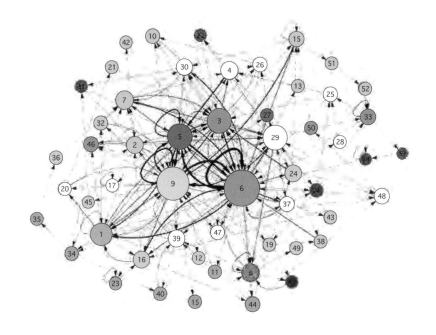

그림 16 전형적인 소비 패턴을 보여 주는 것으로, 원들의 크기는 특정 장소에 대한 방문 횟수를 나타낸다. 화살표는 장소들 간의 이동 횟수를 말한다. 방문 횟수는 거리가 멀어짐에 따라 점차 감소하는 경향을 보인다. 여러분이 자주 방문하는 매장이나 식당, 유흥업소들은 여러분의 친구들 역시 자주 방문하는 곳들이며, 그렇기 때문에 여러분과 여러분의 사회관계망에 새로운 아이디어를 가져다주지는 못한다. 여러분의 사회관계망에 속한 구성원들에게 새로운 경험을 가져다줄 가능성이 높은 곳들은 여러분이 드물게 방문하는 장소들이다.

적인 관계를 발견할 수 있다는 논문을 발표했다.[18] 그리고 당연하게도 드물게 방문한 장소들은 집과 멀리 떨어진 반면, 자주 방문한 장소들은 집과 가깝다는 사실도 확인할 수 있었다.

여기서 중요한 연구 성과는, 사람들이 공유하는 경험의 패들이 사회적 연결 패턴과 똑같은 보편적인 법칙을 따른다는 발견이었다. 사람들이 자주 들르는 매장과 식당, 유흥업소들은 그들의 친구들 역시 자주 방문하는 곳들이기 때문에 그들의 사회관계망 속으로 새로운 아이디어를 좀처럼 가져다주지 못한다. 사회관계망 속의 구성원들에게 새로운 경험을 풍부하게 가져다주는 장소는 그들이 드물게 방문하는 곳들이다. 일상적인 삶의 공통적인 경험들이 지역 공동체 내부에서 일어나는 참여를 통해 사회적 규범으로 자리 잡는 반면, 새로운 아이디어를 발굴하기 위한 탐험은 이와 다른 차원에서 소중한 가치를 얻게 해준다.

코코가 사람들의 구매 행동들을 분석하는 과정에서 확인한 다른 흥미로운 결과는, 그들의 탐험 패턴이 동물들이 먹이를 찾아 돌아다니는 패턴과 통계적으로 대단히 유사하다는 것이다. 물론 우리는 최고의 경제적 가치를 얻기 위해 끊임없이 익숙한 지역의 대안들을 비교하고, 동시에 새로운 원천과 경험을 발견하기 위한 탐험을 멈추지 않는다. 그러한 예외적인 쇼핑 행동은 동물들이 때로 새로운 지역으로 넘어가서 사냥을 하거나, 새로운 식량 원천을 탐색할 때와 대단히 흡사한 특성을 보인다.

쇼핑 여행을 떠나거나 휴일에 도시를 돌아다니는 등의 일탈 행동은 도시의 지역 생태계를 확장하는 과정에서 대단히 중요하다. 신용 카드 데이터를 기준으로 탐험 활동에서 평균보다 더 높은 속도를 보인 도시들을 관찰했을 때, 우리는 이 도시들이 그 이후 더 높아진 GDP, 더 증가한 인구, 더 다양해진 매장과 식당들을 보여 주었다는 사실을 확인할 수 있었다. 이러한 차원에서 우리는 기존 규범과 새로운 아이디어들 간의 상호 작용을 강화하는 풍부한 탐험이야말로 혁신적인 행동의 원동력이라는 사실을 쉽게 이해할 수 있다.

더 나아가 성장을 거듭하는 동안 도시들이 드러내는 기회의 생태계는 생물학적 생태계와 마찬가지로 복잡한 양상을 띠고 있다. 흥미롭게도 높은 경제적 발전을 보이는 도시들의 경우, 탐험의 목적지는 일반적으로 더욱 다양하고, 탐험 횟수는 일반 도시들에 비해 상대적으로 높게 나타난다. 탐험은 보다 창조적이고 부유하게 성장하는 도시들을 양산할 뿐만 아니라, 그 과정이 스스로 강화되는 것으로 보인다. 더욱 거대해진 탐험이 또 다른 탐험 활동 기회를 높여 주는 것이다.

호기심과 탐험

일반적인 경제 이론은 사람들이 점차 이웃들과 어울리고, 쇼핑을 위한 최고의 장소들을 발견하고, 생활 습관과 잘 들어맞는 구매 패턴을 습득하면서, 탐험 활동이 점차 줄어들 것이라고 예상한다. 그러나 현실은 그렇지 않다. 오히려 사람들의 탐험 활동은 그 끝이 열려 있으며, 새로운 매장과 서비스를 탐험하는 도전은 멈추지 않는다.

우리의 데이터는 사람들이 단순한 경제적 동물이라는 사실을 말해 준다. 인간은 더 좋은 거래를 발견하기 위해 탐험을 하지만, 동시에 호기심을 해결하기 위해서도 탐험한다. 인간의 이러한 성향은 사회의 가장 부유한 계층에서 가장 두드러지게 나타난다. 부자들의 경우, 그들이 새로운 매장과 식당을 탐험하는 속도는 구매하는 물건과 구매하는 장소를 바꾸는 속도와 상관없다. 부자들이 구매 패턴을 바꾸는 속도는 대부분의 사람들과 크게 차이가 없지만, 탐험 속도는 대단히 높은 편이다. 이 말은 곧 자원이 풍부할 때, 사람들의 탐험 활동을 자극하는 원동력은 값싸고 품질 좋은 제품을 발견하려는 욕구가 아니라, 호기심과 사회적 동기라는 말이다.

실제로 우리 연구 팀이 '친구와 가족' 연구에서 젊은 가구들로 구성된 공동체를 대상으로 부와 사회적 탐험의 관계를 분석했을 때, 이와 똑같은 패턴을 확인할 수 있었다.[19] 휴대 전화와 신용 카드 내역으로부터 수집한 데이터를 바탕으로(부록 1 참조), 우리는 부유한 사람들과 상대적으로 가난한 사람들 모두 비슷한 규모의 직접 대면 및 전화 통화 방식으로 사회적 교류를 경험하고 있다는 사실을 확인했다. 그러나 놀랍게도 탐험 활동의 빈도는 가난한 사람들보다 부자가 일관적으로 훨씬 더 높게 나타났다. 두 집단의 차이는 이런 것이었다. 돈이 많은 사람들은 친숙한 사람들과의 접촉(참여)과 잘 모르는 사람들과의 접촉(탐험) 사이에서, 상호 관계를 맺는 사람들 속에서 다양성을 강화하는 쪽에 균형점을 두었다. 이 말은 곧 부자들이 여유 자금을 가지고 더 많은 탐험을 시도한다는 뜻이다.

여기서 중요한 사실은, 과거엔 잘 살았지만 현재는 가난해진 가구들이 더 낮은 수준의 탐험을 보여 준다는 것이다. 즉 두 집단의 차이가 부자들이 가난한 사람들과 다른 탐험의 전통을 가지고 있기 때문에 발생하는 것은 아니라는 말이다. 그 대신, 가족의 전통은 그들이 보유하고 있는 가처분 소득에 달려 있다. 실제로 가처분 소득의 규모와 탐험 수준 사이에는 뚜렷한 연관성이 존재한다. 우리는 가처분 소득이 증가할 때마다, 사교 활동과 방문 매장의 다양성에서 소폭 상승한 것을 확인할 수 있다. 11장에서는 이러한 현상을 바탕으로 지역별 부의 수준에 관한 세부적인 지도를 그려 볼 것이다. 그게 가능한 것은, 탐험 패턴을 통해 사람들의 가처분 소득 수준을 정확하게 예측할 수 있기 때문이다.

'약한 연결의 위력' 모형을 진실이라고 받아들일 때(다시 말해, 더욱 풍부한 사회적 관계는 곧 더욱 풍부한 부를 의미한다는 생각을 받아들일 때), 우리가 예상하는 것과 달리, 단기적 차원에서 탐험이 곧 더 높은 수준의 부를 의미하는 것은 아니다. 대신 이렇게 거꾸로 말해야 할 것이다. 부는 사람들이 탐험에 더 많이 투자하도록 자극한다. 그것은 아마도 높은 경제적 지위가 사람들로 하여금 새로운 사회적 기회들을 탐험하는 과정에서 보다 자신 있고, 안전함을 느끼도록 만들어 주기 때문일 것이다. 탐험을 자극하는 것은 단지 부에 대한 욕망이 아니라, 사회적 교류와 새로움을 경험하고자 하는 인간의 욕망이다.[20]

더 많은 탐험이 이루어지는 도시들이 경제적인 차원에서 더 높은 성장을 보이는 경향이 있다는 사실은, 새로운 경험들을 수집하고 새로운 사람들을 만나는 활동이 보상을 가져다준다는 것을 말한다. 그러나 이를 위해서는 시간이 필요하다. 탐험은 도시 전반에 혜택을 가져다주며, 도시 안에서 이루어지는 아이디어 흐름의 증가는 비록 간접적이라고 할지라도 개인과 가족 모두에게 도움을 준다.

도시 속
아이디어 흐름

도시 내부에 존재하는 탐험과 사회적 연결의 네트워크에 관해 많은 것을 이해했다면, 이제 이 질문을 던질 시간이 된 것이다. 아이디어가 얼마나 멀리 여행하는지, 그리고 시민들이 얼마나 빨리 새로운 아이디어에 접근하는지를 기준으로 도시의 생산성을 예측할 수 있을까? 이 질문에 대답하기 위해, 우리는 다양한 도시들을 대상으로 아이디어 흐름 속도를 측정하고, 그 수치를 GDP나 특허권 수와 같은 성과 지표들과 비교해 보아야 할 것이다. 이와 관련된 수학은 부록 4에서 논의한다.

복잡한 계산 과정을 수행했을 때, 우리는 그림 17이 보여 주는 것처럼 사회관계망을 기반으로 이루어지는 아이디어 흐름이 제곱마일당 GDP 등의 통계 수치들을 놀랍도록 정확하게 예측해 주었다는 사실을 확인할 수 있었다. 바로 그 똑같은 모형을 가지고, 우리는 특허권, 연구 개발에 대한 투자, 범죄 비율 및 도시 생활의 다양한 측면을 마찬가지로 정확하게 예측할 수 있다. 전문화나 계층과 같은 부수적인 사회적 구조를 고려하지 않고, 아이디어 흐름이라고 하는 한 가지 요인만으로도 우리는 도시 생활

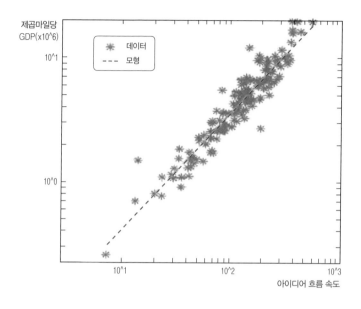

그림 17 사회적 연결에 따른 아이디어 흐름의 모형은 제곱마일당 GDP를 정확하게 예측해 준다.

에 관한 다양한 주요 특성들을 설명할 수 있다.

아이디어 흐름 속도는 본질적으로 하나의 도시에서 살아가는 주민들 사이의 접근 및 상호 작용의 편의성에 따른 결과다. 물론 많은 요소가 아이디어 흐름에 영향을 준다. 가령 인구 밀도가 아주 높은 중국 베이징의 경우를 생각해 보자. 극심한 교통 체증으로 인해 베이징은 사실상 제한적인 교통 시스템에 따라 많은 작은 도시들로 나누어져 있다. 이러한 이유로 베이징은 인구 밀도는 더 낮지만 대중교통이 더 발달된 도시들만큼 높은 아이디어 흐름을 보여 주지 못한다.

아이디어 흐름이 교통 시스템의 효율성에 달려 있다는 점에서, 우리는 아이디어 흐름의 방정식을 거꾸로 적용할 수 있다. 즉 GDP를 가지고 평균적인 통근 거리를 예측할 수 있을 것이다. 가령 미국은 평균 통근 거리가 약 48킬로미터인 반면, 유럽 연합 대도시들은 약 29킬로미터로 나타났다.[21] 이 두 수치는 정부의 공식적인 통계 자료에 대단히 가까우며, 모든 도시, 도시의 인구 밀도, 그리고 측정된 GDP를 바탕으로 한 평균적인 사회적 연결 구조만을 가지고 도출했다는 점에서 대단히 놀랍다. 그리고 개발 도상국들의 평균 출퇴근 거리는 이보다 훨씬 짧으며, 이러한 측면은 이들 국가들이 교통 시스템을 개선함으로써 생산성과 창조적 성과를 크게 높일 수 있다는 사실을 의미하는 것이기도 하다.[22]

더 나은
도시 설계

도시 개발에 관한 기존의 전통적 이론들은 시장과 계층의 개념에 주목하는데, 이 개념은 곧 도시 개발의 발생적 모형들로서 산업에서의 전문화 혹은 고도로 훈련받은 새로운 범주의 근로자를 의미하는 것이다. 반면에 사회물리학적 접근 방식은 이와 같은 특수한 사회 구조적 개념을 필요로 하지 않고, 현실적이고 경험 기반적인 모형을 제시한다. 그 대신 사회물리학은 사회적 연결의 분산, 이러한 연결을 통해 이루어지는 아이디어 흐름, 그리고 동료 집단 내부에서 이루어지는 참여를 통해 새로운 아이디어를 새로운 행동과 새로운 사회적 규범으로 전환하는 과정과 같은 인간의 사회적 상호 작용에 관한 구체적인 특성에 주목한다.

앞서 우리는 아이디어 흐름을 개선함으로써 기업의 생산성을 높이는 방법에 대해 살펴보았다. 이러한 접근 방식은 또한 더 좋은 도시를 설계하는 방법에 관해서도 영감을 던져 준다. 예를 들어, 시민 사회의 사회적 규범을 그대로 유지하면서, 비즈니스와 예술 분야에서 혁신을 자극할 수 있는 방안을 모색한다고 해보자. 여기서 사회물리학은 우리가 단지 도시의 인구 밀도를 높이거나, 교통 시스템만을 개선하는 접근 방식을 채택했을 때, 창조적 성과와 동시에 범죄율도 높아질 것이라는 사실을 말해 준다.[23] 반면 전통적인 마을에서 특징적으로 나타나는 높은 수준의 사회적 참여 (그래서 범죄율을 더욱 낮출 수 있는), 세련된 비즈니스와 문화에서 두드러지게 나타나는 높은 수준의 탐험(그래서 창조적 성과를 더 높일 수 있는)이라는 두 가지 요소를 동시에 확보할 수 있다면?

주거 지역을 중심으로 참여 수준을 높일 수 있다면, 이는 곧 더욱 강력한 행동 규범으로 이어질 것이다. 하지만 모든 시민의 탐험 수준을 높일 필요는 없다. 그렇게 된다면, 혁신의 성장과 더불어 범죄율의 증가를 초래할 것이기 때문이다.

도시 구역제city zoning가 대부분 실패한 것은, 도시들을 그 기능에 따라 구분할 때, 사회적 연결에서 구조적으로 부정적인 변화가 나타났기 때문이다. 지역 내부의 참여 수준은 낮아지고(가령 특정 지역이 모두 아파트들로만 이루어진 경우, 주민들은 외출을 잘 하지 않고 교류도 별로 없다), 탐험은 증가할 것이며(무슨 일을 하기 위해서는 다른 지역으로 나가야 한다), 이로 인해 지역의 사회적 구조는 따로따로 분리될 수밖에 없다. 우리가 바라는 것은 이와 정반대 모습이다.

우리가 꿈꾸는 곳은 사람들의 왕래가 잦고, 친구의 친구들이 많이 사는 자율적인 마을이다. 저명한 도시 전문가인 제인 제이컵스Jane Jacobs가 말하길, 건강한 도시란 완전하면서도 서로 이어진 그러한 마을들로 이루어진 공간이다.[24]

우리는 최적의 도시 규모도 산출할 수 있다. 동료 집단 내부에서 모든 구성원이 친구의 친구 사이로 이어져 있을 때, 사회물리학 방정식은 대략 10만 명의 인구에 이르기까지 최대 참여 수준을 유지할 수 있다는 사실을 말해 준다.[25] 이 말은 곧 모든 사람이 도심과 매장, 학교, 병원으로부터 걸어서 갈 수 있는 지역에서 살아가는 중소 규모의 도시가 최고 해결책임을 의미한다.[26]

하지만 창조적 성과를 높이기 위해서는 비즈니스 및 문화 분야에서 탐험 기회를 극대화해야 한다. 이 목표는 가능한 한 많은 사람을 대단히 효율적이고 값싼 대중교통을 기반으로 하나의 중심 도시 속으로 집중시키는 작업을 의미한다. 이상적 차원에서, 거대 다국적 기업들의 본사가 위치한 중요한 경제 센터로, 그리고 공연 행사와 대형 박물관들이 위치한 문화 센터 속으로 사람들을 즉각 이동시킬 수 있는, 영화 〈스타트렉Star Trek〉에나 나올 법한 운송 시스템을 모든 작은 마을에 구축해야 한다. 그리고 그 목표는 마을 내부의 참여 수준을 최대한 끌어 올리면서, 동시에 경제적 · 문화적 중심 지역으로의 탐험 수준을 극대화하는 것이다.

나중에 밝혀진 것처럼, 이러한 설계 방식은 인구 폭발 문제에 직면했던 취리히가 채택한 정책과 유사하다. 그 핵심은 놀랍게도 광범위한 지역을 아우르는, 신속하고도 저렴한 요금의 경전철 시스템을 구축함으로써 시민들이 취리히 도심으로 빠르고 편리하게 이동할 수 있도록 만들고, 이를 통해 시민들이 비교적 집값이 싼 소규모 외곽 지역들로 흩어져 살아가도록 유도하는 것이었다. 이후 대부분은 아니지만, 그래도 많은 시민이 집에서 열차 정류장까지 걸어서 갈 수 있게 되었고, 15분 정도 열차를 탄 뒤 걸어서 직장이나 문화 행사가 열리는 곳으로 이동할 수 있게 되었다.

오늘날 취리히 인구의 60퍼센트가 이 대중교통 시스템을 이용하고 있다. 그 결과, 도심 지역 내에서 비즈니스 및 문화 행사와 관련해 탐험 및 아이디어 흐름이 극대화되었으며, 도시 주변의 마을들 내부에서도 참여 수준이 크게 높아졌다. 여기서 중요한 사실은, 대부분의 시민이 여전히 마을 안에서 일하면서도, 동시에 도심에서 열리는 문화 행사에 쉽게 참석하고, 이로 인해 도시와 마을에서의 삶이 하나로 통합되었다는 것이다.

이를 바탕으로 취리히의 도심 지역은 업무 및 문화적 환경의 번영을 위해 필요한 새로운 아이디어의 활발한 흐름을 확보하고, 도시 주변의 마을들은 보다 건강한 상태를 유지하는 데 필요한 강력한 사회적 참여에 나서게 되었다. 그 덕분에 취리히는 스위스의 안전과 전통을 그대로 지키면서도 세계 경제의 중심지로서 위상을 강화하고 있으며, 세계적인 문화 중심지로 성장하고 있다.

역사적으로 이러한 패턴은 다양한 세계 최고의 도시들 속에서도 재현되고 있다. 파리, 런던, 뉴욕, 보스턴 모두 지하철과 경전철 시스템을 바탕으로 중소 마을들을 연결함으로써 시민들은 충분히 걸어서 돌아다닐 수 있게 되었다. 물론 이러한 지역 시스템이 와해되거나 소멸된 사례들도 있지만, 그래도 이 시스템은 여전히 이들 도시를 뒷받침하는 강력한 원동력으로 남아 있다.

도시 설계자들 역시 최근 활력을 잃어 가는 도시들을 혁신시키기 위해 이러한 형태의 접근 방식을 모색하고 있다. 취리히의 사례처럼, 사회물리학적 모형들은 주요한 내적 핵심을 구축하는 데 집중하는 것이 가장 바람직한 접근 방식이며, 이러한 노력이 높은 생산성과 창조적 성과로 이어질 것임을 말해 준다. 디트로이트 설계자들 역시 이러한 접근 방식을 바탕으로, 최근 힘을 잃어 가는 광범위한 지역 안에 작은 규모의 최신식 도시를 새롭게 건설하기 위해 노력하고 있다.

데이터
주도적 도시

이 책 전반에 걸쳐 논의하고 있듯이, 사회관계망 구조는 정보와 아이디어에 대한 접근에 중대한 영향을 미친다.[27] 사회적 연결의 밀도는 개인 간의 아이디어 흐름을 뒷받침하는 핵심적인 결정 요인이며, 이는 다시 새로운 행동의 확산을 결정짓는다. 강력한 사회적 연결의 밀도는 활발한 아이디어의 흐름을 만들어 내고, 이는 다시 높은 수준의 생산성과 혁신으로 이어진다.

아이디어가 확산되고, 새로운 행동으로 전환되는 과정에 관한 수학은 다양한 특성과 지역에 걸쳐 경험적으로 목격되는 도시들의 성장을 대단히 정확하게 설명해 준다. GDP, 연구 개발, 범죄율이 도시의 인구 증가와 더불어 증가하는지 확인하기 위해, 수직적인 사회 질서나 전문화 혹은 다른 특별한 사회적 구조에 관한 가정에 집착할 필요는 없다.

사회물리학은 도시를 설계하기 위한 기반이 연구 단지나 대학과 같은 업무 환경을 설계하기 위한 기반과 다르지 않다고 말해 준다. 즉 우리는 탐구와 참여 수준을 모두 끌어 올릴 수 있는 환경을 원한다. 오늘날의 디지털 기술 덕분에 원거리 상호 작용과 협력이 대단히 쉽고 편리하게 바뀌었지만, 그 기술은 직접 대면 방식의 상호 관계만큼 새로운 아이디어를 확산시키는 과정에서 효과적이지 않은 것으로 드러나고 있다.

결론적으로 말해, 사람들이 물리적으로 가까운 곳에 위치하도록 연결하는 작업은 아이디어 흐름의 속도를 높이기 위해 대단히 중요하다.[28] 사람들이 서로 쉽게 직접 대면할 수 있는 환경을 조성함으로써, 탐험과 참여수준, 그리고 새로운 아이디어를 행동으로 전환하는 속도를 높일 수 있다. 이러한 점에서 지리적 근접성은 생산성과 창조적 성과에서 여전히 중요한 과제로 남아 있다.

그래도 디지털 기술의 발달로 멀리 떨어져 있는 집단들을 서로 연결할 수 있을 것이라고 기대해 봄 직하다. 고해상도 디지털 커뮤니케이션 기술의 등장으로 이미 상당한 정도로 직접 대면 방식의 상호 관계를 대체해 나가고 있으며, 언젠가는 직접 대면 방식의 상호 작용만큼 효과적인 의사소통 채널로 자리 잡는 날이 올 수도 있을 것이다(더 읽을거리인 247쪽의 '디지털 네트워크 vs. 직접 대면' 참조). 하지만 아쉽게도 오늘날 편리한 디지털 커뮤니케이션 기술은 똑같은 소문들이 반복적으로 순환하고, 동일한 아이디어들이 계속해서 돌아다니는 반향실 효과를 보다 용이하게 만들어 주는 기능을 하고 있다. 여기서 아이디어의 기원을 추적할 수 있다면, 우리는 반향실의 순환 고리를 끊을 수 있을 것이다. 다음 장에서 좀 더 살펴보겠지만, 이러한 노력은 개인의 사생활을 보호하기 위해서도 중요한 작업이다.

다음
단계

지난 두 장에서 우리는 빅데이터와 사회물리학을 하나로 결합해 데이터 주도적인 도시를 건설하는 방법에 대해 살펴보았다. 사회물리학의 개념들을 활용함으로써, 우리는 도시를 보다 생산적이고 창조적인 공간으로 만들어 나가면서, 동시에 범죄와 에너지 낭비, 질병과 같은 부정적인 요소들을 최소화할 수 있다. 도시의 구조와 관련해 사회물리학적 관점이 제시하는 방안들은 저명한 도시 전문가 제인 제이컵스의 조언과도 비슷한 면이 있지만, 사회물리학은 여기에 정량적이고 수학적인 방식까지 추가한다. 도시를 하나의 아이디어 엔진으로 이해할 때, 우리는 사회물리학의 방정식을 활용함으로써 도시들이 더 높은 성과를 이루게 할 수 있다.

그렇다면 어떻게 모든 사회가 이와 같은 동일한 목표를 성취하도록 만들 수 있을까? 이 책의 마지막 부분에서는, 사회 전체의 이익을 위해 새로운 디지털 신경 시스템을 활용하는 방안에 대해, 사생활 보호와 공공의 이익 간 긴장 관계를 해소하는 방법에 대해, 마지막으로 안전하고 공정하며 안정적인 사회를 설계하기 위한 원칙에 대해 논의하고자 한다.

디지털 네트워크 vs.
직접 대면

사람들은 항상 직접 대면 방식의 상호 작용과 비교해 소셜 네트워크나 휴대 전화 같은 디지털 미디어의 역할에 대해 묻는다. 디지털 미디어에 대한 관심이 높아지는 진정한 이유는, 저렴한 비용과 확장성을 바탕으로 조직을 관리하고, 고객들에게 영향력을 행사하며, 시민들에게 다가서기 위한 효과적인 방식에 대한 기대를 던져 주기 때문이다. 물론 이 질문에 대한 대답은 간단하지 않다. 여기서 우리는 신뢰와 사회적 학습이라고 하는 핵심 요소에 주목할 필요가 있다.

디지털 미디어는 직접 대면 상호 작용은 물론 사회적 신호로서의 기능을 수행하지 못하며, 서로 속마음을 읽기 어렵다는 점에서 행동 변화를 이끌어 내는 데 필수 요소인 신뢰를 형성하는 데 도움을 주지 못한다. 집단에서 이탈해 개인적으로 이익을 취하는 방식이 아니라, 집단 속에서 사람들과 협력하고 서로 신뢰함으로써 개인의 잠재적 이익을 실현하는 소위 '신뢰 실험trust experiment' 사례에서, 우리는 디지털 미디어를 통해 상호 작용하는 사람들 대부분이 혼자서 따로 움직인다는 사실을 확인할 수 있었다.[29]

마찬가지로 의사소통 통로와 감정 상태를 분석했을 때, 우리는 사람들이 아주 기분 좋거나, 기분 나쁜 날에는 이메일이나 문자 메시지, 소셜 미디어 사용을 접어 두고, 대신 직접 대면 방식의 상호 작용이나 전화 통화로 눈을 돌린다는 사실도 발견했다.[30] 위로가 필요하거나 아주 행복한 순간에는 보다 풍요로운 방식의 상호 작용 통로를 원하는 것이다.

게다가 대부분의 디지털 기반 소셜 미디어는 산발적이고, 비동시적이며, 간헐적으로 이루어진다. 4장의 디지털 참여 부분에서 살펴본 것처럼, 이 말은 신뢰하는 동료들의 행동에 반복적으로 노출되기가 쉽지 않다는 뜻이다. 이러한 차원에서 대부분의 디지털 소셜 미디어들은 새로운 습관을 확산시키는 것보다는 사실들(그리고 소문들)을 퍼뜨리는 데 더욱 적합하다고 하겠다. 그런데 여기서 다소 복잡한 문제는, 일단 사회적 규범이 자리 잡았다면(아마도 직접 대면 방식의 상호 작용으로 학습이 이루어지면서), 디지털 장비도 충분한 효과를 발휘할 수 있다는 것이다. 예를 들어, 대부분의 디지털 상호 작용을 가능케 하는 것은 현실 속의 상호 작용이지만, 일단 디지털 상호 작용이 자리 잡고 나면 지리적으로 멀리 떨어져 있더라도 사람들은 신뢰 관계를 강화해 나간다.

데이터 주도적 사회

DATA-DRIVEN SOCIETY

데이터가 주도하는 **사회**

데이터가 주도하는
미래는 어떤 모습일까?

사람들이 흘린 디지털 빵가루를 가지고 그들이 누구인지, 그리고 무엇을 원하는지에 관한 실마리를 얻을 수 있다는 사실을 살펴보았다. 이러한 기술은 공공의 이익과 민간 기업들의 수익 차원에서 개인 정보의 가치를 크게 높여 준다. 유럽 연합의 소비자보호집행위원인 메글레나 쿠네바Meglena Kuneva는 최근 이렇게 언급했다. "개인 정보는 인터넷의 새로운 석유이자 디지털 세상의 새로운 통화다."[1] 그러나 모든 이의 구체적인 상호 작용을 들여다볼 수 있는 새로운 기술은 좋은 방향으로 또는 나쁜 방향으로 활용될 수 있다. 그렇기 때문에 개인의 사적인 정보와 자유를 보호하는 노력은 미래 사회가 성공을 거두기 위해 대단히 중요한 요소인 것이다.

성공적인 데이터 주도적 사회는 사람들의 개인 정보가 악용되지 않도록 안전하게 보호해야 하며, 정부가 세부적인 데이터에 대한 접근을 통해 얻은 권력을 함부로 휘두르지 않도록 제어해야 한다. 데이터 주도적 사회의 긍정적인 이상향을 실현하기 위해, 우리에겐 데이터 뉴딜이 필요하다. 다시 말해, 시민들의 정보를 보호하면서, 동시에 공공의 이익에 반드시 필요한 데이터에 쉽게 접근할 수 있는 실질적인 통로가 마련되어야 한다.[2] 우리는 프라이버시를 지키기 위해 보다 강력하고 발전된 도구를 개발해야 하고, 개인 정보를 활용함으로써 더 나은 사회를 구축하며 일반 시민들의 권리를 보호해야 한다는 합의를 이끌어 내야 한다.

데이터 뉴딜의 구축을 촉구하기 위한 중요한 근거는, 우리의 데이터가 공중 보건 및 교통, 정부 등의 시스템 개선에 소중한 정보를 제공하기 때문에, 그 데이터들을 함께 공유했을 때 가치가 더욱 높아진다는 사실에 있다. 예를 들어, 우리의 행동 방식과 우리가 방문하는 장소들에 관한 데이터를 활용함으로써 전염병의 확산을 억제할 수 있다(8장 참조). 이와 관련해 우리는 디지털 빵가루를 활용해 개인 간의 감염 확산을 개별적 차원에서 추적하는 방법을 살펴본 바 있다. 이러한 이해를 바탕으로, 우리는 확산을 예방할 수 있다. 이 사례에서처럼 개인 정보를 공유함으로써, 우리는 전염성 질환으로부터 위협이 크게 줄어든 사회를 건설할 수 있다.

마찬가지로 지구 온난화를 걱정하는 사람들의 경우, 이러한 데이터들을 공유하고 통합함으로써 유동성의 패턴이 생산성과 어떤 관련이 있는지 당장 보여 줄 수 있다(8, 9장 참조). 그리고 보다 생산적이고 효율적으로 에너지를 활용하는 도시를 설계하기 위한 기술을 가져다준다. 그러나 이러한 목표를 달성하기 위해, 그리고 세상을 더욱 푸르게 만들기 위해, 우리는 사람들이 어떻게 움직이는지 이해해야 한다. 그 이해는 비록 익명적·통합적 형태라고 하더라도 자신의 데이터를 기꺼이 공유하고자 하는 많은 사람의 의지에 달려 있다.

안타깝게도 오늘날 대부분의 개인 정보는 기업들 내부에 축적되어 있어 활용이 거의 불가능한 상태다. 민간 기업들은 지역, 금융 거래, 통화 및 인터넷 커뮤니케이션 방식에 따라 어마어마한 양의 개인 정보를 수집하고 있다. 그러나 이러한 데이터는 민간 기업이라고 하는 배타적인 영역에 머물러 있으면 안 된다. 그러한 상태에서는 공공의 이익에 아무런 기여도 할 수 없으므로 민간 기업들은 개인 정보 및 데이터 통제를 위한 데이터 뉴딜의 틀 안에서 핵심적인 일원이 되어야 한다. 마찬가지로 이러한 데이터들은 정부의 배타적 영역 속으로 들어가서도 안 된다. 그렇게 하면 투명성이라는 공공의 이익에 절대 봉사할 수 없으며, 우리 모두는 그러한 힘을 가지고 있는 정부를 항상 의심스러운 눈길로 바라보아야 한다.

개선된 보건 시스템과 에너지 효율적 교통 시스템 등의 실제 사례들이 데이터 뉴딜의 필요성을 드러내기는 하지만, 효율적이고 안전한 데이터 공유를 통해 우리 사회가 얻을 수 있는 또 다른 거대한 공공의 이익이 존재한다. 5장과 9장에서 살펴본 것처럼, 더욱 강력한 아이디어 흐름은 더 높은 생산성과 창조적 성과로 이어진다. 장기적인 차원에서 삶의 기준을 높이고, 삶을 의미 있게 만드는 것은 우리 사회의 창조적 성과다. 이러한 점에서 데이터 뉴딜의 핵심 목표는 아이디어 흐름을 개선하는 것이 되어야 한다.

아이디어 흐름을 개선하기 위한 한 가지 방법은 고용이나 범죄율과 같은 요소들을 주제로 무료로 사용할 수 있는 지도 및 통계 자료 등의 공공 데이터베이스를 구축하는 것이다. 활발한 데이터 공유와 익명화 기술 anonymization technology을 바탕으로, 우리는 시민들의 프라이버시와 기업들의 경쟁력을 보호하고, 여기에 정부에 대한 감시 기능까지 수행할 수 있는 공공 데이터베이스를 구축할 수 있다.[3] 11장 마지막 부분에서 나는 세계 최초의 대규모 공동 데이터베이스에 대해 살펴보면서, 이와 같은 정보 원천을 활용함으로써 더 나은 사회를 건설하기 위한 방안들에 대해 이야기한다.

물론 그렇다고 모든 개인 정보를 공공 데이터베이스 속으로 끌어들여야 하는 것은 아니다. 우리는 여전히 엄청나게 많은 개인 정보가 사적 영역에 그대로 머물러 있기를 바란다. 개인의 정보와 경험들을 함께 공유하기 위해, 개인이 안전하고 편리하게 서로서로, 그리고 기업 및 정부와 더불어 그들의 개인 정보를 공유할 수 있게 해주는 기술과 규제가 필요하다. 결론적으로 말해, 데이터 뉴딜의 핵심은 규제 기준과 경제적 동기를 제시함으로써, 개인 정보 소유자들이 데이터를 적극 공유하도록 유도하고, 동시에 개인과 사회 전반의 이익에 기여하도록 만드는 일이다. 우리는 기업과 정부 분야에서뿐만 아니라, 개인 간에 일어나는 아이디어 흐름 또한 계속해서 강화해 나가야 한다.

데이터
뉴딜

토지와 상품 시장에서 유동성을 강화하기 위한 첫 단계가 사람들이 안전하게 사고팔 수 있도록 소유권을 보장하는 것이라는 사실은 오래전부터 널리 알려져 있다.[4] 이와 마찬가지로 아이디어 흐름('아이디어 유동성idea liquidity')을 강화하기 위한 첫 단계는 그 소유권을 정의하는 일이다.[5] 이에 대해 정치적으로 가능한 유일한 방안은 시민 개개인에게 개인 정보에 관한 권리를 부여하는 것이며, 실제로 유럽 연합에서는 그 권리가 헌법에 직접적인 근거를 두고 있다. 이제 우리는 개인 정보를, 서비스를 받는 대가로 기업과 정부에 제공하는 소중한 개인적 자산으로 이해해야 한다.[6]

자기의 개인 정보를 소유한다는 것이 무슨 의미인지 이해할 수 있는 가장 간단한 접근 방식은 소유, 사용, 처분에 관한 영국 관습법상의 소유권과 비교해 보는 것이다.

우리는 자신에 관한 데이터를 소유할 권리를 가지고 있다 어떤 주체가 그 데이터를 수집했는지와 무관하게, 그 데이터는 우리에게 속한 것이며, 우리는 언제든 데이터에 접근할 수 있다. 그러므로 데이터를 수집한 주체는 고객들을 대신해 데이터를 관리하는 은행과 흡사한 기능을 한다.

우리는 자신의 데이터 사용에 관한 완전한 통제권을 갖고 있다 데이터를 사용하기 위해서는 반드시 사전 동의가 필요하며, 평범한 언어로 분명하게 설명되어야 한다. 만족스러운 서비스를 제공하지 못하는 은행의 계좌를 없애 버리는 것처럼, 데이터를 사용하는 기업의 방식에 불만이 있을 경우, 우리는 그 데이터를 삭제할 수 있다.

우리는 자신의 데이터를 처분하거나 공유할 권리를 갖고 있다 우리에게는 자신에 관한 데이터를 삭제하거나, 적절한 방식으로 활용할 수 있는 선택권이 주어져 있다.

프라이버시에 관한 개인의 권리는 일상적인 업무를 처리하기 위해 계좌 내역이나 요금 정보 등의 특정한 데이터를 활용해야 하는 기업과 정부의 요구와 균형을 이루어야 한다. 이러한 점에서 우리는 데이터 뉴딜을 기반으로 위치나 유사한 상황 등 임시로 수집한 데이터의 복사본은 물론, 업무 처리에 반드시 필요한 데이터 복사본을 소유, 관리, 처분할 권리를 개인에게 부여해야 한다. 이와 같은 형태의 소유권이 오늘날 법률에서 정의하는 소유권과 정확하게 동일한 개념은 아니지만, 그 실질적인 효과는 가령 토지 소유권을 둘러싼 논쟁과 차별화되고, 더욱 편리한 방식으로 문제를 해결하는 형태로 나타날 수 있다.

2007년에 나는 데이터 뉴딜이라고 하는 개념을 세계경제포럼에서 처음 소개했다. 그 후 이 개념은 다양한 논의들에 걸쳐 다루어졌으며, 결국 미국의 2012년 고객정보 권리장전Consumer Data Bill of Rights의 발의에 중요한 기여를 했다. 이는 유럽 연합의 개인 정보 보호Personal Data Protection 지침 발표와 보조를 맞춘 것이다. 이러한 새로운 규제의 목적은 현재의 보관 창고에 갇힌 데이터를 해방시킬 수 있는 종합적인 기술을 실행에 옮기기 위한 것으로, 이를 통해 공공의 이익에 기여하면서, 동시에 개인들에게는 그들 자신에 관한 데이터를 관리할 수 있는 강화된 권리를 보장해 주는 것이다. 물론 이러한 작업은 아직 진행 중이며, 개인 정보의 통제권을 둘러싼 논쟁은 여전히 계속되고 있다.

시스템
실행

우리는 어떻게 데이터 뉴딜을 실행에 옮길 수 있을까? 소송의 위협만으로는 충분하지 않다. 정보를 부당하게 사용하는 과정을 눈으로 직접 확인하기 힘든 상황에서, 이것은 현실적인 방안이 아니다. 게다가 누가 계속해서 법적인 문제를 벌이고 싶어 하겠는가?

　가장 현실적인 대답은 신뢰 네트워크trust network라고 하는 데이터 공유 시스템일 것이다. 신뢰 네트워크란 모든 개인 정보에 대해 사용자의 승인을 요청하는 컴퓨터 네트워크와 그 데이터를 가지고 할 수 있는 것과 할 수 없는 것을 분명히 구분하는 법률적 계약의 조합을 의미한다. 그 시스템 속에서 모든 개인 정보들은 사용이 가능하고, 가능하지 않은 범위를 구체적으로 명시하는 꼬리표를 달고 있다. 이 꼬리표는 승인 범위를 넘어서고, 데이터 사용에 대한 통제 권한을 넘겨주는 행위에 대한 처벌을 명시하고 있는, 모든 구성원들 사이에서 이루어진 법률적 계약의 개념들과 완전하게 조화를 이룬다. 데이터의 출처를 밝히는 것은 물론, 사용자의 승인을 얻도록 함으로써, 데이터 사용을 자동적으로 감시하고, 개인 사용자들이 그들의 승인을 변경하거나 데이터를 삭제할 수 있도록 만들 수 있다.

이러한 기술 덕분에 은행 간의 송금 시스템은 세상에서 가장 안전한 시스템으로 자리 잡았지만, 최근까지도 그 기술은 거대 조직들만을 위한 것이었다. 이와 비슷한 수준으로 개인 정보를 안전하게 관리하는 기술을 개인들에게 제공하기 위해, MIT의 우리 연구 팀은 데이터 기반 설계 연구소 Institute for Data Driven Design (나와 존 클립핑거John Clippinger가 공동으로 설립한)와 손잡고,[7] 이러한 시스템의 소비자 버전이라고 할 수 있는 오픈PDS(open Personal Data Store, 열린 개인 정보 창고) 구축에 도움을 주고 있으며, 현재 다양한 산업 및 정부 기관들과 더불어 이 시스템을 시범 운영하고 있다.[8] 머지않아 개인 정보를 공유하는 일은 은행 간 송금 업무만큼이나 안전하고 보안이 철저한 형태로 발전할 것이다. 이 시스템에 관한 자세한 정보는 부록 2를 참조하기 바란다.

와일드
와일드
웹

지금까지 나는 많은 사람이 개인 정보의 범위와 속성에 대해 익숙하지 않다는 점에서, 개인 정보에 관한 새로운 센서 기반의 원천에 집중했다. 물론 온라인 세상에는 이미 어마어마하게 많은 개인 정보가 존재한다. 이들 대부분은 사용자들이 소셜 네트워크 사이트나 블로그 혹은 온라인 게시판에 직접 게재한 글, 온라인 매장 및 조직들의 거래와 등록 데이터, 인터넷 공간을 돌아다니면서 클릭을 실행한 기록들로 이루어져 있다. 이제 기업들은 비록 사용자들이 자발적으로 올렸지만 통화 및 지역 데이터처럼 수동적으로 수집된 센서 데이터와 마찬가지로 자칫 부주의한 피해를 초래할 수 있는 다양한 위험성을 내포하고 있는 이미지와 동영상 데이터들을 수집, 분석하고 있다.

웹 세상은 개인 정보에 관한 일관적인 프라이버시 규제 기준이 없는 자유로운 환경에서 진화해 왔다. 그 때문에 개인 정보에 대한 권리는 애매모호하고 사이트들마다 제각기 다르다. 반면 휴대 전화와 의료 및 금융 분야의 데이터는 아주 뚜렷한 소유권 원칙에 따라 강력한 규제를 받는 기업들에 의해 수집되고 있으며, 우리는 이러한 기존 틀에 데이터 뉴딜 방식을 접목함으로써 개인 정보에 대한 접근권을 광범위하게 확장하면서, 동시에 보다 신중하게 개인 정보를 통제할 수 있다.

그런데 와일드 와일드 웹Wild, Wild Web 세상은 어떠한가? 다행스럽게도 오늘날 인터넷 기업들은 규제 산업에 부과되는 높은 수준의 표준을 따라야 하는 압력을 받고 있다. 이에 관한 좋은 사례로, 내가 이끌었던 세계경제포럼의 '개인 정보에 관한 고찰Rethinking Personal Data' 토론에 참여한 구글을 꼽을 수 있겠다. 세계경제포럼의 첫 번째 논의에 따라, 구글은 구글 대시보드Google Dashboard(www.google.com/dashboard)를 내놓았는데, 사용자들은 이를 통해 자신에 관한 어떤 데이터들이 수집되고 있는지 파악할 수 있다. 구글은 또한 두 번째 논의에 이어 데이터 해방전선Data Liberation Front(www.dataliberation.org)을 조직했는데, 이는 '사용자들이 구글의 제품 속에 저장된 모든 데이터를 관리해야 한다'는 명제를 모토로 삼는 구글 엔지니어들의 모임으로서, 이들의 목표는 '데이터를 쉽게 추가하고 삭제할 수 있도록 만드는 것'이다. 나의 제자였던 브래들리 호로비츠Bradley Horowitz가 구글 플러스 프로젝트에 참여한 2011년 6월 당시, 데이터의 소유권과 이식성(portability, 프로그램을 다른 기종으로 얼마나 쉽게 옮길 수 있는지를 나타내는 기준-옮긴이)이 주요한 설계 요소로 작용했다. 개인 정보 관리에 관한 이러한 노력들은 아직 시작 단계에 불과하지만, 기업들이 데이터 뉴딜을 적극적으로 받아들이도록 압력을 가하는 역할을 하고 있다.

데이터 기반 시스템:
도전 과제들

데이터를 안전하게 공유하는 기술은 데이터에 의해 힘을 얻는 통치와 정책들의 탄생으로 이어지게 마련이다. 우리는 빅데이터와 사회물리학 연구를 기반으로 사회적 성과를 더욱 높일 수 있기를 바란다. 그리고 마찬가지로 중요하게, 사회물리학을 기반으로 빅데이터와 시각화 기술을 활용함으로써 정책들이 잘 운용되는지 실시간으로 확인할 수 있는 단계로 나아가고, 보다 강화된 투명성을 바탕으로 언제, 어떻게 정책들을 수정하고 교체할 것인지에 대한 실질적인 통제권을 확보할 수 있을 것이다.

한 가지 사례로, 최근 우리 연구 팀은 구글맵을 기반으로 웹 툴을 개발하고 있다. 이는 단지 도로나 위성 이미지를 보여 주는 차원에서 머무르지 않고 빈곤, 영아 사망률, 범죄율, GDP 추세 등 다양한 사회적 지표를 나타내면서, 매일 그리고 지역별로 업데이트 정보를 제공한다. 이와 같은 새로운 지도 기술을 활용함으로써, 우리는 새로운 정부 사업들이 어느 곳에서 순조롭게 돌아가는지, 어디서 문제가 발생하는지 파악할 수 있다.[9]

하지만 광범위한 데이터를 활용해 보다 나은 사회 시스템을 구축하려는 시도를 가로막는 중대한 장애물이 있다. 그것은 규모와 속도 혹은 공유 과정에서 나타나는 프라이버시와 책임 문제가 아니다. 가장 중요한 해결 과제는 수십억 개에 달하는 개인 간 연결들에 대한 분석을 기반으로 사회 제도를 구축하는 방법을 배우는 것이다. 일반적이고 보편적인 시스템으로부터 개인 간 상호 작용들에 대한 분석에 기반을 둔 시스템으로 넘어가기 위해, 우리에게 필요한 것이 바로 사회물리학이다.

닫힌 실험실을 넘어서기

정부나 기업들을 대상으로 실험하고 개선하는 기존의 전통적인 방식은 데이터 주도적 사회를 건설하는 과정에서 역할이 다분히 제한적이다. 우리가 일반적으로 활용하는 과학적인 방법들 역시 더 이상 힘을 발휘하지 못하고 있다. 그것은 너무나 많은 잠재적 관계들이 존재하다 보니 기존의 표준적인 통계 방식들이 의미 있는 결과물들을 만들어 내지 못하기 때문이다.

그 이유는 풍부한 데이터를 분석하는 과정에서 자칫 거짓된 상관관계에 쉽게 현혹되기 때문이다. 예를 들어, 일반적으로 활동적인 사람들이 독감에 더 잘 걸린다는 사실을 발견했다고 생각해 보자. 사실 이는 실제 사례로, 소규모 대학 공동체 구성원들의 행동을 분 단위로 관찰했을 때(이는 일 년에 걸쳐 매일 수 기가바이트에 달하는 실시간 데이터 흐름에 해당한다), 우리는 평균 이상의 사교적 활동으로 독감의 감염을 종종 예측할 수 있다는 사실을 확인했다. 하지만 전통적인 통계적 방법을 통해 데이터를 분석했을 때, 우리는 '왜' 그런 현상이 일어났는지 전혀 이해할 수 없었다. 독감 바이러스가 더 빠른 속도로 퍼져 나가도록 우리를 더욱 활동적으로 만든 것인가? 혹은 평균 이상으로 많은 사람을 만나는 습관이 우리를 감염에 보다 취약하게 만든 것인가? 아니면 다른 원인이 있는 것일까? 데이터의 실시간 흐름만으로는 그 대답을 알 수 없다.

중요한 사실은, 일반적인 분석 방법들로는 모든 가능한 대안을 알 수 없어서, 검증 가능한 제한적인 분명한 가설들을 만들어 낼 수 없기 때문에, 이러한 질문에 만족스러운 대답을 내놓을 수 없다는 것이다. 따라서 우리는 실제 세상에서 드러나는 연결의 인과관계를 검증할 수 있는 새로운 방법들을 찾아내야 한다. 더 이상 실험실 연구에만 매달려서는 안 된다. 전반적으로 광범위한 실시간 데이터 흐름을 바탕으로 실제 세상에서 실질적인 실험들을 수행해야 하는 것이다.

물론 실시간 데이터를 가지고 사회제도와 정책들을 수립하는 과제는 우리가 다루어야 할 일반적인 주제 범위를 벗어난다. 우리는 지금 수 세기 동안 이어져 온 과학과 공학의 역사를 기반으로 살아가고 있으며 시스템과 정부, 조직 등을 개선하기 위한 일반적인 방안들을 충분히 이해하고 있다. 그렇기 때문에 우리의 과학적 연구는 일반적으로 몇 가지 분명한 대안들(즉 그럴듯해 보이는 가설들)만 고려하면 된다.

그러나 빅데이터의 등장과 더불어, 우리는 낡고 익숙한 경기장 밖에서 많이 작업해야만 할 것이다. 이러한 데이터들은 종종 간접적이고 혼란스러운 형태를 취하기 때문에, 이를 제대로 해석하기 위해 좀 더 신중한 접근 방식이 필요하다. 그리고 더 중요한 사실은, 인간의 행동에 관한 엄청난 양의 데이터가 존재하며, 여기서 우리의 과제는 물리적인 조건들을 사회적 성과로 연결해야 한다는 것이다. 분명하고 검증된, 그리고 정량적인 사회물리학 이론을 완성할 때까지, 우리는 오늘날 탄탄한 교각을 설계하거나 신약을 시험하는 단순하고 명쾌한 방식으로 가설들을 수립하고 검증할 수는 없을 것이다.

그러므로 우리는 지금 우리가 활용하고 있는 닫힌 실험실 기반의 질문과 대답의 단계를 뛰어넘어, 새로운 방식으로 우리 사회를 운영해 나가야 한다. 그리고 '친구와 가족', '사회적 진화'에서 우리 연구 팀이 개발한 방법들을 바탕으로, 예전보다 더 신속하고, 더 자주 실제 세상에서 연결들을 검증해 보아야 한다. 우리는 아이디어를 시험하고 증명하기 위해 살아 있는 실험실, 다시 말해 새로운 행동 방식을 기꺼이 시도하고자 하는 공동체, 좀 더 간단히 말해 일종의 기니피그가 되어 줄 공동체를 구축해야 한다. 이는 완전히 새로운 분야며, 실제 세상에서 새로운 아이디어들을 끊임없이 시도함으로써 어떤 것들이 효과 있는지 확인하는 노력이 대단히 중요하다.

이와 같은 살아 있는 실험실 사례로, 내가 텔레콤 이탈리아Telecom Italia, 텔레포니카Telefónica, 폰다치오네 브루노 케슬레르 연구대학, 데이터 기반 설계 연구소 및 여러 지역 기업들과 협력해, 이탈리아 트렌토에서 출범한 '열린 데이터 도시open data city'를 꼽을 수 있다. 이와 관련해 중요한 사실은, 이 살아 있는 실험실을 위해 모든 참여자의 승인과 사전 동의를 구했다는 것이다. 그 참여자들은 더 나은 삶의 방식을 발견하기 위한 거대한 실험 프로젝트의 일원으로 참여한다는 사실을 잘 이해하고 있었다. 살아 있는 실험실에 대한 자세한 사항은 http://www.mobileterritoriallab. eu를 참조하기 바란다.

이 살아 있는 실험실의 목표는 새로운 데이터 공유 방식을 개발함으로써 시민의 참여와 탐험 활동을 강화하는 것이다. 한 가지 구체적인 목표로는 우리의 오픈PDS 시스템과 같은 신뢰 네트워크 소프트웨어를 구축하고 시험해 보는 것이 있다.[10] 오픈PDS와 같은 툴들을 통해, 자신의 정보가 어디로 흘러가고, 그것들을 가지고 무엇을 하는지 통제함으로써, 사람들은 자신의 개인 정보(가령, 건강이나 자녀들에 관한 정보)를 안전하게 공유할 수 있다.

우리가 추진하는 설문 조사의 구체적인 질문들은, 사용자들이 자신의 개인 정보를 수집하고, 저장하고, 관리하고, 노출하고, 공유하고, 활용할 수 있도록 설계된 다양한 개인 정보 서비스에 의존하고 있다. 이러한 데이터는 개인들에 대한 권한 부여를 위해, 혹은 (통합적으로 활용할 때) 사회관계망 동기를 가능하게 만들어 주는 공동의 기반을 통해 공동체 발전에 도움을 주기 위해 활용될 수 있다. 데이터를 안전하게 공유할 수 있는 기술을 바탕으로, 우리는 개인과 기업, 정부 기관들 사이에서 이루어지는 아이디어 흐름을 보다 원활하게 개선하고, 이러한 노력들이 도시 전반의 생산성과 창조적 성과를 실질적으로 높여 주는지 검토할 수 있기를 원한다.

오픈PDS 신뢰 기반을 적용하는 한 가지 사례로, 어린 자녀들을 둔 가구들끼리 좋은 정보를 서로 공유하는 것이 있다. 다른 가정들은 어떻게 돈을 쓰고 있을까? 얼마나 자주 외출하고, 얼마나 자주 사람들을 만날까? 어느 유치원이나 병원을 가장 오랫동안 다니고 있을까? 사용자들이 승인할 경우, 그들의 개인 정보는 우리의 열린PDS 시스템을 통해 안전하고 자동적으로 수집되며, 익명화 처리를 거쳐 다른 젊은 가정들과 함께 공유된다.

오픈PDS 시스템을 통해, 젊은 가구들로 이루어진 공동체는 직접 데이터를 기입하는 번거로움이나 기존 소셜 미디어를 통해 정보를 공유하는 수고 없이 다른 가구들로부터 유용한 정보를 얻을 수 있다. 트렌토 프로젝트가 아직 초기 단계에 있기는 하지만, 참가한 가구들로부터 우리가 얻은 초기 반응은, 이러한 형태의 데이터 공유 기술이 대단히 가치 있는 것이며, 오픈PDS 시스템을 기반으로 자신의 개인 정보를 안심하고 공유할 수 있게 되었다는 것이다.

트렌토의 살아 있는 실험실을 통해, 우리는 실제 세상에서 개인 정보를 수집하고, 이를 심도 있게 활용하는 과정에서 나타나는 민감한 문제들을 해결할 방법들을 연구하고 있다. 특히 이 실험실은 데이터 뉴딜, 개인 정보 활용에 관한 통제권을 사용자들에게 넘겨주는 새로운 방식을 도입하기 위한 시범 단계로 활용될 수 있다. 예를 들어, 다양한 기술과 방법들을 모색함으로써 사용자의 프라이버시를 보호하고, 동시에 그들의 개인 정보를 활용해 유용한 데이터 공유지를 구축할 수 있을 것이다. 또한 프라이버시를 보호할 수 있는 제반 환경을 구축하기 위해 다양한 사용자 인터페이스들을 모색하고, 수집된 데이터와 앱을 통해 노출된 데이터, 그리고 다른 사람들과 공유하고 있는 데이터들을 신뢰 기반의 환경 속에서 조합할 수 있을 것이다.

사람들의 이해 수준을 높이는 도전 과제

데이터 주도적 사회를 구축하기 위한 과정에서 등장하는 두 번째 도전 과제는 사람들의 이해다. 밀도 있는 지속적인 데이터와 현대 컴퓨팅 기술의 등장으로, 우리는 이제 구체적인 사회적 요소들을 가지고 지도를 작성하고, 수학 모형을 설계할 수 있게 되었다. 하지만 정제되지 않은 수학 모형들은 사실 보통 사람들의 이해 수준을 훌쩍 넘어섰다. 그 모형들 속에는 지나치게 많은 변수가 들어 있고, 그 연결 고리들은 초라한 인간의 두뇌로 이해하기에 너무나 복잡하다. 고도로 세부적이고 지극히 수학적인 이와 같은 모형들은 교통이나 전력 등의 자동 시스템을 설계하는 과정에서는 꽤 유용하지만, 개인들이 의사 결정을 내리는 과정에는 별로 도움이 되지 못한다.

정부와 시민이 사회적으로 주요한 의사 결정을 내리기 위해, 우리는 인간적인 차원의 직관적인 사회물리학에 대한 이해가 필요하다. 나는 인간의 직관과 빅데이터의 통계 사이에 대화가 필요하다고 생각한다. 하지만 오늘날 대부분의 관리 시스템은 그런 대화가 존재하지 않는다. 오늘날 대부분의 사람들은 빅데이터 분석 자료를 어떻게 활용해야 할지, 그게 무엇을 의미하는지, 그리고 어떤 것들을 믿어야 할지 거의 알지 못한다. 이러한 상황에서 시장과 계층을 넘어선, 그리고 사람들 사이의 구체적인 관계가 어떻게 변화를 결정짓는지 설명해 주는 새로운 언어는 우리의 이해 수준을 높이는 데 큰 도움을 줄 것이다. 나의 바람은 이 책에서 그러한 언어와 개념들을 소개함으로써 이해의 격차를 좁히는 것이다.

268

사회물리학
vs.
자유 의지와 인간의 존엄성

어떤 사람들은 사회물리학이라고 하는 용어 자체에 부정적인 반응을 보인다. 그것은 사회물리학이라는 말속에 인간이 자유 의지 혹은 사회적 역할에서 벗어나 자유롭게 움직일 수 있는 능력이 없는 기계와 같은 존재에 불과하다는 의미가 들어 있다고 느끼기 때문이다. 그러나 내가 제시하는 사회물리학은 굳이 설명할 필요성을 느끼지 못하지만, 인간의 독립적인 사고 능력을 분명히 인정하고 있다. 사회물리학은 인구 전반에 걸친 통계적 규칙성statistical regularity, 다시 말해 대부분의 시간 동안 대부분의 사람들에게 해당되는 현상에 기반을 두고 있다.

우리의 개인적이고 의식적인 신념 체계는 사실과 가정으로부터의 추론에 의해 형성되며, 이를 통해 우리는 결론이라고 하는 완전한 세상에 도달하게 된다. 하지만 중대한 사실이나 가정 혹은 원칙이 바뀔 때, 우리의 신념 체계도 완전히 달라진다. 이런 허약한 생식성generativity은 단지 이론적 가능성으로만 존재하는 것이 아니다. 그러한 중대한 변화는 실제로 사람들이 신병 훈련소나 종교적 문화 속으로 들어갈 때 종종 일어난다. 그러한 경우, 개인의 전반적인 신념 체계는 불과 며칠이나 몇 주 만에 바뀐다. 모든 사람이 공유하는 규칙성에 기반을 둔 사회물리학은 우리의 신념 체계가 드러내는 개별적인 유동성을 설명하지 못한다.

그 대신 사회물리학의 위력은, 우리의 일상적인 활동들 대부분이 습관적으로 이루어지며, 다른 사람들의 행동을 관찰을 통해 학습한 내용에 기반을 두고 있다는 사실에서 비롯된다. 우리의 행동 대부분이 습관으로 이루어지며, 실제로 관찰 가능한 경험, 즉 들었던 이야기나 보았던 행동들에 기반을 두고 있기 때문에, 우리는 우리의 행동들을 반복적인 패턴으로서 설명할 수 있는 것이다. 이 말은 우리가 원숭이나 벌들을 관찰하는 똑같은 방식으로 인간을 관찰할 수 있으며 행동과 반응, 학습의 법칙을 이끌어 낼 수 있다는 뜻이기도 하다.

그럼에도 불구하고 우리는 원숭이나 벌들과 달리 인간들은 항상 내면적인, 그리고 눈으로 확인할 수 없는 사고 과정을 수행한다는 사실을 잘 알고 있으며, 이로 인해 최고의 사회물리학 모형들이 종종 실패에 직면한다. 그렇기 때문에 일상적인 반복과 전형적인 인간 행동에 따라 조율된 주거 공간과 교통 시스템 및 정부 기관을 구축하기 위해 사회물리학을 활용할 수 있다고 하더라도, 우리는 어쩔 수 없이 구체적인 개인의 선택 가능성의 여지를 항상 남겨 두어야만 한다. 여기서 한 가지 놀라운 사실은, 데이터는 우리에게 규칙적인 사회적 패턴으로부터의 일탈이 대단히 간헐적인 현상이라는 이야기를 들려준다는 것이다. 그렇기 때문에 우리는 개별적인 혁신 가능성에 대한 여지를 신중하게 허용하고, 그 비용에 대한 주장에 굴복해서는 안 될 것이며, 가장 보편적인 패턴들을 지지해야 하는 것이다(이 문제에 대한 자세한 논의는 부록 3을 참조).

오늘날 우리 사회의 문화가 인간의 독립성과 개인의 선택을 지나치게 강조하기 때문에, 우리 삶의 대부분이 고도로 패턴화되어 있으며, 인간이 서로 다른 행동 패턴을 가진 완전히 독립적인 개인이라기보다는 서로 대단히 유사한 존재라는 것이 '긍정적인' 사실이라는 주장을 받아들이기 쉽지 않다. 우리의 태도와 생각 대부분이 사람들의 통합적 경험에 기반을 두고 있다는 사실이 우리 문화와 사회 전반을 지탱하고 있다. 그렇기 때문에 우리는 공공의 이익을 향해 협력할 수 있는 것이다.

우리가 시장이나 계층보다 사회물리학의 개념에 더 주목해야만 하는 또 다른 이유가 있다. 시장과 계층이 평균과 표준을 가정하기 때문에, 이러한 개념들에 대한 의존은 시장과 계층 속의 모든 구성원이 동일한 존재라고 간주하는 방향으로 흘러가게 된다. 애덤 스미스가 말하는 시장이라는 개념은 카를 마르크스Karl Marx의 계급과 마찬가지로, 결국 인간성을 완전히 배제하기에 이르렀다.

이 모든 것은 실질적인 결과며, 용어를 선택하는 취향보다 더 중요한 의미를 담고 있다. 모든 사람이 시장과 계급 투쟁의 개념을 알고 있으며, 이에 대한 과학적이고 실질적인 대체 개념이 아직 등장하지 않았기 때문에, 우리는 너무 쉽게 사회를 지속적인 경쟁의 장으로 묘사하고, 사람들을 기본적으로 그들이 속한 계급이나 시장에서의 지위를 기준으로 범주화시켜 버린다. 예를 들어, 유행에 민감한 새 천년 세대나 상류층 베이비부머 혹은 공화당을 지지하는 백인 등의 범주로 구분해 버린다. 이러한 접근 방식은 자연스럽게 유형화로 이어지고, 돈이나 명예와 같이 측정하기 쉬운 특성들을 지나치게 강조한다. 그리고 이는 승자가 전부를 차지하는 대중문화, 포식적 자본주의, 그리고 사회를 통치하기 위해 경쟁과 시장 동기에 지나치게 의존하는 정부로 이어진다.

개인적인 차이와 사람들 사이의 관계를 모두 포함하는 수학적·예지적 사회과학의 등장은 정부 관료와 비즈니스 경영자, 그리고 시민들이 생각하고 행동하는 방식을 근본적으로 바꿀 수 있다는 가능성을 보여 준다. 예를 들어, 새로운 행동 규범을 형성하기 위해 규제적인 처벌과 시장 경쟁에 의존하는 것이 아니라, 사회관계망 동기를 활용하도록 유도할 수 있다. 레드 벌룬 챌린지 기술(7장)과 군중의 지혜의 기술(2장)을 결합함으로써, 수천만 명의 사람을 동원해 해결책을 모색하고, 수백만 건의 지역 주민 회의를 통해 협력을 이끌어 내는 방식으로 의사 결정을 내리는 정부에 대해 상상해 보자. 이는 현실적으로 충분히 가능한 일이며, 오늘날의 의사 결정 과정에 비해 구조적인 차원에서 훨씬 더 우월하다. 이러한 변화를 일구어 내기 위해서는 모든 사람이 쉽게 이해할 수 있고, 시장이나 계급과 같은 과거의 개념보다 더욱 쓸모 있다고 입증된 개념과 논리가 필요하다. 나는 탐험, 참여, 사회적 학습, 아이디어 흐름의 측정과 같은 사회물리학의 개념들 속에 그런 역할을 수행할 수 있는 잠재력이 들어 있다고 믿는다.

11

조화를 위한 **설계**

인간 중심적인 사회를 설계하는 과정에서
사회물리학은 어떤 기여를 할 수 있을까?

오늘날 전 세계 대부분의 사회가 자유 시장 시스템을 기반으로 돌아가고
있다. 물론 거의 대부분이 어느 정도 수정과 제약을 가미하고 있다. 이러
한 사회 모형은 18세기 자연법의 개념에 뿌리를 두고 있다. 즉 인간은 이
기적이고 자율적인 존재이며, 모든 사회적 거래에서 물건이나 도움, 호의
를 교환함으로써 이익을 얻고자 하는 존재라는 생각을 전제로 깔고 있다.
이러한 개념의 인간에게 열린 경쟁은 삶의 자연스러운 방식이며, 그에 따
른 모든 비용(가령 오염이나 쓰레기 등)을 고려한다고 하더라도, 열린 경쟁의
역동성은 사회의 효율성을 높인다. 애덤 스미스는 이렇게 설명했다.

보이지 않는 손은 생존에 필요한 것들을 거의 균등하게 분배하고, 그렇
게 되면 모든 사람은 세상을 공평하게 나눠 가지게 되어 의도하거나 의

식하지 않은 채 사회의 이익을 높이고, 인류의 번영을 위한 도구로 기능할 수 있는 것이다.[1]

인간이 이기적인 경쟁자라는 생각과 함께, 자원을 효율적으로 분배하는 시장의 힘은 현대 사회 대부분의 근간을 이룬다. 그 힘은 주식과 상품, 임금 및 주택과 관련해 상당히 효과적으로 작동한다. 그리고 시장 접근 방식을 점차 사회의 모든 분야에 적용하려는 쪽으로 흐름이 이어지고 있다. 그러나 인간 본성에 관한 이러한 18세기적 사고방식은 현대 사회의 모든 측면을 위한 바람직한 모형을 보여 주고 있는가? 나는 그렇지 않다고 생각한다.

경쟁 vs. 협력

앞서 설명한 것처럼, 인간 본성에 관한 이런 입장에 담긴 한 가지 치명적인 결함은 사람들이 그저 이기적이고 자율적인 존재만은 아니라는 사실이다. 우리가 관심을 기울이도록 만들고 우리의 행동을 지시하는 명령 메커니즘은 다른 사람들과의 상호 작용으로부터 비롯된 사회적 규범에 크게 의존한다.

현대 과학은 이제 협력이 인간 세상에서 경쟁만큼이나 중요하고 널리 퍼져 있다는 사실을 수긍한다.[2] 동료들 간의 협력은 아주 강력한 힘을 발휘한다. 친구들은 우리를 보살펴 주고, 스포츠 및 비즈니스 동료들은 경쟁에서 이기기 위해 협력하고, 세상의 모든 사람은 가족과 자녀, 그리고 연장자들을 돌본다. 문화 공유와 문화적 규범의 전반적인 개념은 구성원들의 협력에 그 기반을 두고 있다. 이제부터 현대 사회에서 협력이 무슨 역할을 하는지, 그리고 사람들이 협력한다는 사실이 이기적인 경쟁자라는 인간의 개념과 어떻게 대조를 이루는지 면밀히 들여다보자.

앞서 살펴보았듯이, 사람들은 협력 과정에서 사회적 규범을 형성한다. 그리고 이러한 규범들을 우리는 문화라고 부른다. 사실 사회 내부의 주요한 경쟁 원천은 개인들 사이에서가 아니라, 협력하는 동료 집단들 사이에 존재한다. 게다가 각각의 기회나 위험에서 관련된 동료 집단들은 서로 다른 개인들의 집합이다. 예를 들어, 런던의 은행가들은 돈을 벌기 위해 서로 협력하고, 금융 산업에서 전략과 기준을 함께 공유한다. 마찬가지로 뉴욕의 법률가들은 규범을 공유함으로써 지역 생태계 안에서 하나의 집단으로 성장하고, 정치인들은 시민적 관심을 경제적 이익과 맞바꿀 수 있는 공유된 전통과 방법들을 개발하면서, 동시에 언론과 좋은 관계를 맺고자 한다. 이러한 사례들 속에서 사회의 나머지 영역과 경쟁적인 상호 작용을 형성하는 것은 협력, 다시 말해 동료들과 함께 행동을 조율하는 방법에 관한 명시적이고 암묵적인 합의다.

계급 vs. 동료 집단

규범을 공유하는 동료 집단은 계급이라고 하는 전통적 개념과는 다르다.

그것은 동료 집단을 소득이나 연령 혹은 성별(전통적인 인구 통계적 요소), 기술과 교육(막스 베버Max Weber[3]) 혹은 생산 도구에 대한 관계(카를 마르크스[4])와 같은 일반적인 기준으로 정의할 수 없기 때문이다. 그 대신, 집단의 구성원들은 특정한 상황 속의 동료들이다. 어떤 상황에서 한 사람의 동료 집단은 취미가 같은 사람들일 수도 있고(합창단 등), 다른 상황에서는 비슷한 경험을 가진 사람들일 수도 있으며(고등학교 같은 반 출신), 또 다른 상황에서는 비슷한 업무를 맡고 있는 사람들일 수도 있다(가령 소방관). 이러한 점에서 한 사람은 오로지 하나의 전통적인 계급의 일원일 수밖에 없는 반면, 그 사람은 다양한 동료 집단들 속의 구성원으로 존재할 수 있다. 동료 집단 속에서 사람들은 서로서로 배우고, 그 과정에서 취미나 출신 학교 혹은 직종에 따라 서로 다른 공통된 인식을 형성하게 된다.

또한 동료 집단은 업무 차원에서 경제적으로 협력하는 경우와도 다르다. 그것은 동료 집단은 삶의 목표나 도덕적 가치 혹은 패션 스타일 등 대단히 폭넓은 주제를 중심으로 강력한 규범을 형성할 수 있기 때문이다. 동료 집단의 구성원들은 그들이 속한 또 다른 동료 집단들로 흘러 들어갈 수 있는 전반적인 문화, 즉 라이프 스타일을 개발한다. 가령 퇴근한 은행원은 한 사람의 엄마 혹은 교회 지도자가 되고, 그 과정에서 은행권 문화의 일부는 다른 집단으로 흘러 들어가거나 그 반대의 흐름이 일어나게 된다. 일반적으로 우리는 한 사람의 정체성을 그의 직업만으로는 정의할 수 없다. 그러한 1차원적인 정체성에 묶여 있는 사람들은 아마도 이상하거나 좀 불안정한 인물로 보일 것이다.

이러한 관점에서 볼 때, 부르주아, 노동 계층, 민주당 혹은 공화당과 같은 정치적·경제적 꼬리표들은 실질적으로 대단히 다양한 개인적인 특성과 욕망을 가지고 있는 사람들로 이루어진 집단을 설명하기에 대단히 애매모호하고 상투적인 표현일 때가 많다. 그렇기 때문에 계급이나 당파를 기준으로 우리 사회를 이해하고자 하는 접근 방식은 불분명하고 잘못된 지나친 일반화의 오류로 빠질 위험이 크다. 실제 세상에서 한 집단의 구성원들이 긴밀하게 상호 작용하고 서로를 동료로 인식할 때, 그 집단은 비로소 근본적으로 유사한 규범들을 형성하게 된다.

시장 vs. 교환

계급이 지나치게 단순화된 유동성 구분이자, 동료 집단들의 중복적인 기준이듯이, 시장이라고 하는 개념 역시 결함이 있는 이상화다. 여기서 모든 참여자가 다른 모든 이를 평등하게 바라보고, 함께 경쟁할 수 있다고 상상할 수 있다. 실제로 어떤 사람들은 더 좋은 관계를 확보하고, 일부는 다른 사람들보다 더 많은 정보를 알고 있고, 어떤 물건들은 거리나 시간 혹은 그 밖의 부차적인 고려 사항들 때문에 다른 것들보다 구매하기가 훨씬 까다롭다. 기본적인 사례는 오늘날의 주식 시장에서 발견할 수 있다. 거기서 일반인들은 전문적인 주식 중개인들보다 훨씬 적은 정보밖에 가지고 있지 않으며, 수준 높은 전문 중개인들조차 1/1,000초 동안 일어나는 가격 변화에도 대응할 수 있는 컴퓨터 기반의 단타 중개인들보다 불리한 입장에 있다. 우리가 생각하는 이상적인 자유 시장은 갑자기 더욱 복잡

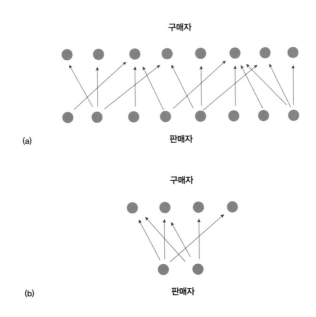

그림 18 (a) 전통적인 형태의 시장. (b) 교환 네트워크. 교환 네트워크는 거래 선택권이 사회관계망 내부 관계에 제한 되어 있는 시장을 말한다. 신용 및 맞춤식 서비스는 교환 네트워크에서 더욱 발달되어 있다.

한 개념으로 바뀌어 버린다.

그림 18은 전통적인 시장처럼 보이지만 실제로는 전혀 다른 형태가 될 수 있음을 보여 주는 주요한 사례다. 18(a)는 시장의 전통적인 형태를 나 타낸다. 여기서는 다수의 구매자가 다수의 판매자와 거래해 가격이 효율 적으로 책정되고 경제 전체에 걸쳐 동일하게 나타난다. 이러한 형태의 대 칭적 시장은 쉽게 무너지지 않는다. 한 사람의 판매자에게 문제가 발생할 경우, 가령 재고가 떨어지거나 배송 트럭이 고장 났을 때, 다른 판매자들 이 그 부족을 메운다.

그러나 실제 세상은 18(b)가 나타내는 교환 네트워크와 보다 가까운 형태를 취하고 있다. 여기서 구매자와 판매자의 관계는 보다 제한적이고 비대칭적이다. 나의 동료인 대런 애스모글루Daron Acemoglu, 바스코 카르발로 Vasco Carvalho, 아수 오즈달거Asu Ozdalgar, 알리레자 타바즈 살레이Alireza Thabaz-Salehi는 기업들이 어떤 공급업체들로부터 구매하고 있는지에 관한 미국 정부의 데이터를 분석함으로써, 미국 경제에서 다양한 분야가 이루고 있는 대부분의 관계가 18(b)가 묘사하는 것처럼 제한적이고 비대칭적인 형태를 취하고 있다는 사실을 확인했다.[5]

이러한 유형의 제한적인 거래 네트워크의 장점은 구매자들이 안정적이고 신뢰를 기반으로 하는 관계를 구매자들과 유지할 수 있다는 것이다. 안정성과 신뢰가 높아지면서 사회적 압력을 조성할 수 있는 역량이 증가해 판매자들은 개별 구매자에 따라 다양한 방식으로 제안할 수 있다. 이러한 점에서 미국 경제는 18(a)보다는 18(b)에 더 가까운 형태를 취하고 있다. 일반적으로 사람들은 신뢰를 기반으로 하는 개별화된 관계를 더 선호한다.[6]

그러나 이와 같은 동일한 제약과 비대칭은 위험 요인을 가져다줄 수 있다. 하나의 거대한 구매자나 판매자에게 문제가 발생했을 때, 이는 연쇄반응으로 이어질 수 있으며, 그들이 관계를 맺고 있는 모든 구매자와 판매자에게 피해를 입힐 수 있다. 이에 관한 최근의 한 사례로는, 포드 자동차 사장이 미국 의회에 출석해, 치열한 경쟁 기업인 GM을 구조해 달라고 요청했을 때다. 왜? 포드와 GM이 같은 공급업체에 의존하는 경우가 많기 때문에 GM이 무너지면 그 공급업체들도 무너질 것이고, 그러면 포드 자체로는 더 이상 자동차를 생산할 수 없기 때문이다. 이러한 형태의 경쟁자들 간 협력은, 우리가 전통적인 시장 사고방식에 의존했을 때는 절대로 예상할 수 없는 현상임에 틀림없다.

이러한 사례들과 경제 분야의 데이터들이 확인시켜 주는 사실은, 전통적인 시장 사고방식의 기본적인 전제, 즉 서로 쉽게 대체될 수 있는 구매자와 판매자들이 풍부하게 존재한다는 가정은 미국 경제의 많은 부분에서 진실이 아니다. 대신, 우리는 경제를 특정한 교환 관계들로 이루어진 복잡한 네트워크로 생각하는 편이 옳을 것이다.

자연법:
시장이 아닌 교환

현대 사회는 시장을 통해 자원을 효율적으로 분배할 수 있으며, 인간은 모두 치열한 경쟁자들이라는 생각을 전제로 삼고 있다. 그러나 지금까지 살펴본 것처럼, 이러한 관점은 우리 사회가 어떤 형태를 취하고, 어떻게 기능하고 있는지 잘 설명해 주지 못한다.

과연 그 전제는 우리 사회에 대한 훌륭한 설명일까? 다시 말해, 역사적으로 모든 인간이 희귀한 자원을 둘러싸고 치열한 경쟁을 벌였던 시대가 정말로 있을까? 신화와 소설들은 초기 인류 사회는 바로 그러한 모습이었다고 말하지만, 과학 연구는 우리에게 그와 좀 다른 이야기를 들려준다.

인류학자들은, 머나먼 외딴 지역에서 다른 문명들과 거의 접촉하지 않았던 사회들 내부에서는 놀랍도록 평등한 방식으로 식량을 공유하고, 분화된 전문 기술에 따라 권한을 부여하고, 지극히 평등한 사회적 전통이 존재했다고 보고하고 있다.[7] 이러한 사회 속에서는 물리적인 이동이 지극히 제한적이어서 외부인들과의 접촉이 대단히 드물었다. 그리고 외부와 접촉한다고 하더라도, 고도로 발달한 언어와 문자 혹은 기본적인 계산 기술의 결핍으로 인해 아이디어와 정보를 전달하고, 음식 및 다양한 물건들의 거래를 중개하는(즉 수요와 공급을 이어 주는) 역량은 지극히 제한적으로 나타나고 있다.

우리의 논의와 관련해 보다 중요한 사실은, 개인 간의 상호 작용을 통해 물건과 아이디어들이 전파되면서 인류의 정신과 문화가 진화했으며, 새로운 아이디어나 귀중한 물건들이 인류 전반에 걸쳐 널리 확산되기까지는 아주 오랜 시간이 걸렸다는 것이다. 다시 말해, 많은 원시 사회들은 시장보다 오히려 교환 네트워크에 더욱 가까운 형태로 기능했다는 것이다. 제품이나 아이디어들의 가치를 설정하기 위한 시장 메커니즘 혹은 가격을 결정하는 기관은 존재하지 않았다. 제한된 유동성으로 인해 수요와 공급은 한 번에 기껏해야 몇 사람의 교환으로 한정되었고, 평판은 주요한 제도를 기반으로 공유된 것이라기보다 대부분 일대일 방식으로 이루어졌다.

안쿠르 마니는 자신의 박사 연구 과정에서 나와 함께 게임 이론을 활용해 초기 사회들에서 일반적으로 나타난 교환 네트워크의 특성들을 수학적으로 검토했다.[8] 특히 여기서 우리는 초기 사회들이 시장 기반의 사회들과 똑같은 특성들을 드러냈는지에 대한 질문에 초점을 맞추었다. 이 질문에 대한 해답을 모색하는 과정에서, 안쿠르는 교환 네트워크에 기반을 둔 사회에서 애덤 스미스의 보이지 않는 손이 그 네트워크 속에서 부분적으로 기능했으며, 외부의 평판 메커니즘이나 중재자를 추가적으로 필요로 했다는 사실을 확인했다.[9] 게다가 몇 가지 중요한 차원에서는 거래자들의 사회가 경쟁자들의 사회보다 더 나았다. 시장과 마찬가지로 교환 네트워크는 물건들을 공평하게 배분하면서, 동시에 개인 구성원들에게 더 많은 도움을 주고, 외부 충격에 보다 안정적으로 대응할 수 있다.

교환 네트워크가 시장보다 더 나은 핵심적인 근거는 신뢰에 있다. 교환 네트워크 속에서 관계는 신속하게 안정화되고(사람들은 가장 좋은 거래를 제공한 상대를 계속해서 찾는다), 그러한 안정화와 더불어 신뢰가 찾아온다. 즉 사람들은 가치 있는 지속적인 관계에 대한 기대를 갖게 된다. 이는 가격이 요동치는 가운데 구매자들이 매번 다른 판매자들과 거래하는 일반적인 시장의 상황과는 다르다. 교환 네트워크 속 구매자와 판매자들은 사회가 위기 상황에 보다 탄력적으로 대처하도록 만들어 주는 신뢰를 쉽게 구축할 수 있다. 반면 시장 속에서 개인들은 모든 참여자가 평가하는 정확한 평판 시스템 혹은 규칙을 강제하는 외부 중재자에 대한 접근에 일반적으로 의존해야 한다.

안정성과 신뢰가 높아진 결과, 방정식은 교환 네트워크의 역동성이 본질적으로 그들을 공평하게 진화하도록 만들고, 관계에 의해 생성된 잉여는 관련된 개인들 사이에서 평등하게 분배된다는 사실을 보여 주었다.[10] 공정성과 안정성, 신뢰가 한층 높아진 결과, 교환 네트워크 또한 보다 협력적이고 안정적이며 외부 충격에 탄력적으로 대처할 수 있다.[11] 이것은 번영하는 사회를 구축하는 데 핵심이 된다.[12]

애덤 스미스는 보이지 않는 손이 제대로 기능하는 것은 시장 매커니즘이 공동체 내부의 동료 압력으로부터 제약을 받기 때문이라고 생각했다. 그러나 수백 년이 흐르는 동안, 사람들은 애덤 스미스의 아이디어에서 시장 매커니즘만 강조하고, 동료 압력은 잊어버리고 말았다. 반면에 우리의 연구 결과는, 보이지 않는 손은 시장의 마술과도 같은 기능 때문이 아니라, 교환 네트워크 속 개인 간의 신뢰와 협력, 안정적인 특성 때문에 가능하다는 사실을 분명하게 보여 준다. 공평하고 안정적인 사회를 꿈꾼다면, 시장의 경쟁이 아니라 사람들 간의 교환 네트워크에 주목해야 한다.

이러한 수학적 분석은 초기 사회들에 대해 대단히 긍정적인 그림을 보여 주고 있으며, 인류학자들이 연구했던 일부 초기 사회들이 어떻게 안정적이고 평등한 상태를 유지할 수 있었는지에 대한 이유를 설명해 주는 것이기도 하다. 물론 평등하고 안정적이라고 해서 반드시 평화로운 사회라는 의미는 아니다. 분명 일부 사회는 기대 수명과 유전자 풀의 조합을 결정짓는 중요한 역할을 했던 부족 간 전쟁 과정에서 대단히 폭력적인 모습을 드러냈다. 나는 이러한 폭력이 본질적으로 아주 낮은 수준의 아이디어 흐름에서 기인했다고 생각한다. 다시 말해, 공동체 외부에서 낮은 수준의 탐험과 공동체 내부에서 높은 수준의 참여가 결합하면, 일반적으로 지극히 엄격하고 편협한 사회로 빠져든다. 편협한 공동체(애덤 스미스가 살았던 사회를 포함해)는 4장의 '복종과 충돌'에서 설명한 것처럼, 자원을 함께 공유하는 상대적으로 힘이 약한 공동체들에 종종 치명적인 피해를 가한다.[13]

그러나 그러한 교환 네트워크에 관한 개념을 어떻게 지금의 현실에 적용할 수 있을까? 오늘날에는 대중 매체를 통해 정보를 퍼뜨릴 수 있고, 훨씬 더 높아진 사회적 유동성을 바탕으로 대단히 많은 사람과 교류하게 되었다. 그런데 정보가 보편적으로 접근 가능하고, 사회관계망이 대단히 광범위하다는 사실은 곧 우리가 교환 사회로부터 시장 사회로 이동하고 있다는 의미인가?

이에 대한 나의 대답은 '아니요'이다. 오늘날 우리의 상호 작용 범위와 속도가 크게 증가했다고 하나, 우리의 습관은 여전히 스스로 신뢰하는 소수의 원천(자주 교류하는 사람들)들과의 상호 작용에 대부분 의존하고 있으며, 한 개인이 신뢰하는 사람들의 규모는 지극히 협소한 수준에 머물러 있다. 사실 오늘날 우리가 신뢰하는 사람들의 규모는 수만 년 전에 살았던 조상들의 경우와 크게 다르지 않다.[14]

신뢰하는 동료들로 이루어진 작고 상대적으로 안정적인 교환 네트워크는, 앞서 3장에서 설명했듯이 음식, 소비, 여가, 정치적 활동, 심지어 기술의 수용에 관한 우리의 습관을 아직까지 지배하고 있다. 마찬가지로 직접 대면하는 사회적 관계는 기업의 성과를 높이고, 대도시의 생산성과 창조적 성과를 뒷받침한다(5장과 9장에서 소개한 우리 연구 팀의 사례 참조). 이 말은 사회 전반에 걸친 새로운 행동의 확산은, 현대적인 디지털 미디어와 첨단 대중교통 시스템에도 불구하고 여전히 지역적이고 개인 간의 교류에 의해 지배를 받는다는 뜻이다. 탐험 수준이 훨씬 더 높아졌음에도 불구하고, 우리는 여전히 교환 네트워크 속에서 살아가고 있는 것이다.

네트워크 사회를
설계하기

인간의 본성과 조화를 이루는 사회를 설계하기 위해, 우리는 인간의 본성에 대한 이와 같은 통찰력, 다시 말해 인간 사회가 열린 시장보다는 교환 네트워크 쪽에 더 가깝다고 하는 생각과 함께 사회적 학습 및 사회적 압력이라고 하는 중요한 개념들을 어떻게 활용할 수 있을까? 사회물리학은 아이디어 흐름이 문화적 규범과 혁신의 원천이라는 차원에서 부의 흐름이 아니라 아이디어 흐름에 초점을 맞추는 것이 그 첫 번째 단계라는 이야기를 우리에게 들려준다. 경제 이론은 여전히 사회 내부에서 아이디어 흐름을 설계하기 위한 유용한 기반이 되어 주기는 하지만, 우리는 이제 인간 본성에 대한 보다 정확한 개념을 바탕으로 새롭게 출발해야 한다. 인간은 단지 경제적 동물이 아니기 때문에, 우리의 모형은 호기심, 신뢰, 사회적 압력 등 보다 광범위한 동기 요소들을 한꺼번에 고려해야 한다. 또한 우리는 인간 사회의 사교적이고 역동적인 네트워크 특성도 함께 고려해야 한다. 이 말은 개인들이 올바른 의사 결정을 내리고, 유용한 행동 규범을 개발할 수 있도록 아이디어 흐름을 형성하는 과정에 주목해야 한다는 뜻이다.

나는 오늘날 떠오르는 고도로 네트워크화된 사회를 설계하기 위해 세 가지 기준에 주목해야 한다고 생각한다. 그 세 가지 기준이란 사회적 효율성social efficiency, 운영적 효율성operational efficiency, 탄력성resilience이다. 지금부터는 그 기준들을 하나씩 들여다보면서, 일반적인 차원에서 정부와 사회에 그 개념들을 어떻게 적용할 수 있을지 생각해 보도록 하자.

사회적 효율성

경제학에서 말하는 사회적 효율성이란, 사회 전반에 걸친 최적의 자원 분배를 의미하는 것으로, 유명하게도 애덤 스미스가 언급했던 보이지 않는 손이 작동하는 과정에 해당한다. 4장에서 살펴본 것처럼, 모두가 동일한 사회적 조직에 참여하면서 동료 압력이 모든 사람에게 똑같은 규칙들을 강요할 때, 보이지 않는 손은 그 작동을 시작한다.

포괄적 사회적 시스템이 사회적으로 효율적이라는 말은 개인이 이익을 얻을 때, 전체 사회에도 이익이 된다는 의미다. 거꾸로 말하면, 개인에게 해가 되는 것은 곧 사회에도 손해가 된다는 뜻이다. 대부분의 사람이 경제적인 풍요를 누릴 때, 그 사회가 부를 분배하는 방식을 평가하는 기준은 가장 가난하고 취약한 구성원들의 삶의 조건이 되어야 할 것이다.[15]

인간의 본성에서 널리 알려진 결함을 고려할 때, 사회적 효율성은 바로 우리가 갈망하는 목표다. 이 개념을 사회 내부의 아이디어 흐름에 적용해 볼 때, 우리는 사람들 간의 아이디어와 정보의 교환이 개인은 물론, 사회

전체에 분명한 가치를 가져다주어야 한다는 점을 이해하게 된다.[16]

사회적 효율성이라고 하는 목표를 달성하기 위한 전통적인 방식은 열린 시장 접근 방식으로서, 공정한 시장을 지지하면서 열린 공공 데이터를 제공하는 것이다. 이는 지난 세기 전반에 걸쳐 우리의 사고를 지배했던 접근 방식이기도 하다. 열린 데이터 방식이 다양한 사회 시스템에 투명성을 가져다주고는 있으나, 공적으로 가용한 데이터의 규모와 그 풍성함은 이제 '프라이버시의 종말'이라고 하는 우려를 낳고 있다. 오늘날 개인 정보에 대한 단순한 익명화 작업이 제대로 이루어지지 않는 것은 다양한 데이터들을 조합하는 방식으로 얼마든지 개인 정보를 확인할 수 있기 때문이다.

이제 우리는 최첨단 컴퓨터들을 손에 넣은 자들이 우리가 무엇을 하고, 어디로 가는지 추적할 수 있으며, 이로 인해 빅브라더 사회로 넘어갈 위험에 처해 있다는 사실을 깨닫게 되었다. 기업과 정부는 개인이 접근할 수 있는 범위를 훌쩍 뛰어넘은 기술적 역량을 확보하고 있으며, 이러한 불균형은 사회적 불평등의 주요한 원천으로 떠오르고 있다. 더욱 강력해진 데이터 접근권과 컴퓨팅 기술이라고 하는 두 가지 추세가 하나로 결합하면서, 이제 정부와 대기업은 엄청난 권력을 손에 넣었다.

사회적 효율성을 달성하기 위한, 열린 시장 접근 방식에 대한 대안이 바로 교환 네트워크다. 아이디어와 정보를 공유하는 교환 네트워크의 접근 방식은, 합의된 교환 범위 안에서만 공유가 이루어지고, 데이터들이 절대 그 경계를 넘어가지 않도록 하는, 개인 정보에 대한 강력한 통제를 기반으로 하고 있다. 열린 시장 메커니즘을 활용하기보다, 신뢰하는 디지털 교환 네트워크를 구축함으로써, 우리는 개인 정보가 어디로 흘러가고, 어떻게 활용되는지 통제할 수 있다. 앞서 설명한 것처럼, 나는 이러한 형태의 네트워크를 기반으로 이루어지는 교환이, 더 높은 차원의 공정함과 신뢰, 안정성을 보장하는 것은 물론, 애덤 스미스의 보이지 않는 손이 보다 효과적으로 기능하게 만들 수 있다고 믿는다.

신뢰를 기반으로 하는 교환 네트워크 개념을 이해하기 위해, 일반적인 도시 생활을 한번 떠올려 보자. 여러분은 일상적으로 커피를 사고 버스를 타는 과정에서 많은 사람과 끊임없이 교류하게 된다. 하지만 아마도 그렇게 만나는 사람들 대부분의 이름을 알지 못할 것이며, 그들의 가족이나 동료 혹은 그들이 퇴근 후에 무엇을 하는지 전혀 알 수 없을 것이다. 그렇다고 하더라도 그 사람들과 일상적으로 계속 교류하기 때문에, 그들과의 거래는 신뢰할 만하다. 다시 말해, 오늘 산 커피의 맛이 어제와 비슷할 것이며, 가격도 동일할 것이라고 기대할 수 있다.

'익숙한 이방인familiar stranger'을 알고 있지만, 그들의 교환 네트워크는 전혀 알지 못하기 때문에, 그들과의 공모는 현실적으로 불가능하다. 이러한 점에서 교환 네트워크는 다양한 형태의 사기와 범죄로부터 안전하다. 이와 마찬가지로 오픈PDS와 같은 디지털 신뢰 네트워크는 정보 교환을 개방적이고 공정하게 하면서, 동시에 개인 정보에 대한 강력한 통제를 가능하게 하는 디지털 필터를 통해 위험에 대한 노출을 억제할 수 있다. 이러한 디지털 메커니즘은 모든 교환 과정에서 반드시 필요한 최소한의 개인 정보만을 공유하고, 오직 원래 목적을 위해서만 데이터를 활용하도록 제한할 수 있다.

오늘날 안전하고 강력한 것으로 입증된, 오래된 신뢰 네트워크 시스템이 이미 존재한다. 10장에서 살펴본 것처럼, 가장 대표적인 사례는 은행 간 송금 업무를 위한 SWIFT 네트워크로, 가장 놀라운 특징은 아직까지 해킹이 한 번도 되지 않았다는 사실이다.[17] 은행 강도 윌리 서턴Willie Sutton은 왜 은행을 털었냐는 질문에 이런 유명한 말을 남겼다. "거기에 돈이 있으니까." SWIFT 네트워크에서는 하루에 수조 달러가 오간다. 이 신뢰 네트워크는 강도들을 막을 뿐만 아니라, 돈이 애초에 의도한 곳으로 가도록 보장한다.

우리는 개인 간의 일상적인 상호 작용에 이와 같은 신뢰 네트워크 기술을 적용함으로써, 언제나 열린 시장 메커니즘에만 의존하는 대신, 교환 네트워크 사회를 창조할 수 있다. SWIFT 네트워크에 가입한 은행들이 다른 은행들과 안전하게 거래하는 것처럼, 신뢰 네트워크에 가입한 개인들은 다른 사람이나 기업들과 안전하게 교류하고, 자신의 개인 정보가 승인한 범위 안에서만 사용될 것이라고 안심할 수 있다.

일대일 교환 방식과 개인 정보에 대한 강력한 통제를 바탕으로 하는 신뢰 네트워크는 우리에게 교환 네트워크의 고유한 자산으로서 공정성 및 안정성과 더불어 사회적 효율성을 가져다준다. 앞서 살펴본 익숙한 이방인 사례가 설명해 주듯이, 교환 사회는 계몽주의 시대를 거치는 동안 등장했던 열린 경쟁 사회보다 더욱 자연스럽게 다가온다. 아마도 그것은 교환 사회가 인간의 정신이 진화한 당시의 제반 환경이었기 때문으로 보이며, 정말로 그렇다면 교환 네트워크는 인간의 사회적 본능, 빠른 사고 능력과 특히 더 잘 어울릴 것이라고 기대할 수 있다.[18]

열린 시장과 강력한 개인적 통제 모형은 사회적 효율성을 달성하기 위한 두 가지 접근 방식이다. 그리고 이 두 가지 모형을 하나로 조합하는 작업도 가능하다. 예를 들어, 누구든 무료로 접근할 수 있고, 동시에 개인 정보와 조합함으로써 더 큰 이익을 창출할 수 있는 제한적인 데이터 공유지를 건설할 수 있을 것이다.

보건 분야는 이러한 데이터 공유지를 위한 좋은 사례다. 오늘날 정부는 병원과 제약 회사들이 치료 효과에 관한 정보를 자유롭게 접근할 수 있도록 공개하라고 압박을 가하고 있다. 이러한 공공 데이터를 개인의 건강 정보와 결합할 때, 우리는 보다 양질의 의료 서비스를 누릴 수 있을 것이다. 개인 정보의 폭과 깊이를 확장해 주는 데이터 공유지를 건설함으로써, 우리는 개인 정보의 활용성을 더욱 높일 수 있고, 동시에 사회 효율성, 정보와 아이디어의 공정한 흐름이라고 하는 목표를 달성할 수 있다. 이 장의 다음 부분에서는 세계 최대 데이터 공유지라고 할 수 있는 '개발을 위한 데이터D4D'를 살펴보면서, 이 주제와 관련해 좀 더 깊이 있는 논의를 나누어 보려고 한다.

운영적 효율성

사회적 효율성에 더해 운영적 효율성 역시 중요하다. 자원이 한정된 오늘날의 세상에서 번영을 이룩하고자 한다면, 우리 사회는 제반 시설을 신속하고, 분명하게, 낭비 없이 운영해야 한다. 그리고 데이터 시스템은 일상적인 활동들, 특히 사회의 물리적 네트워크와 시스템을 통제하는 과정에서 최적의 운영을 제공해야 한다. 그러나 이러한 정의를 기준으로 바라볼 때, 현재 우리의 금융, 교통, 건강, 에너지, 정치 시스템들 모두 실망스러운 수준이다. 부분적인 이유는 아마도 그 시스템들 모두가 1800년대의 엄격하고 중앙 집중적인 통제를 기반으로 설계되었기 때문일 것이다. 당시의 기본적인 인식 및 데이터 시스템은 말 그대로 마차를 타고 돌아다니는 시대의 것들이었다.

운영적 효율성이라고 하는 목표를 달성하기 위한 하나의 단계는, 큰 그림을 실시간으로 들여다보기 위한 공공 데이터 공유지를 건설하는 일이다. 그러나 모든 데이터 조각들을 신의 눈으로 바라보아야 하는 것은 아니다. 일반적으로 이러한 공유지를 구축하기 위해서는 당면 과제와 관련 있는 통합적인 익명 데이터만 있으면 된다. 그러한 통합 데이터를 활용함으로써, 우리는 개인 간의 사적 교류에서 시스템들을 조율하기 위해 개인 정보를 활용하는 다른 방법들과 함께 광범위한 정책들을 수립하고 물리적인 사회 시스템을 규제할 수 있다. 공유지에 기반을 둔 이런 형태의 규제에 관한 사례로, 익명화된 의료 기록들을 통합하고(엄격한 법적 제한과 감사를 기반으로 이루어져야 하는 작업), 그것들을 분석해 어떤 치료약이 가장 효과적인지, 어떤 약물들의 조합이 위험한지 검토하는 과제를 꼽을 수 있겠다. 이러한 통합 작업은 개인에 대한 치료를 조율하기 위해 활용할 수 있는 아이디어다(가령 상황이나 활동, 예상된 결과).

지금 과학자들이 이러한 형태의 데이터 공유지를 활용하고 분석함으로써 어떻게 건강과 교통 및 여러 다른 공공 시스템들을 개선할 수 있을지

배워 나가고 있지만, 전체 그림에서 빠진 부분이 있다. 그것은 그렇게 발견한 아이디어들을 어떻게 사람들이 받아들이도록 만들 것인가 하는 문제다. 설령 최적 시스템을 설계했다고 하더라도, 그것이 인간의 본성에 들어맞지 않는다면 아무런 쓸모가 없다. 그럴 경우, 사람들은 협력하지 않고 그 시스템을 외면하거나 악용하려 들 것이다.

사회물리학은 사람들이 최고의 아이디어를 발견하고, 서로 기꺼이 협력하도록 만드는 역할을 한다. 앞서 우리는 사회관계망을 기반으로 어떻게 유용한 사회적 규범을 형성하고 시행하기 위한 효과적인 동기를 제시할 수 있는지 확인해 보았다. 이제 우리는 이러한 교훈들을 활용해 현재의 경제, 정부, 비즈니스 시스템들을 새롭게 구축해야 한다. 4장에서 소개한 건강 및 에너지 절약 관련 실험들과 8장에서 소개한 사회관계망 개입 사례들처럼, 우리는 사회물리학을 활용해 사회 시스템의 운영적 효율성을 향상시킬 수 있다.

시스템 개선의 핵심은 환경에 대한 실시간 감시, 최고의 반응 아이디어 response ideas를 발견하기 위한 끊임없는 탐험, 그리고 이들을 기반으로 한 참여를 통해 변화된 환경에 협력적이고 지속적인 반응을 구하는 일이다. 2장에서 소개한 이토로 시스템, 4장의 에너지 절약 실험에서 살펴본 협력을 위한 사회적 압력, 그리고 빠른 시간 안에 참여자들을 끌어 모은 7장의 레드 벌룬 챌린지 사례에서 소중한 교훈을 발견하고자 한다면, 그것은 아마도 미래 시스템들은 위키피디아와 비슷한 형태를 취하면서도 완전히 가상적이거나 디지털적인 방식이 아니라 직접 대면하는 관계를 유지하는 동료들의 중첩된 집단의 모습으로 나타날 것이라는 점일 것이다. 다시 말해, 훌륭한 아이디어를 발견하기 위한 탐험은 디지털 영역에서 이루어진다고 하더라도, 합의를 이끌어 내기 위한 참여는 주로 직접 대면 방식으로 이루어질 것이다. 다양한 동료 집단 간에 일어나는 탐험과 참여를 반복적으로 왔다 갔다 하는 동안, 우리는 벌에서 원숭이에 이르기까지 다양한 사회적 종들 속에서 확인할 수 있는, 그리고 빠르게 생각하고 느리게 생각하는 사람들 간의 합의를 도출하기 위해 여전히 필수적인 고대 의사 결정 절차를 확장할 수 있을 것이다.

탄력성

세 번째 설계 원칙인 탄력성은 사회 시스템의 장기적 안정성과 관련이 있다. 오늘날 금융, 정부, 비즈니스 분야의 사회적 시스템은 주기적으로 붕괴되고 해체되고 실패하는 흐름을 보인다. 그렇기 때문에 구조적으로 완전히 무너지지 않는 새로운 시스템을 설계하는 노력이 필요하다. 마찬가지로 변화하는 주변 환경과 위협에 신속하고 적절하게 대처하지 못하는 사회 시스템들은 오늘날 인류의 요구 사항을 제대로 충족시키지 못하고 있다. 분명한 사실은, 장기적인 탄력성은 사회 내부에서 빠르게 진행되는 변화와 간헐적으로 일어나는 극단적인 사건에 신속하고 안정적으로 대응하는 사회적 역량에 달려 있다는 것이다. 사회물리학의 관점에서 볼 때, 이는 근본적으로 사회적 학습이 얼마나 신속하게 이루어지는지에 관한 질문이다. 우리는 예상치 못한 비전통적인 원천을 포함해, 세상 모든 곳으로부터 수집된 데이터들을 어떻게 하면 빠르게 통합하고, 그 데이터를 활용해 사회 시스템을 안정된 형태로 새롭게 구성할 수 있을까?

재난 관리는 이러한 유형의 시스템에 대한 좋은 사례다. 예기치 못한 재앙에 직면해 사회 시스템이 제대로 작동하지 못할 때, 우리는 어떻게 시스템의 핵심 기능을 신속하게 회복시킬 수 있을까? 7장의 레드 벌룬 챌린지에서 우리가 취한 전략은, 분산된 자원들을 신속하게 동원하는 사회관계망 동기의 잠재적인 위력을 잘 보여 준다. 이러한 사례들은 시스템 전체와 제품, 서비스를 순식간에 동원하기 위한 경제적·사회적 동기를 아주 빨리 구성할 수 있는 인간-기계 시스템을 얼마든지 구축할 수 있다는 희망을 준다.

하지만 우리는 파괴된 시스템을 복구하는 단계를 넘어, 더욱 폭넓게 생각해야 한다. 우리는 또한 사회 전체의 탄력성에 대해 고민해야 한다. 일반적으로 우리는 건강이나 교통 시스템을 관리하기 위한, 혹은 수준 높은 훈련을 받은 인재들로 시스템을 관리하기 위한 최적의 전략을 모색한다. 하지만 드러나지 않은 상호 의존성이나 가정과 같은 구조적인 위험 요소가 존재할 때, 시스템 전체가 붕괴할 가능성이 있다. 이와 관련된 대표적인 사례로는 리먼 브러더스와 AIG를 꼽을 수 있다. 붕괴 혹은 붕괴 직전 상태로 내몰린 이들 기업들의 사례는 글로벌 금융 시스템 대부분이 전반적으로 드러나지 않고, 규제받지 않는 다양한 금융 활동에 의존하고 있다는 사실을 분명하게 보여 주었다.

결론적으로 말해, 구조적 위기를 극복하기 위해서는 가장 좋은 한 가지 시스템이 아니라, 다양한 시스템이 조합을 이루어야 한다. 그럴 경우, 한 가지 시스템이 무너지더라도, 다른 시스템들이 그 공백을 신속하게 메우면서 전면적인 붕괴 위험으로부터 벗어날 수 있다. 예를 들어, 2장에서도 우리는 다양성이야말로 의사 결정 시스템에서 대단히 중요한 요소라는 교훈을 확인할 수 있었다. 그 이유는 특정한 한 가지 전략이 실패로 끝나더라도, 다양한 전략이 한꺼번에 실패할 가능성은 거의 없기 때문이다. 마찬가지로 공공 보건 시스템을 관리하기 위한 단일 전략은 특정한 상황에서 완전히 붕괴될 수 있다. 허리케인 카트리나로 인해 전화 통화 서비스가 완전히 중단되었을 때 태풍에 끄떡없었던 아마추어 햄 라디오 네트워크가 전화를 대신해 의약품과 장비의 긴급 수송을 담당했다.

이러한 사례들은 사회 전체를 안전하게 유지하기 위해서는 위기의 순간에 각각 고유한 방식으로 기능을 수행하고, 빠른 속도로 널리 영향을 미치며 서로 경합하는 관계에 있는 다양한 사회 시스템들의 조합을 확보해야 한다는 사실을 말해 준다. 이와 같은 견고함은 최고의 아이디어 흐름을 위해 시스템을 조율할 때, 우리 사회가 비로소 얻을 수 있는 것이다.

오늘날 군대나 응급처치 조직에서 이러한 설계 원칙들이 서서히 모습을 드러내고 있다. 이러한 시스템들의 경우, 중앙 집중적 의사 결정 절차가 붕괴되거나 중단될 뿐만 아니라, 현지 사령관들의 행동이나 현장 상황을 정확하게 파악하지 못해 오류에 빠질 수도 있다. 이러한 차원에서 이들 조직은 이제 분산 리더십의 원칙을 기반으로 모든 구성원을 훈련시키고 있다. 의사 결정 권한이 최고 지도자가 아니라 가장 적합한 실무자들에게 주어질 때, 조직은 더욱 강해지고 붕괴 위기를 잘 극복할 수 있다.

하지만 이러한 움직임은 이제 시작에 불과하다. 이와 같은 수직적인 조직들은 이제 최고 지도자가 잘못된 전략을 수립함으로써 중앙 관리 시스템 전체가 오류에 빠질 수 있음을 분명히 인식해야 한다. 앞으로 이러한 조직들은 거물 관리 이론big man theory of management을 넘어, 서로 경합하는 전략들을 지속적으로 검토할 수 있는 새로운 방안들을 모색해야 한다.

개발을 위한 데이터: D4D

정부와 산업 분야는 인구 조사 자료와 같은 인간 행동에 관한 데이터들을 항상 필요로 했다. 새로운 빅데이터 시대를 살아가는 우리는 누구나 디지털 데이터 공유지가 자유롭게 접근할 수 있도록 허용해야 하고, 동시에 삶의 모든 측면을 드러내는 개인 정보와 보안 문제도 고려해야 한다. 이러한 점에서 사람들이 자신에 관한 어떤 정보들이 사용되고 있으며, 이로 인해 어떤 이익과 위험이 발생할지 충분히 이해해 개별적 또는 집단적으로 데이터를 공유하는 방식을 선택할 수 있도록 하는 데이터 뉴딜이 정말로 필요하다.

2013년 5월 1일, 코트디부아르 국민들의 유동성과 통화 패턴에 관한 데이터를 분석하는 과정에서 수백 건의 연구 결과를 보여 주는 전 세계 90개 연구 팀과 더불어, 우리는 세계 최초로 진정한 빅데이터 공유지의 공식적인 출범을 확인했다.

이동통신 사업자 오랑주(프랑스)가 익명의 통합 데이터를 기부하고, 여기에 루뱅 대학(벨기에), MIT 연구실(미국), 부아케 대학(코트디부아르), UN

의 글로벌 펄스, 세계경제포럼, GSMA(이동통신 사업자들의 국제무역협회)가 지원했다. 이 D4D 사업은 니콜라 드 코르드Nicolas De Cordes(오랑주), 뱅상 블롱델Vincent Blondel(루뱅), 알렉스 펜틀런드Alex Pentland(MIT), 로버트 커크패트릭Robert Kirkpatrick(UN 글로벌 펄스), 빌 호프먼Bill Hoffman(세계경제포럼)이 중심이 되어 이끌었다.

90개 프로젝트는 내가 앞서 제시한 세 가지 설계 기준 각각을 잘 보여준다. 가령 D4D를 활용해 사회적 효율성을 개선한 사례로는, 런던 대학 연구 팀을 꼽을 수 있다. 이들은 휴대 전화를 다양한 방식으로 활용함으로써 빈곤 지도를 작성하는 기술을 개발했다.[19] 이 간접적인 방법은 박사 과정 시절에 내 제자였던 네이선 이글이 처음으로 시도한 것으로, 9장에서 살펴본 부의 효과wealth effect를 기반으로 하고 있다.[20] 가처분 소득이 높을수록, 사람들의 이동과 휴대 전화 패턴은 더욱 다양해진다. D4D를 활용해 사회적 효율성을 개선한 또 다른 사례로, 캘리포니아 대학 샌디에이고 캠퍼스 연구원들이 수행한 민족들 간 경계선을 그리는 작업을 들 수 있다.[21] 이 방식은 민족 및 언어 집단이 다른 집단들에 비해 경계 내부에서 훨씬 더 많은 의사소통을 나눈다는 발견에 기반을 둔 것이다. 민족 간 폭력 사태가 종종 그 경계를 따라 일어난다는 사실은 잘 알려져 있지만, 정부와 원조 기관들은 일반적으로 이러한 사회적 단층대social fault zone의 지형에 관해 잘 모른다는 차원에서 이 프로젝트가 의미 있는 것이다.

다음으로 D4D 데이터를 활용해 운영적 효율성을 개선한 사례로, 코트디부아르 교통 시스템에 대한 IBM 더블린 연구실의 분석 작업을 들 수 있다.[22] 이들의 연구 결과는 아주 적은 비용으로 코트디부아르 최대 도시인 아비장에서 통근 시간을 평균 10퍼센트나 줄일 수 있다는 사실을 보여 주었다. 또 다른 연구 팀들 역시 정부와 상업, 농업, 금융 분야에서 이와 비슷한 형태의 운영적 개선이 가능하다는 사실을 입증했다.

마지막으로 D4D를 활용해 탄력성을 강화한 사례로, 노비사드(세르비아), EPFL(스위스), 버밍엄(영국) 대학 연구 팀이 수행한 질병 확산에 관한 분석 연구들이 있다. 이들은 공공보건 시스템에 약간 변화를 주는 시도만으로 에이즈와 말라리아의 확산을 크게 줄이는 것은 물론, 독감 확산을 이론적으로 20퍼센트나 억제할 수 있다는 사실을 보여 주었다.[23] 여기서 내가 소개하는 연구 사례들은 풍부하고 특별한 데이터 공유지 덕분에 가능해진 놀라운 이야기의 일부에 불과하다. 이 사례들, 그리고 이와 유사한 여러 다양한 사례에 대한 자세한 사항은 다음을 참조하기 바란다. http://www.d4d.orange.com/home.

이러한 D4D 연구 프로젝트들은 우리 사회를 개선할 수 있는 빅데이터 공유지의 엄청난 잠재력을 잘 드러낸다. 오랑주 입장에서 볼 때, 이는 각각의 개인 정보들을 데이터 공유지와 결합하는 새로운 방식의 비즈니스가 가능하다는 사실을 말해 주는 것이기도 하다. 예를 들어, 어떤 버스를 타야 가장 빨리 도착할 수 있는지, 어떻게 해야 독감에 걸릴 위험을 낮출수 있는지 조언해 주는 스마트폰 앱을 개발할 수도 있을 것이다.

90팀의 연구 성과는 또한 인간 행동에 관한 데이터들의 유출에 대한 다양한 프라이버시 우려가 오해에서 비롯된 것임을 말해 준다. 이러한 데이터 공유지에서는 첨단 컴퓨터 알고리즘(가령 복잡한 샘플링이나 통합 지표 활용)을 가지고 데이터를 처리하기 때문에, 어떠한 개인 정보들도 재식별

reidentification 위험으로부터 자유롭다. 실제로 그러한 위험성에 의혹을 제기한 많은 연구 팀은 재식별을 가능하게 해주는 어떠한 방법도 발견하지 못했다.

게다가 특정 데이터에 관심을 갖고 있는 한 집단이 적법한 연구 조사를 위해 그 데이터를 자유롭게 활용할 수 있다고 하더라도, 그 데이터는 애초의 목적을 위해서만, 그리고 사용 신청한 특정 주체에 의해서만 가용하도록 규정한 법률 계약에 따라 접근을 허용하게 된다(이는 신뢰 네트워크에 기반을 둔 데이터 활용과 비슷한 방식이다). 첨단 컴퓨터 알고리즘과 개인 정보에 대한 활용 및 공유 방식을 구체화하고 감시하기 위한 법률 마련은 유럽 연합과 미국, 그리고 다른 지역에서 추진하고 있는 새로운 프라이버시 규제 사업들이 추구하는 목표다.

요약 정리:
프로메테우스의 불

이 책 전반에 걸쳐서 나는 우리가 사회를 시장과 계급이 아니라, 개인 간 상호 작용 네트워크로 바라보아야 한다고 계속 주장했다. 이를 위해, 나는 개인들 간의 아이디어 흐름이 어떻게 기업과 도시, 사회의 규범과 생산성, 그리고 창조적 성과에 영향을 미치는지 설명하는 사회물리학의 기본적인 틀을 제시했다.

아이디어 흐름의 세부적인 패턴에 대한 지도를 그릴 수 있게 해주는 빅데이터에 기반을 둔 사회적 시스템을 구축함으로써, 우리는 사회적 역동성이 금융 및 정부 분야의 의사 결정에 어떤 영향을 미칠지 예측할 수 있으며, 잠재적으로 경제 및 법률 시스템을 크게 변화시킬 수 있다. 가장 먼저, 사회물리학 도구들을 활용해 아이디어 흐름을 개선할 수 있으며, 이를 통해 우리 사회의 생산성과 창조적 성과의 개선을 기대할 수 있다. 아이디어 흐름에 대한 시각화 작업 덕분에, 우리는 집약적이고 지속적인 데이터를 기반으로 정책들이 제대로 돌아가는지 검토하고, 필요할 때마다 재빨리 수정할 수 있는 예전에 없던 새로운 도구를 손에 넣게 되었다.

이처럼 변화를 향한 긍정적인 조짐들이 서서히 모습을 드러내고 있다. 이제 전 세계적으로 정부와 대학들은 도시들이 어떻게 형성되고, 도시 인구의 증가와 새롭게 탄생하는 도시들의 증가가 어떤 영향을 미칠지 새로운 시선으로 바라보고 있다. 이런 다양한 움직임들은 또한 도시를 설계하는 기본 원칙들에 주목하고 있으며, 나와 내 동료들이 제시했듯이 휴대 전화를 통한 정보 수집과 신뢰 네트워크를 활용한 신경 시스템 개발 프로젝트를 진지하게 고려하고 있다. MIT는 도시 설계를 위한 연구 작업에 완전히 집중하고 있으며, MIT 미디어랩의 도시과학 프로젝트(http://cities.media.mit.edu 참조) 공동 책임자로서 나는 다양한 도시들과 협력해 아이디어 흐름을 개선하기 위해 노력하고 있다.

데이터 주도적 사회의 핵심적인 비전은 바로 개인의 프라이버시와 자유를 수호하는 것이다. 개인의 자유를 보장하기 위해, 나는 앞서가는 정치인과 다국적 기업의 CEO, 미국과 유럽 및 전 세계 시민 단체들과 손잡고 데이터 뉴딜을 추진하고 있다. 이러한 논의는 전 세계적으로 프라이버시와 데이터 소유권의 표준을 변화시켜 나가는 과정에 기여하고 있으며, 개인들에게 그들 자신의 데이터를 통제할 수 있는 전례 없는 수준의 통제권을 부여하면서, 동시에 투명성을 강화하고, 공공 및 민간 분야에서 참여 수준을 높여 나가고 있다.

여전히 우리는 사회 시스템 속에서 통제가 보다 강화된 실험을 수행해야 하는 과제를 떠안고 있다. 사회과학 분야에서 실행하고 있는 기존 과학적 방법들은 실망을 안겨 주고 있으며, 빅데이터 시대의 붕괴를 위협하고 있다. 우리 사회가 앞으로 나아갈 수 있는 한 가지 방법은, 살아 있는 실험실을 바탕으로 데이터 기반 사회를 구축하기 위한 다양한 아이디어를 시험하고 검증하는 것이다.

결론적으로 말해, 나는 사회물리학의 원칙에 따라 데이터 주도적 사회를 운영함으로써 얻을 수 있는 잠재적 보상은 막대한 노력을 투자하고 위험을 감수할 만한 충분한 가치가 있다고 믿는다. 금융 위기를 미리 예측해 그 충격을 완화하고, 전염병을 추적하고 예방하고, 천연자원을 지혜롭게 소비하고, 잠재적인 창조성을 완전히 실현하면서 빈민 지역을 최대한 줄여 나가는 그러한 사회를 한번 상상해 보자. 지금까지 이러한 꿈은 공상 소설 속 이야기에 불과했지만, 우리는 이를 현실화할 수 있다. 위험을 피해 신중하게 항해를 계속 이어 나갈 수 있다면, 그 꿈은 우리의 현실이 될 것이다. 이것이야말로 사회물리학과 데이터 주도적 사회가 제시하는 약속이다.

부록

현실 마이닝

Reality Mining

최근 몇 년에 걸쳐 사회과학은 디지털 혁명을 겪고 있으며, 떠오르는 컴퓨팅 기반의 사회과학 분야가 그 변화를 알려 주고 있다. 2009년 『사이언스』지에 실린 논문에서, 나와 데이비드 레이저는 우리를 지지하는 열 명 넘는 동료들과 함께, 전례 없이 폭넓고 깊이 있는 데이터 규모를 활용해 개인과 집단, 사회에 대한 이해를 높여 주는 컴퓨팅 기반 사회과학의 가능성에 대해 역설했다.[1] 이러한 혁명의 핵심적인 원동력은 사람들과 그들의 행동에 관한 빅데이터, 다시 말해 신용 카드와 휴대 전화, 인터넷 검색 등으로부터 수집한 엄청난 데이터의 활용 가능성이다. 『MIT 테크놀로지 리뷰』는 새로운 컴퓨팅에 기반을 둔 사회과학의 많은 측면을 가능하게 만든 현실 마이닝의 발전을 '세상을 바꿀 10대 기술' 중 하나로 꼽았다.

나는 제자들과 함께 이러한 새로운 과학의 발전 속도를 높이기 위해 두 가지 행동 측정 플랫폼을 개발했다. 오늘날 전 세계적으로 수많은 연구 팀이 우리의 플랫폼을 기반으로 방대한 규모의 정량적 데이터를 생산하고 있다. 첫 번째 플랫폼은 바로 소시오메트릭 배지다. 이는 일반적인 신분증의 형태로 그 착용자의 행동들을 기록해 주는 전자식 장치를 말한다. 두 번째 플랫폼은 이제 널리 보편화된 스마트폰을 위해 개발된 행동 측정 소프트웨어인 펀프다. 부록 1에서는 이 두 가지 데이터 수집 플랫폼에 대해 간략하게 소개하고자 한다.

소시오메트릭 배지와 스마트폰 펀프 시스템을 활용하는 일반적인 방식은 통시적 형태의 살아 있는 실험실 혹은 사회적 관측소 형태의 연구로서, 여기에 데이터 인식과 수집, 가공, 그리고 피실험자 집단과 더불어 피드백을 얻고 의사소통을 하기 위한 다양한 도구들을 가능하게 만들어 주는 지원 시스템의 제반 시설이 결합된다.

이와 같은 형태의 살아 있는 실험실 연구의 핵심 목표들 중 하나는, 다양한 네트워킹 방식(직접 대면, 전화 통화, 이메일 등)들을 기반으로 데이터들을 동시적으로 수집함으로써 그 특성과 상호 연관성을 파악하는 것이다. 일반적으로 우리는 다음과 같은 요소들을 활용하게 된다.

디지털 센싱 플랫폼

이 연구에서 데이터 수집의 핵심을 차지한다. 소시오메트릭 배지나 스마트폰은 원래 사용자의 활동 특성이나 인접 네트워크, 상호 작용 패턴에 대한 지도를 그리기 위한 사회적 센서social sensor로 활용된다. 소시오메트릭 배지 방식은 신분증 착용이 일상화되어 있는 기업들을 대상으로 한 실험에 적합하며, 스마트폰은 공동체 전체를 대상으로 한 살아 있는 실험실 연구에 적합하다.

설문 조사

피실험자들을 대상으로 설문 조사가 정기적으로 이루어진다. 월간 조사에서는 심리학자들이 말하는 5대 성격 테스트에서의 일반적인 항목들은 물론, 자기 인식과 인간관계, 소속 집단, 상호 관계에 대한 질문을 던지게 된다. 일간 조사에는 감정 상태나 수면, 일반적으로 스마트폰이나 웹 검색 기록을 통해 알 수 있는 다양한 활동에 관한 질문들이 포함된다.

구매 행동

구매 활동에 관한 데이터는 영수증과 신용 카드 명세서를 통해 수집된다. 이 항목은 즐길 거리나 식당 선택과 같이 동료들로부터 영향을 받는 범주들에 집중한다.

디지털 소셜 네트워크 데이터 수집 앱

피실험자들은 온라인 소셜 네트워크와 의사소통 활동에 관한 데이터를 기록하는 소셜 미디어 앱을 선택적으로 설치하게 된다.

자동적인 디지털 측정 방식으로 수집한 데이터를 설문 조사를 통해 얻은 데이터와 비교했을 때 우리는 놀라운 행동 패턴을 발견했다. 예를 들어, 어떤 사람이 어느 지역을 돌아다니는지, 누구와 언제 얼마나 오래 전화 통화를 하는지, 그리고 언제 다른 사람들을 만나는지와 같은 데이터를 가지고, 우리는 그 사람의 성격 유형과 소득 수준까지 예측할 수 있었던 것이다. 심지어 언제 감기에 걸리거나 우울해질 것인지도 예상할 수 있었다.

이러한 자동적인 디지털 측정 작업으로부터 시작해, 우리는 사회물리학이 정말로 관심을 기울이는 네트워크와 아이디어 흐름을 쉽게 만들어 낼 수 있다. 여기에는 직접 대면 방식의 상호 작용과 전화 통화, 소셜 미디어 네트워크가 모두 포함되어 있다. 또한 마찬가지로 흥미로운 것은 지역 네트워크다. 이는 누가 특정 장소에서 시간을 보내는가에 관한 것이다. 혹은 인접 네트워크로서, 누가 특정 행사에 참석하는가에 관한 것이다.

이러한 네트워크들에 대한 관찰을 통해, 우리는 피실험자들이 노출되는 다양한 아이디어와 경험에 관한 그림을 그려 볼 수 있다. 우리는 노출을 가지고 사람들 간의 사회적 영향력을 예측하고, 아이디어 흐름을 계산할 수 있다. 또한 집단의 의사 결정 수준과 생산성, 창조적 성과를 정확하게 예측할 수 있다.

소시오메트릭
배지

조직 내부에서 가장 가치 있는 아이디어 흐름은 직접 대면과 전화 통화로 이루어진다. 이유는 그러한 방식이 정보를 가장 복잡하고 섬세하게 전달할 수 있기 때문이다. 그럼에도 불구하고 아직까지 이러한 방식을 제대로 측정하는 조직은 거의 없다. 그리고 당연하게 측정하지 않은 것은 관리할 수도 없다.

우리의 연구 범위는 혁신 팀, 수술 회복 병동, 은행 고객담당부서, 전략 기획 팀, 콜 센터 등을 아우른다. 일반적으로 우리는 이들 집단의 구성원들 대부분에게(특히 관리자들에게) 소시오메트릭 배지(그림 19와 똑같은)를 부착하도록 했고, 이를 가지고 말투나 몸짓, 대화의 상대, 대화의 빈도 및 길이와 같은 의사소통 활동에 관한 데이터를 수집했다. 그리고 놀랍도록 일관적으로, 우리는 의사소통 패턴이 팀의 성공을 예측하는 가장 중요한 요인이라는 사실을 확인할 수 있었다. 그뿐만 아니라, 의사소통 패턴이 개인의 지능이나 성격, 기술, 그리고 그들의 아이디어 핵심 모두를 합한 것만큼 중요할 때가 종종 있었다.

그림 19에 나와 있는 소시오메트릭 배지는 착용자가 드러내는 다양한 일반적인 사회적 신호들을 인식함으로써 사회적 행동 데이터들을 수집하고 분석하게 된다. 이 장비 안에는 위치 센서, 몸짓을 인식하는 진동 가속도계, 주위에 누가 있는지 추적하는 근접 센서, 그리고 누가 말하는지 인식하는 마이크가 장착되어 있다. 그러나 프라이버시 보호 차원에서 피실험자들의 이야기를 녹음하거나 영상을 녹화하지는 않는다.

소시오메트릭 배지는 ID 카드처럼 일반적으로 회사원들이 목에 걸고 다니는 모양으로 제작되었다. 피실험자들은 출근할 때 착용했다가, 퇴근할 때 벗어 둔다. 다만 사용상 차이점은 배터리 충전을 위해 컴퓨터의 USB 포트나 충전기에 꽂아 두어야 한다는 것뿐이다. 소시오메트릭 배지는 다음과 같은 기능을 한다.

1. 다양한 피실험자들에 대한 관찰 데이터를 수집해 에너지, 참여, 탐험에 관한 측정값 도출하기
2. 몸짓으로 드러나는 개인의 에너지 수준과 외향성 및 공감 정도, 몰입 상태와 관련된 주기적인 패턴 측정하기

이 배지를 활용함으로써 우리는 집단의 상호 작용 패턴에 관한 피드백을 팀원들에게 실시간으로 제공할 수 있으며, 이러한 특성은 특히 온라인 상으로, 혹은 멀리 떨어져서 일하는 조직에 큰 도움을 준다. MIT에서 분사된 소시오메트릭 솔루션스(내가 공동으로 설립한)에서는 비즈니스 컨설팅 프로그램용으로 소시오메트릭 배지 장비를 생산하고 있으며, 비영리 차

원의 연구 목적으로 활용이 가능
하다.

이렇게 배지들을 통해 수집된
데이터는 사람들이 사무실 공간
을 배치하는 방식을 바꾸고, 상
호 작용 패턴에 대한 기업들의
인식에 큰 영향을 미치고 있다.
이러한 형태의 데이터는 특히 광
범위한 지역에 걸쳐 일을 처리하
는 업무 환경이나, 문화적으로
다양한 업무 조직에 대단히 중요

그림 19 일반적인 형태의 소시오메트릭 배지(사진 출처:
Sociometric Solutions, Inc.)

하며, 상호 작용 패턴을 시각화하고 개선할 수 있다는 점에서 글로벌 경제
에 특히 가치가 높다고 하겠다.

2013년 시점에서 이미 수십 개의 연구 조가 사회물리학 연구를 위해
소시오메트릭 배지 기술을 활용하고 있다. 게다가 '포천 1000'에 속한
기업들을 포함해 수십 군데의 기업이 공간과 조직 구조를 새롭게 설계
하기 위해 이를 활용하고 있다. 이와 관련해 보다 자세한 정보는 www.
sociometricsolutions.com을 참조하기 바란다.

휴대 전화를 통한
데이터 수집

나와 내 학생들은 스마트폰과 편재형 컴퓨팅(pervasive computing, 무선 기술과 인터넷의 결합으로 컴퓨팅 장비들의 연결이 지속적으로 강화되는 현상을 의미하는 용어-옮긴이) 도구들을 활용해 펀프라고 하는 휴대 전화에 기반을 둔 사회적·행동적 활동 인식 시스템을 개발했다. 펀프를 통해 수집한 데이터들속에는 25개의 전화 기반 신호들의 지속적인 수집이 포함되어 있는데, 거기에는 위치, 진동 가속도계, 블루투스 방식의 근접 인식 장비, 커뮤니케이션 활동, 설치한 앱, 구동 중인 앱, 멀티미디어와 파일 시스템 정보, 그리고 우리의 실험용 앱들을 통해 생성된 추가적인 데이터까지 모두 들어 있다. 여기에다 우리는 영수증과 신용 카드 명세서를 통해 금융 관련 정보를수집하고, 디지털 소셜 미디어 활동 기록, 감정 상태에 대한 일간 폴링(polling, 컴퓨터 또는 단말 제어 장치 등에서 여러 개의 단말 장치에 대해 차례로 송신 요구 유무를 문의하고, 요구가 있을 경우에는 그 단말 장치에 송신을 시작하도록 명령하며, 없을 때는 다음 단말 장치에 문의하는 전송 제어 방식-옮긴이), 스트레스, 수면, 생산성, 사회화, 건강과 행복에 관한 다양한 정보, 성격 테스트와 같은 일반적인 심리학 검사, 피실험자들이 지시에 따라 기입하는 다양한 유형의 데이터도 수집했다.

이러한 데이터와 피실험자들 스스로 보고한 네트워크를 바탕으로, 우리는 전화를 통한 의사소통, 직접 대면, 그리고 온라인 사회관계와 같은 다양한 네트워크 방식을 취하는 피실험자들 공동체를 자동적으로 새롭게 구성할 수 있었다. 네트워크에 대한 이러한 관찰을 바탕으로, 우리는 아이디어와 의사 결정, 감정 상태 혹은 계절 독감과 같은 것들이 공동체 내부에서 어떻게 확산되는지 살펴보았다. 이 과정에서 우리의 상위 목표에는, '자연적'이고 외부로부터 부여된, 행동과 의사 결정과 관련된 사회적 메커니즘에 대한 관찰, 그리고 사람들이 더 나은 의사 결정을 내릴 수 있도록 도움을 주는 새로운 메커니즘과 도구들을 설계하고 평가하는 작업이 있다.

펀프 오픈 센싱 프레임워크funf Open Sensing Framework('Ahrony et al. 2011'에서 설명하고 있는)는 모바일 장비들을 활용하는 확장 가능한 인식 및 데이터 처리 기반을 말한다. 이는 수집, 업로드, 광범위한 데이터 유형들의 구성을 가능하게 해주는, 오픈소스 방식의 재활용이 가능한 기능들을 제공한다. 오늘날 전 세계적으로 1,500개 넘는 연구 조직이 이 펀프 기술을 활용하고 있다.

이것이 과학적 연구를 위한 것이기 때문에, 펀프를 활용하는 과정에서 가장 중요한 우려들 중 하나는 프라이버시와 민감한 정보를 어떻게 보호할 것인가 하는 것이다. 그래서 펀프의 모든 기능은 엄격한 프라이버시 보호 방안들을 담고 있다. 예를 들어, 데이터는 실제 세상의 개별적 식별

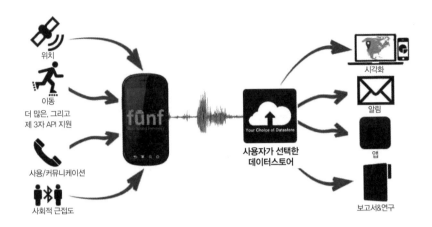

위치

이동

더 많은, 그리고
제 3자 API 지원

사용/커뮤니케이션

사회적 근접도

fūnf

Your Choice of Datastore

사용자가 선택한
데이터스토어

시각화

알림

앱

보고서&연구

그림 20　휴대 전화 기반의 펀프 인식 시스템

자identifier가 아니라, 휴대 전화 사용자들을 위해 암호화된 식별자에 연결
되어 있다. 전화번호나 문자 메시지와 같이 읽을 수 있는 모든 기호는 분
명한 텍스트가 아니라, 인식이 불가능한 형태의 식별자로 저장되는 것이
다. 표준적인 펀프 인식 기능에 관한 사례들은 다음과 같다.

위성 항법 장치GPS

무선 근거리 통신망WLAN

진동 가속도계Accelerometer

블루투스Bluetooth

셀 타워 아이디Cell tower ID

통화 기록Call log

문자 메시지 기록SMS log

브라우저 히스토리Browser history

연락Contacts

구동 중인 앱Running apps

설치된 앱Installed apps

화면 상태Screen state

미디어 배터리 상태Media battery status

소셜 미디어 활동, 신용 카드 내역, 그리고 그 밖의 다양한 형태의 정보들 또한 기록된다. http://www.funf.org에서 안드로이드용 앱을 다운받을 수 있다.

오픈**PDS**

openPDS

사용자의 위치와 통화, 웹 검색, 취향을 포함하는 개인 정보는 새로운 경제의 석유라고 주목받고 있으며, 나의 연구 결과들 역시 이러한 비유의 타당성을 입증해 주고 있다.[1] 이와 같은 고차원적인 데이터를 바탕으로, 다양한 앱이 똑똑한 서비스와 맞춤화된 경험을 제공하고 있는 것이다. 구글 검색으로부터 넷플릭스의 '꼭 봐야 할 영화'에 이르기까지, 판도라에서 아마존에 이르기까지 데이터는 이와 같은 다양한 서비스를 가능하게 만들어 주는 원동력이다. 그 알고리즘 덕분에 사용자들은 더욱 긴밀하게 연결되고, 보다 생산적이고, 더 많은 즐거움을 누릴 수 있다. 또한 이들 앱은 사용자 중심적 데이터의 놀라운 잠재력과 동시에 예견되는 우려를 드러내고 있다.

개인적이고 사용자 중심적인 정보는 이미 방대한 규모로 수집, 가공, 활용되고 있다. 수많은 다양한 서비스와 기업들이 이러한 데이터를 수집하고 저장하고 있다. 그러나 획기적인 서비스를 개발하는 과정에서 따로 분리되어 존재하는 데이터들에 통합적으로 접근할 수 없으며, 애초에 그 데이터를 만들어 낸 개인 사용자들 역시 접근할 수 없을 때가 많다. 이로 인해 사용자들은 자신의 개인 정보를 충분히 활용할 수 없고, 완전히 불가능한 것은 아니라고 하더라도 개인이 자신의 개인 정보에 대한 위험을 이해하고 관리하기란 대단히 어렵다. 그리고 데이터 대부분이 익명이 아니고, 재식별 작업이 얼마든지 가능하다는 점에서, 이는 대단히 심각한 문제가 아닐 수 없다. 데이터를 사용하고 수집하는 과정은 소유권과 사생활 보호에 관한 인식과 균형을 이루며 진화해야 하는 것이다.

PDS를
향해

데이터 소유권과 개인 정보의 저장은 오랫동안 논의의 주제가 되어 왔다. 그러나 사용자들이 호환 가능한 서비스를 기대하는 동시에, 서비스는 사용자의 승인을 기다린다는 점에서, 이 논의는 일종의 닭이 먼저냐 달걀이 먼저냐의 문제와 같았다.

데이터 기반 설계 연구소에서 내가 존 클립핑거와 함께 추진한 연구 결과가 보여 주듯이,[2] 최근의 정치적·법률적 진보는 이러한 딜레마와 관련해 게임의 법칙을 완전히 바꾸어 놓았다. 박사 혹은 박사 후 과정에 있는 이브살렉상드르 드 몽주아, 에레즈 슈무엘리, 새뮤얼 S. 왕Samuel S. Wang과 더불어 내가 함께 개발한 기반인 오픈PDS는,[3] 내가 데이터 뉴딜로서 제시한 데이터 '소유권', 다시 말해 데이터를 소유하고 사용하고 처분할 수 있는 권리에 대한 세계경제포럼의 정의를 기반으로 하고 있다.[4] 게다가 이는 사이버 공간에서 인증 문제에 대한 국가적 전략National Strategy for Trusted Identities in Cyberspace(NSTIC)[5], 미국 상무부 녹서green paper, 미국 사이버 공간 국제 전략U.S. International Strategy for Cyberspace[6]의 정책들을 준수하고 있다. 오푼PDS의 근간은 또한 유럽위원회의 2012년 데이터 보호법 개정[7]과도 분명한 조화를 이루고 있다. 이러한 권고안 및 개혁안, 규제들은 모두 개인이 자신의 데이터 활용에 따른 이익과 위험 사이에서 균형을 유지하는 최선의 기준이라는 점에서, 개인 정보에 대한 통제권은 바로 그 개인에게 주어져야 한다는 높아지는 요구의 목소리를 분명히 인식하고 있음을 보여준다.

사용자들이 일상적으로 다양한 기업들과 상호 작용하는 상황에서, 상호 운용성interoperability만으로는 프라이버시에 대한 우려는 물론, 실질적인 데이터 소유권을 보장하기에 충분하지 않다. 사용자들은 PDS(personal data store, 개인 정보 저장)를 확보함으로써, 수집된 데이터가 어떻게 활용되는지 확인하고 이해할 수 있으며, 동시에 데이터 흐름을 통제하고, 정제된 방식으로 데이터 접근을 관리할 수 있다.

데이터 소유권을 강화하는 기능에 더해, PDS는 또한 데이터를 위한 보다 공정하고 효과적인 시장, 다시 말해 사용자들이 그들의 데이터에 대한 최고의 서비스와 알고리즘을 활용할 수 있는 시장이 가능하도록 만들어 준다는 점에서 특히 매력적인 해결책이라고 하겠다.[8]

공정하다 사용자는 자신의 데이터에 대한 접근을 통제하는 주체이기 때문에 서비스의 등급을 매기고 평가할 수 있다. 사용자는 기업의 평판을 고려해, 자신에게 제공한 데이터에 대해 그들이 충분히 가치 있는 서비스를 제공하는지 결정할 수 있다. 우리가 제시하는 기반에서 사용자들은 다음과 같은 질문을 던질 수 있다. '이 노래의 제목을 찾는 것이 지금

나의 위치를 노출할 만큼 가치 있는가?' 그렇지 않다고 판단되면, 다른
서비스로 쉽게 바꿀 수 있다.

효율적이다 사용자들은 끊임없이 상호 작용하며, 자신의 데이터에 대한
새로운 서비스 접근을 허용할 수 있다. 우리가 제시하는 기반은 새로운
비즈니스에 대한 진입 장벽을 허물고, 많은 혁신적 기업이 더 나은 데이
터 기반 서비스를 제공할 수 있도록 도움을 준다. 또한 사용자가 선택할
경우 대부분의 데이터를 직접 수집하지 않아도 된다는 점에서, 비즈니
스에 많은 힘을 실어 줄 수 있다. 기업들은 또한 스마트폰이나 여러 다
양한 앱, 서비스 과정의 센서들을 통해 수집한 통시적인 데이터에 대한
접근권을 추가적으로 확보할 수 있다. 그렇기 때문에 서비스를 제공하
는 기업들은 가용한 모든 데이터를 활용해 사용자에게 최상의 경험을
제공하는 업무에만 집중할 수 있다. 예를 들어, 음악 서비스업체들은 사
용자들이 웹상에서 스스로 좋아한다고 밝힌 노래와 아티스트, 그들의
친구들이 좋아하는 음악 혹은 심지어 그들이 방문한 클럽에 관한 정보
까지 모두 활용해 맞춤식 라디오 방송국 서비스를 제공하고 있다.

저장 및 접근 관리, 프라이버시 보호를 위한 다양한 접근 방식이 등장하
고 있다. 그렇지만 오픈PDS는 현재의 정치적·법률적 사고방식, 그리고
역동적인 프라이버시 보호 메커니즘과 뚜렷하게 조화를 이룬다는 차원에
서 특별하다.

개인 정보와 관련해 프라이버시를 보호하는 일은 대단히 힘든 과제로

인식되고 있다. 고차원적인 데이터와 관련된 위험은 종종 미묘하고 예측하기 힘들다.[9,10] 통합되지 않은 개별적인 정보들을 익명화하는 작업은 전문가들이 '알고리즘적으로 불가능하다'고 지적하는 도전 과제다.[11] 지난 몇 년 동안 나타난 다양한 시도는 익명화된 것으로 보이는 데이터를 대상으로 한 재식별reidentification 혹은 탈익명deanonymization 작업의 위험성을 보여 준다. 예를 들어, 수백만 명에 이르는 사용자의 유동성 데이터 집합은 네 가지 시간적·공간적 포인트만으로도 재식별 위험성이 있는 것으로 밝혀졌다.[12]

역동적 프라이버시:
새로운 패러다임

개인 정보를 보호하거나 흐리게 만드는 다양한 기술이 등장하고 있다. 하지만 그것들 중 어떠한 방식도 오늘날 기록되는 고차원적이고 다중적이며 끊임없이 진화하는 데이터에 대해 만족스러운 대안을 제시하지 못한다. 반면 우리는 알고리즘적으로 불가능한 익명화 문제를 데이터 자체에 대한 접근권을 부여하는 방식이 아니라, 질문에 대답함으로써 관리 가능한 보안 문제로 전환하기 위해 역동적 프라이버시에 관한 개념을 개발하고 있다.

가령 사용자가 최근 달리기를 하는지, 아닌지를 기반으로 사용자 경험을 맞춤화하는 서비스를 생각해 보자. 기존 모형에서 이러한 서비스는 사용자의 휴대 전화로부터 위치 및 가속 진동계 데이터를 수집하고, 이를 관련된 정보, 즉 달리기를 하는지, 아닌지에 관한 정보를 계산하기 위해 원거리 서버로 업로드할 것이다. 오픈PDS/역동적 프라이버시 메커니즘에서, 사용자 PDS에 일련의 코드들이 설치된다. 그렇게 설치된 코드는 민감한 위치 및 진동 가속도계 데이터를 활용해, 안전한 PDS 환경에서 적절한 대답을 도출한다. 그리고 그 대답만이 원격 서버로 전송된다.

데이터 소유권과 결합함으로써, 사용자들은 이런 단순한 개념을 통해 진동 가속도계나 GPS 정보와 같은 데이터 자체를 공유하지 않고도 맞춤식 서비스를 이용할 수 있다. 다시 말해, 코드를 공유할 뿐, 데이터는 공유하지 않는다. 이러한 방식으로 모든 문제를 완벽하게 해결할 수는 없더라도, 데이터의 차원과 범위를 탄력적으로 축소해 특정한 사안에 필요한 최소한의 데이터만을 공유함으로써 보다 안전하게 작업할 수 있다. 이러한 메커니즘을 통해 사용자들은 데이터에 대한 접근권을 안전하게 승인하거나 취소할 수 있으며, 신뢰하는 제3자의 개입 없이도 익명적으로 데이터를 공유하고, 데이터 사용을 관찰하고 감시할 수 있다. 한 발 더 나아가 집단 계산 메커니즘group computation mechanism은 사용자들이 '얼마나 많은 사용자가 지금 이 지역에 있는가?'와 같은 질문에 대답하기 위해, 통합적인 형태로 활용하기 위한 데이터를 익명적으로 제공할 수 있도록 하고 있다.

사용자 경험

앨리스라고 하는 사용자가 PDS를 활용하지 않고, 위치 기반 체크인 시스템인 포스퀘어Foursquare와 같은 안드로이드 앱을 설치해 사용한다고 해보자. 그러면 앨리스는 자신의 스마트폰에 그 앱을 다운받고, 포스퀘어가 자신의 휴대 전화 네트워크 공동체, 개인 정보, 스마트폰 특성 결정에 대한 접근을 승인하게 된다. 실제로 안드로이드 폰 사용자들은 이미 새로운 앱을 설치할 때마다 이러한 절차를 거치고 있다. 그리고 앨리스는 새로운 계정을 만들고, 포스퀘어와의 관계를 형성하기 위한 첫 단계를 시작하게 된다.

그러면 포스퀘어는 앨리스에 관해 수집한 모든 정보를 백엔드 서버에 저장한다. 여기서 앨리스는 그 데이터에 접근하거나, 포스퀘어가 계속 자신에 관해 어떤 정보들을 이끌어 내는지 확인할 수 없다. 게다가 다양한 서비스들 간에 이루어지는 모든 통합 작업은 보이지 않는 곳에서 일어난다. 포스퀘어가 트위터나 페이스북 데이터를 활용하고자 할 때, 앨리스는 이와 관련된 서비스들을 승인해야 하고, 그렇게 했을 때 포스퀘어가 활용할 수 있는 외부 데이터의 범위에 대해서는 거의 알 수 없다.

반면 앨리스가 PDS 버전의 포스퀘어 앱을 다운받기로 했을 때, 그녀는 다른 안드로이드 앱과 마찬가지로 설치하면 된다. 시작 단계에서, 포스퀘어 앱은 앨리스가 자신의 PDS상에 그 앱을 설치하도록 알려 준다. 그리고 PDS 앱을 통해, 앨리스는 자신의 PDS상에서 포스퀘어가 어떤 데이터에 접근할 수 있는지는 물론, 어떤 관련된 요약 정보가 포스퀘어의 서버로 넘어가는지 확인할 수 있으며, 이를 통해 그 앱을 설치하는 것이 자신의 프라이버시에 어떤 영향을 미칠지 이해할 수 있다.

PDS 버전의 포스퀘어 앱은 그 기업의 서버 안에 앨리스의 개인 정보를 저장하는 것이 아니라, 앨리스의 PDS상에서 그녀의 데이터에 접근하고 활용하게 된다. 앨리스는 자신이 선호하는 클라우드 서비스 제공자나 자신의 서버상에 PDS를 설치하거나 구입할 수 있다. 시간이 흐르면서 앨리스의 PDS는 음악적 취향, 연락처, 일상생활 속에서 축적되는 다양한 인식 정보의 흐름과 더불어 그녀의 휴대 전화로부터 수집된 다양한 정보들로 가득 찬다. 앨리스는 이러한 데이터를 완전하게 통제할 수 있으며, 자신의 휴대 전화나 다양한 디지털 장비들, 그리고 서비스들이 자신에 관한 어떠한 정보들을 계속해서 수집하는지 정확하게 파악할 수 있다.

PDS 버전의 포스퀘어 앱은 앨리스가 소유하고 있는 컴퓨팅 제반 환경에서 운용되기 때문에, 향후 어떠한 데이터들이 자신의 PDS 범위 외부로 예기치 않게 유출되는 것은 아닌지 점검할 수 있다. 이처럼 다양한 차원의 데이터 원천들을 모두 활용할 수 있는 PDS를 기반으로 여러 다양한 앱과 서비스를 구축할 수 있으며, 이를 통해 앨리스는 이와 같은 컴퓨팅 작업의 기반이 되는 데이터를 그대로 소유하면서, 다양한 측면에서 자신의 프라이버시를 보호할 수 있다.

사례 앱

정신 질환은 치료가 가능하다고 하더라도, 사회적 비용을 기준으로 전 세계적인 건강 문제 목록에서 여전히 상위권을 차지하고 있다. 가령 우울증은 오늘날의 시장 경제 속에서 제대로 기능할 수 없도록 만드는 주요한 원인이다. 이러한 정신 질환에 대한 진단은 사실상 환자 자신이나 교사, 가족 구성원 혹은 이웃의 보고에 대부분 의존하고 있다.

정신 질환에 따른 다양한 증세들은 신체적 움직임, 활동, 의사소통 패턴과 밀접한 관련이 있는데, 이들 모두 휴대 전화 데이터를 통해 측정이 가능하다. 가령 진동 가속도계를 통해 초조함이나 걸음걸이, 갑작스럽고 충동적인 움직임을 인식할 수 있다. 위치 정보를 통해서는 방문 장소의 변화와 경로는 물론, 물리적 유동성의 전반적인 범위를 알 수 있다. 또한 다른 사람과 의사소통하는 빈도와 패턴, 이야기의 내용이나 태도를 통해 다양한 신체 질환의 주요한 징후를 알아챌 수 있다. 게다가 개인의 행동이 걱정스러운 단계로 접어들 때, 그들이 어떤 감정을 느끼고 무슨 일을 하고 있는지에 관한 정보와 결합될 때, 이들 데이터의 가치는 더욱 높아진다.

수동적 혹은 자동적 방식으로 정신 질환에 관한 이와 같은 '직접적인 신호'들을 측정할 수 있을 때, 의료진은 그들의 일상이 통제 범위를 벗어나기 전에 조치를 취할 수 있을 것이다. 여기서 더 중요한 사실은, 뭔가 잘못되고 있다는 징후가 드러나기 시작할 때, 주변 친구들이 중요한 도움을 줄 수 있는 적절한 시점에 그에게 다가갈 수 있다는 것이다.

휴대 전화의 센서를 통해 측정이 가능한 분명한 신호들을 바탕으로 정신 건강을 측정하고, 그러한 신호를 친구들과 함께 공유하는 노력의 중요성을 관찰하는 동안, 나는 오픈PDS와 펀프 시스템을 DARPA의 심리적 징후에 관한 추적과 컴퓨터 분석 프로그램Detection and Computational Analysis of Psychological Signals program, DCAPS[13]으로 통합하는 아이디어를 떠올리게 되었다.

DCAPS상에서 스마트폰은 자연스러운 환경에서 지속적인 인식과 감시를 가능하게 하는 보편적인 플랫폼을 제공함으로써, 숙련자들에게 주어진 무거운 부담감을 가능한 한 덜어 준다. 이러한 장비들을 통해 사용자의 말투, 다른 사람들과 교류하는 횟수, 전반적인 움직임과 활동 수준은 물론, 미묘하면서도 명백한 다양한 사회적 신호들을 기록할 수 있다. 실제로 다양한 심리적 건강 상태를 진단하는 기준이 되고 있는 현재의 DSM-IV 증상들의 상당 부분은 스마트폰 상호 작용으로부터 실제로 확인할 수 있는 측정 유형인 행동 변화에 집중되어 있다(DSM-IV는 가장 널리 알려진 정신건강 진단 기준으로, 조만간 DSM-V로의 개정을 앞두고 있다).

우리의 오픈PDS와 펀프 시스템은 개인 정보 보호 및 보안 기능, 휴대 전화로부터 직접적인 신호 데이터를 수집하고 분석해 심리적 스트레스의 패턴을 확인할 수 있는 확장 가능한 모바일 인식 기반을 제공한다. 그 데이터는 오픈PDS에 안전하게 저장되며, 개인 사용자는 자신의 전반적인 정신 건강 상태에 대한 피드백을 확인하고 공유할 수 있다.

그림 21은 우리 MIT 연구 팀이 개

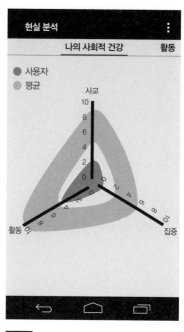

그림 21 스마트폰을 활용하는 안전한 개인 정신건강 측정

발한 DCAPS 휴대 전화 인터페이스를 보여 준다(다른 DCAPS 계약 업체들은 저마다 서로 다른 인터페이스를 내놓았다). 이 화면을 통해 사람들은 전날 자신의 행동에 어떤 평가가 주어졌는지 세 가지 차원에서 확인할 수 있다. 세 가지 차원이란 활동 수준, 사회화 정도, 활동 중 집중 정도를 말한다. 이 세 가지 차원은 또한 우울증과 외상 후 스트레스 장애에 관한 DSM-IV의 기준이자, 일상생활의 상식적인 기준이기도 하다. 그렇다 보니 일반 사용자와 의료진 모두 이를 과소평가하는 경향이 있다. 그림 21을 보면, 중앙의 삼각형 지대는 그 전날의 사용자 행동을 나타내며, 그 주변을 둘러싼 띠는 사용자 동료들의 활동과 집중, 사회화의 최댓값과 최솟값을 나타낸다. 이

사례에서 사용자는 동료들에 비해 다분히 동떨어진 상태를 보여 준다. 이러한 결과는 사용자와 그 동료들이 지금의 상황을 조성한 근본적인 원인들에 대해 반드시 함께 논의해야 한다는 사실을 말해 준다.

빠른 사고와 느린 사고, **자유 의지**

Fast, Slow, and Free Will

둘 다 노벨상 수상에 빛나는 심리학자 대니얼 카너먼과 인공지능 세상의 개척자 허버트 사이먼은 두 가지 사고방식으로 구성원 인간의 마음에 관한 이론을 받아들였다.[1] 카너먼의 설명에 따르면, 첫 번째 사고방식은 빠르고 자동적이고 대부분 무의식적인 상태로 이루어지며, 두 번째 사고방식은 느리고 원칙적이고 대부분 의식적인 상태로 이루어진다. 우선 빠른 사고에 대해 간략하게 설명하자면, 이는 전반적으로 개인적인 경험과 다른 사람들에 대한 관찰을 통해 얻은 경험 사이에서 연상 작용을 활용함으로써 습관과 직관으로 도달하게 된다. 반면, 느린 사고는 믿음과 더불어 추론 작용을 활용함으로써 새로운 결론에 이른다.

빠른 사고

빠른 사고는 보다 유구한 역사를 지닌 시스템으로서, 많은 정보를 고려해야 하는 상황에서 즉각적으로 해답을 도출하는 데 적합하며, 패턴과 연상을 발견하는 데 능하다. 인간의 빠른 사고 기능은 자신의 경험을 통해, 그리고 다른 사람들의 경험에 대한 노출을 통해 새로운 것을 학습하는 과정에서 탁월한 역량을 드러낸다. 그러나 그 과정은 추상적인 추론 과정을 활용하는 것이 아니라, 연상을 형성하는 작업에 국한되어 있다. 빠른 사고는 우리가 원숭이 조상들로부터 물려받은 것이며, 원시 인류의 정신적 기능들 대부분이 이러한 시스템에 의존했던 것으로 보인다.

빠른 사고의 기반은 특정한 상황에서 특정한 행동을 취하고, 그 결과를 예상하는 것처럼 유용하고, 향후의 행동에 기준이 될 수 있는 아이디어를 취하는 것이다. 빠른 사고의 과정은 다분히 자동적이고 무의식적으로 이루어지기 때문에, 어떤 아이디어를 그 기반으로 삼을 것인지에 대해서는 대단히 보수적이다. 이러한 점에서 우리가 새로운 행동 습관을 대단히 느리게 배운다는 사실은 그리 놀랍지 않다. 빠른 사고는 우리가 새로운 아이디어를 하나의 습관으로 받아들이기 전에 그 아이디어에 관한 많은 성공 사례를 종종 요구하는데, 그렇기 때문에 똑같은 아이디어를 시도하는 다른 사람들과의 참여가 새로운 습관을 학습하는 보편적인 방식이 되는 것이다.[2] 다른 사람들의 경험에 대한 관찰은 새로운 아이디어가 우리 자신에게도 성공적일 수 있을지 결정하기 위해 필요한 다양한 사례를 제공하는 것이다.

느린 사고

빠른 생각이 아주 효과적으로 그 기능을 다하지만, (그 기원은 적어도 수억 년 전으로 거슬러 올라갈 수 있고, 아마도 모든 포유류가 공유하고 있는) 지금 이 순간에 최고의 행동을 선택하기 위한 메커니즘으로서 연상 작용에 의존해야만 하는 본질적인 한계로 인해 중대한 결함 또한 지니고 있다. 실제로 카너먼을 비롯한 다양한 학자들은 이러한 한계 때문에 느린 사고의 기능이 진화했을 것이라고 추측한다.

느린 사고 과정은 흥미로운 것으로 보이는(아마도 언젠가는 유용한 것으로 드러나게 될) 개별적인 추론과 관찰로 형성된 믿음에 기반을 둔다. 느린 사고가 원칙에 따른 신중한 과정이라는 점에서, 새로우면서도 불확실한 믿음들을 다양하게 시도해 보는 방식이 안전하다. 그것은 그러한 믿음들을 가지고 '놀이'를 하는 과정에서, 우리는 그것이 우리의 믿음 체계와 조화를 이루는지 판단할 수 있기 때문이다. 그러므로 우리는 신속하게 새로운 사실들을 습득하고, 탐험 행동을 계속 이어 나가야 하는 것이다. 2장에서 살펴보았듯이, 탐험 활동은 훌륭한 의사 결정을 내리기 위한 우리의 능력을 향상시킨다.

언어와 느린 사고는 긴밀하게 연결되어 있다. 때로 우리는 다른 사람들의 경험들을 특별히 기억할 만한 이야기를 통해 빠른 사고 습관 목록으로 통합시키기도 하지만, 언어의 실질적인 위력은 느린 사고의 믿음 체계가 인구 전체로 퍼져 나갈 수 있도록 만들어 준다는 데 있다. 우리에게 익숙한 지금과 여기의 경계를 뛰어넘을 수 있는 능력이야말로, 비록 일반적으로 해답을 발견하기 위한 대단히 느리고 힘든 과정이기는 하나, 느린 사고

가 인류의 생존을 위해 우리에게 가져다주는 최고의 가치라 하겠다.[3]

비교

많은 과제에서 빠른 사고가 느린 사고보다 더 낫다는 사실에 많은 사람이 놀란다.[4] 문제가 복잡하고 다양한 목표들 사이에 균형을 잡아야 할 경우, 빠른 사고가 활용하는 연상 메커니즘은 일반적으로 느린 사고의 메커니즘보다 더욱 탁월한 성과를 보여 준다. 이는 의사 결정을 내려야 할 시간적 여유가 없을 때 특히 그러하다. 이러한 이유로 많은 과학자는 우리의 일상적인 행동들 대부분이 빠른 사고에 기반을 두고 있다고 믿는다. 말 그대로 우리에겐 느린 사고의 과정을 거쳐 심사숙고할 시간적 여유가 없는 것이다.[5] 사람들이 종종 '아무 생각 없이 그냥 몸이 반응했다'라고 보고하는 위기의 순간, 빠른 사고의 위력은 빛을 발한다. 그리고 서류를 정리하거나 운전하면서 동시에 딴생각을 하거나 잡담을 나누는 것과 같은 지극히 일상적인 모습에서도 똑같은 논리가 적용된다.

어떤 활동을 수행하기 위해 고차원적이고 의식적인 의사 결정을 수행해야 하는 반면, 또 다른 많은 활동은 대단히 익숙하고 자동적인 방식으로 이루어지고, 빠른 사고에 의해 가동되며, 주의 집중에서 대부분 벗어나 있다. 사람들과 잡담을 나누거나, 운전 혹은 자전거 타기와 같은 신체적 활동처럼 우리에게 대단히 익숙한 일상적인 활동들을 할 때, 우리의 삶에서 가장 자동적인 측면이 분명하게 드러난다. 이러한 습관적인 활동들과 관련해, 정확하게 무엇을 했고, 왜 그렇게 했는지 설명해 달라는 요청에 사람들은 대개 당황한다. 그건 그저 자동적으로 된 것이기 때문이다.

빠른 사고와 느린 사고의 만남

빠른 사고와 느린 사고의 상호 작용을 구체적으로 설명하기란 쉽지 않다. 그것은 진화 과정을 거치면서 두 가지 사고 과정이 아주 복잡하게 얽혀 버렸기 때문이다. '사회적 진화'와 '친구와 가족' 연구를 통해 우리가 보고 있는 것은 대부분 습관적인 혹은 직관적인 빠른 사고 상태로, 이는 다양한 사람과 상황들을 통해 비슷한 방식으로 새로운 행동을 학습한다. 반면, 추론을 관장하는 느린 사고는 대단히 다양하고 복잡하기 때문에, 어떤 아이디어 흐름을 받아들여야 할지 선택하는 순간을 제외하고 사람들의 경험들 속에서 단일 요소로 모습을 드러내지 않는다. 그래도 3장에서 소개한 것처럼, 우리는 빅데이터 경험을 통해 빠른 사고와 느린 사고가 어떻게 서로 협조하는지 볼 수 있다.

나의 연구 결과들은 인간의 지속적인 탐험 행동이 보통 의식적으로 느린 사고 과정으로 이루어지며, 동료들 사이에서 뚜렷하게 나타나는 유행처럼 모든 다양한 커뮤니케이션 채널을 통한 사회적 노출로부터 자극받는다는 사실을 보여 준다. 이러한 형태의 동료 압력은 규범적인 것이 아니라, 정보를 제공하는 것이다.

폭넓은 사회적 노출이 탐험의 느린 사고 과정에 지침을 제공하기는 하지만, 빠른 사고의 학습 과정과는 별로 상관없다. 새롭게 등장한 어떤 행동이 습관과 직관의 빠른 사고 목록으로 통합될 수 있는 가능성은, 그 행동이 공동체를 기반으로 형성된 장기적인 상식과 조화를 이루는지와 밀접한 관련이 있다.

최대한 간략하게 설명하자면, 습관과 직관은 빠른 사고에 기반을 두고 있고, 여기서 빠른 사고는 다른 사람들과의 참여를 통해 우리 자신의 경험과 다른 사람들의 경험을 통합하고, 이를 통해 새로운 행동 습관을 형성하게 되는 것이다. 탐험과 주변 상황을 파악하기 위해 우리의 주의를 안내하는 것은 느린 사고의 핵심적인 기능이며, 여기서 느린 사고는 사건과 상황, 그리고 개인적인 지각과 언어를 통해 학습되는 상관관계에 대한 관찰로부터 도움을 얻는다.[6]

우리 인간에게 서로 다른 방식으로 작동하는 두 가지 사고 체계가 존재한다는 깨달음은, 철학과 인류학, 사회학 분야의 다양한 전통적 논의의 흐름을 바꾸어 놓았다.[7] 이러한 학술적 논쟁 한쪽에는 클로드 레비스트로스Claude Lévi-Strauss와 같은 인류학자와 카를 마르크스와 애덤 스미스 같은 철학–경제학자들이 자리 잡고 있다. 이쪽의 사상가들은 사회 구조가 개인의 행동을 어떻게 형성하는지에 주목한다. 반면, 그 반대편에는 장 폴 사르트르Jean Paul Sartre와 같은 철학자들, 게임 이론가들, 인지 과학자들이 있는데, 이들은 자유 의지와 개인의 인식 과정이 개별적인 행동을 형성하는 과정에 주목한다.

인간의 정신이 두 가지 사고 유형으로 구성되어 있다는 현대적인 발견은 이제 다음과 같은 결론에 이르고 있다. 자유 의지와 사회적 맥락을 둘러싼 논쟁에서 양쪽 모두의 주장이 옳지만, 인간의 모든 행동에 대해 항상 옳은 것은 아니다. 예를 들어, 정치적 입장을 주제로 한 사회적 진화 연구 사례에서, 우리는 사람들이 분명하게도 느린 사고의 도구들을 활용함으로써 진보와 보수 중 어디에서 더욱 편안함을 느끼는지 결정한다는 사실을 확인했다. 하지만 일단 입장을 선택하면, 사람들은 빠른 사고의 자동적인 학습 도구들을 통해 관련된 직관과 스스로 선택한 집단의 습관을 받아들이는 것이다.

하지만 정량적인 차원에서 바라볼 때, 사회적 영향에 주목하는 쪽이 승리를 거둔다. 우리의 행동들 대부분은 논리적이기보다는 습관적으로 이루어지며, 이러한 모습은 우리가 스스로를 바라보려는 모습과 정면으로 배치된다.[8] 카너먼의 표현대로, 우리의 행동 대부분은 느린 추론 과정이 아니라, 직관과 습관의 빠른 판단을 통해 이루어진다. 하지만 자유 의지 진영이 지적하는 것처럼, 대부분의 중요한 의사 결정은 느린 추론 과정에 기반을 두고 이루어진다.

4

수학
Math

상호 작용 네트워크를 알지 못하는 상황에서, 우리는 어떻게 사회 시스템 내부의 개인들 사이에서 일어나는 영향력 행사와 사회적 학습, 동료 압력을 모형화할 수 있을까? 부록 4에서는 1) 독립적 시계열time series을 활용해 한 행위자의 상태가 동일 시스템 내 다른 행위자의 상태에 어떤 영향을 미치는지 설명해 주는 영향 모형을 검토하고, 2) 이러한 일반적인 구조를 활용해 다양한 양상modality에 걸쳐 드러나는 사회적 학습을 모형화하는 방법을 보여 주고, 3) 사회적 네트워크 전반에 걸쳐 행동 변화의 흐름(아이디어 흐름)을 예측하는 방법을 설명하고, 4) 사회관계망 동기를 활용함으로써 아이디어 흐름을 변화시키는 방법에 대해 이야기하고자 한다.

'영향'이라는 개념은 자연과학에서 특히 중요하다. 영향의 기본적인 의미는 한 행위자의 성과가 다른 행위자의 성과를 촉발한다는 것이다. 첫 번째 도미노를 넘어뜨리면 두 번째 도미노가 넘어진다. 우리가 그 두 도미노가 상호 작용하는 방식, 즉 첫 번째 도미노가 두 번째 도미노에 어떤 영향을 미치는지 정확하게 이해할 수 있다면, 그리고 도미노들의 초기 상태와 다른 도미노에 대해 상대적으로 어떤 위치에 놓여 있는지 알 수 있다면, 전체 시스템의 결과를 예측할 수 있을 것이다.

수십 년에 걸쳐 사회과학자들은 또한 사회 시스템 속에서 누가 누구에게 영향을 미치는지 분석하고 이해하기 위해 노력해 왔다. 그러나 물리적 세상에 상응하는 등가물은 행동이 구체적이며, 구체적인 상호 작용의 상황적 문맥은 하나의 구성원이 다른 구성원에게 미치는 영향을 변화시킬 수 있다. 그리고 더욱 까다로운 사실은 한 행위자가 누구와 상호 작용할 것인지 선택할 수 있다는 것이며, 이는 행위자들 간의 서로 관련된 행동들로부터 영향을 추론하기 위한 시도를 힘들게 만든다. 그래서 많은 학자가 네트워크로 연결된 상호 작용이 사회적 활동과 그 결과의 확산에 미치는 영향을 더 잘 이해하기 위한 방법들을 개발하는 데 많은 관심을 기울였다.

사회과학자들은 영향의 기반을 이루는 일상적인 메커니즘을 잘 이해하기 위해 집단 토론과 같은 의사소통 환경을 깊이 있게 연구해 왔지만, 소시오메트릭 배지와 휴대 전화 같은 현대적인 센싱 시스템 분야에서 최근에 드러난 발전은 이제 시간과 공간 차원에서 대단히 높은 해상도로 모든 개인으로부터 가치 있는 사회적 행동 신호들을 포착하고 있다. 그 도전 과제는 그렇게 수집한 데이터들을 활용해 사회적 시스템 안에서 드러나는 영향에 관해 더욱 탁월한 추론을 이끌어 내는 일이다.

이 부록에서 나는 웬 동이 석사 학위 논문에서 나와 공동으로 개발한, 그리고 이후 내 연구실에 있는 웨이 판, 매뉴얼 세브리언, 김태민이 캘리포니아 대학 샌디에이고 캠퍼스 사회과학자 제임스 파울러와 함께 발전시킨 영향 모형에 대한 설명으로 시작하고자 한다.[1] 이 부록의 내용은 'Pan et al.'[2]에서 소개하는 시스템을 기반으로 한다. 다른 자료에서 영향력에 대한 유사한 정의들은 물리학에서 투표 모형voting model, 역학에서 폭포 모형cascade model, 심리학에서 태도 영향attitude influence, 경제학에서 정보 교환 모형information exchange models에 대한 연구를 포함하고 있다.

하지만 기존 영향 모형들은 실제 세상에 대한 관찰로부터 행동 변화를 예측하는 과정에서 활용하기가 까다롭거나 불가능했다. 그라노베터Granovetter 연구와 같은 전통적인 확산 모형들은 시뮬레이션에는 적용할 수 있지만, 데이터를 조정하거나 예측하는 기능이 부족하다.[3] 대응 표본 예측matched sample estimation처럼, 사회과학자들이 활용하는 통계적 분석 방식은 네트워크 효과와 메커니즘을 확인하는 작업에서만 쓸모가 있다.[4] 네트워크 구조를 예측하는 컴퓨터 과학에서 최근에 나온 연구 성과들은 단순한 확산 메커니즘diffusion mechanism을 가정하고 있으며, 실제 네트워크상에서 인공적인 시뮬레이션 데이터에만 적용이 가능하다.[5]

이 책에서 소개하는 다양한 사례를 통해 확인할 수 있는 것처럼, 우리의 연구는 앞서 설명한 각각의 사안들을 다루고 있다. 물론 우리의 영향 모형이 사회적 상호 작용의 역동성을 모형화할 수 있는 유일한 방안은 아니다. 이는 사회물리학의 모형이 아니다. 다만 다양한 개인들, 변화하는 사회적 관계, 누락되었거나 들쭉날쭉한 데이터를 처리할 수 있는 측정 가능한 효과적인 방법이자, 아주 많은 상황들 속에서 이러한 과제에 적합하다고 밝혀진 방법인 것이다.

영향 모형은 영향에 대한 명백히 추상적인 정의에 기반을 두고 있다. 한 개체의 상태는 네트워크 내부 이웃들의 상태에 영향을 받으며, 이로 인해 변화한다. 네트워크 내부의 개체들은 다른 대체들에 대해 특별하게 정의된 영향력을 지니고 있으며, 동등한 형태로 각 관계들의 비중은 그 영향력에 달려 있다.

'친구와 가족'과 '사회적 진화'를 비롯한 다양한 연구들 속에서 우리가 확인한 결과는, 이미 특정한 행동을 수용한 동료들에 대한 노출 정도는, 적어도 행동과 그 결과가 뚜렷하게 드러나는 경우에, 그 행동을 받아들일 가능성을 정확하게 예측한다는 것이다. 그래서 사회물리학이 의미 있는 것이다. 이러한 형태의 강력한 사회적 학습과 사회적 압력의 효과가 나타나지 않는다면, 우리는 개인들의 구체적인 사고 패턴을 모형화해야 할 것이다.

동료들의 행동에 대한 노출 측정 혹은 사회적 연결 강도 측정을 영향 모형과 조합함으로써, 우리는 개인이 특정한 행동을 수용하게 될 가능성에 대한 쓸모 있는 예측을 내놓을 수 있다. 그 일반적인 결과는 행동 채택 분포에서 40퍼센트를 이러한 방식으로 예측할 수 있다는 것이다. 다시 말해 우리의 영향 모형은 IQ나 유전자만큼 행동 결과를 정확하게 예측한다.

폭넓은 사회 시스템(기업이나 국가 혹은 기관과 같은 집단을 하나의 구성원으로 하는 시스템들을 포함해)에 적용할 수 있다는 점에서, 나는 우리의 영향 모형이 사회과학자들을 위한 특별한 도구라고 믿는다. 또한 영향 모형을 기반으로 연구원들은 네트워크 구조를 모르는 상태에서도 상호 작용과 역동성을 예측할 수 있다. 이를 위해 개별적인 관찰로부터 얻은 시계열 신호에 관한 정보만 있으면 된다.

이러한 모델링 방법이 네트워크를 관찰하는 모든 연구와 동일한 한계를 가지고 있다 하더라도, 시간과 사회적 공간에 따른 행동들의 순서는 선택 효과selection effect와 상황적 산재성contextual heterogeneity 같은 대안적 메커니즘들이 이 모형에 의해 확인된 영향 패턴들을 설명할 수 있는 가능성을 떨어뜨린다.

개체들 간의 영향

내가 학생들과 함께 인간의 사회적 상호 작용을 모형화하기 위해 개발한 영향 모형은 개체들 C의 시스템으로 시작된다. 각각의 개체인 c는 독립적 행위자를 의미하며, 이는 집단 토론의 경우 한 사람을 나타낸다. 이 개체들은 상호 작용하면서, 소셜 네트워크를 따라 서로 영향을 주고받는다. 영향은 시점 t에서 각 개체의 현재 상태인 $h_t^{(c)}$와 시점 $t-1$에서 모든 개체들의 이전 상태를 의미하는 $h_{t-1}^{(c)}$ 사이의 조건 의존성으로 정의된다. 그러므로 직관적으로 $h_t^{(c)}$는 모든 다른 개체로부터 영향을 받는다. 이 마르코피언 가정Markovian assumption에 담긴 중요한 의미는, $t-1$보다 더 이른 시점의 상태들로부터 받는 모든 영향을 시점 $t-1$로부터 모든 정보를 통합함으로써 완전하게 설명할 수 있다는 것이다. 이 말은 곧 더 이전 시점들이 영향을 미치지 않거나 중요하지 않으며, 단지 그 전체적인 영향은 바로 그 직전 기간에만 체감된다는 것을 의미한다.

각각의 개체인 c는 가능한 상태인 $1, \ldots, S$의 유한 집합과 관련되어 있다. 시점 t에서 개체 c는 이러한 상태들 중 하나에 속하고, 우리는 이를

$h_t^{(c)} \in (1, \ldots, S)$라고 표기한다. 각 개체가 반드시 똑같은 가능한 상태들의 집합과 관련되어 있는 것은 아니다. 그러나 간단하게 설명하기 위해, 각 개체의 잠재적인 상태 공간이 일반성을 잃지 않고 동일하다고 가정하자. 각 개체들의 상태는 직접적으로 관찰이 가능하지 않다. 그러나 HMM^{hidden Markov model}에서처럼, 각각의 개체는 현재의 잠재적 상태인 $h_t^{(c)}$를 기반으로 타임스탬프 t에서 신호 $O_t^{(c)}$를 방출하면서 조건 방출 확률인 $\text{Prob}(O_t^{(c)} | h_t^{(c)})$를 따른다.

상태 의존성 관점에서 사회적 영향에 대한 정의(하나의 개체 상태가 다른 개체들의 상태에 어떻게 영향을 미치는지, 그리고 그 반대)는 통계 물리학과 기계 학습^{machine learning}에 뿌리를 두고 있다. 마찬가지로 연구원들은 사회적 상호 작용 시계열 데이터를 이해하고 가공하기 위해 오랫동안 베이지언 네트워크^{Bayesian network}를 활용했다. 더 이전의 연구 프로젝트들은 연결 HMM들을 활용한 반면, 보다 최근의 프로젝트들은 역동적인 시스템 트리와 상호 작용하는 마르코프 사슬을 활용하고 있다. 그러나 우리 모형은 사회관계망을 상태 의존성에 좀처럼 연결시키지 않는다는 점에서 특별하다.

사회적 시스템은 상호 작용을 하고, 서로 영향력을 행사하는 다양한 개체들로 이루어져 있다. 사회적 영향력은 각 개체의 시점 t에서의 상태인 $h_t^{(c)}$, 그리고 시점 $t-1$에서 모든 실체들의 이전 상태인 $h_{t-1}^{(1)}, \ldots, h_{t-1}^{(C)}$ 사이의 조건 의존성으로 표현할 수 있다. 그러므로 직관적으로 말해, $h_t^{(c)}$는 모든 다른 개체들로부터 영향을 받는다. 그리고 그 조건부 확률은 다음과 같이 표현할 수 있으며, 생성적 확률 과정을 자연스럽게 설명해 준다.

$$\text{Prob}(h_t^{(c')}|h_{t-1}^{(1)},\dots,h_{t-1}^{(C)}) \tag{1}$$

연결 마르코프 모형을 활용함으로써, 우리는 일반적인 조합 접근 방식으로 (1)을 이에 상응하는 HMM으로 전환할 수 있으며, 여기서 고유한 상태는 각각의 서로 다른 잠재적 상태 조합인 $h_{t-1}^{(1)},\dots,h_{t-1}^{(C)}$를 나타낸다. 그러므로 개체들과 상호 작용하는 C를 가진 시스템의 경우, 이에 상응하는 HMM은 그 시스템에서 개체들의 수에 대한 지수인, 잠재적 상태 공간state space을 나타내는 S^C를 갖게 되며, 이는 실제 적용에서 받아들일 수 없는 것이다. 반면 우리의 영향 모형은 훨씬 더 적은 변수들로 구성된 보다 간단한 접근 방식을 활용한다. 개체들인 $1,\dots,C$는 다음과 같은 방식으로 c'에 영향을 미친다.

$$\text{Prob}(h_t^{(c')}|h_{t-1}^{(1)},\dots,h_{t-1}^{(C)})$$
$$= \Sigma_{c=(1,\dots,C)}\, R_{c',c} \times \text{Prob}(h_t^{(c')}|h_{t-1}^{(C)}) \tag{2}$$

R는 개체들 간의 연결 정도를 모형화하는 $C \times C$ 확률 행렬stochastic matrix을 나타낸다. $\text{Prob}(h_t^{(c')}|h_{t-1}^{(C)})$는 $S \times S$ 확률 행렬인 $M^{c,c'}$를 기반으로 모형화되었고, 이는 다양한 개체들의 상태 사이의 조건부 확률을 설명해 주며, 전이 행렬transition matrix이라고 알려져 있다. 일반적으로 각각의 개체 c에 대해, c와 $c' = 1,\dots,C$ 사이의 영향 역동성influence dynamics을 나타내는 C 다른 전이 행렬들이 있다. 그러나 이 상황은 C 다른 행렬들을 오직 두 개의 $S \times S$ 행렬로 대체함으로써 단순화할 수 있고, E^c와 F^c: $E^c = M^{c,c'}$는

자기 이전self-transition을 나타내며, 다른 개체들에 대한 개체 c'의 영향력은 비슷하게 고정되어 있기 때문에, 상호 개체interentity 상태는 모든 $c' \neq c$에서 $M^{c,c'} = F^c$로 이전한다.

방정식 (2)는 다음과 같이 해석할 수 있다. 시점 $t-1$에서 모든 개체의 상태는 시점 t에서 개체 c'의 상태에 영향을 미친다. 그러나 영향력은 개체에 따라 다르다. $R^{c,c'}$는 c'에 대한 c의 영향을 나타낸다. 시점 t에서 개체 c'의 상태 분포state distribution는 c'에 대한 그들의 영향에 의해 가중된 모든 다른 개체로부터 영향의 조합이다. R가 모든 개체들 간의 영향을 의미하기 때문에, 우리는 R를 '영향 행렬influence matrix'로 언급하는 것이다.

변수의 수는 개체들 C의 수, 잠재적 공간 크기 S의 차원에서 2차식으로 높아진다. 이는 거대한 훈련 집합에 대한 요구 조건을 전체적으로 낮추고, 모형 과적합의 위험을 줄이며, 더 큰 사회 시스템으로 확장 가능한 영향 모형을 만들어 준다. 게다가 R는 통제 가중 곡선directed weighted graph을 위한 인접 행렬adjacency matrix로서 자연스럽게 인식된다. 그렇다면 그 모형에 의해 학습된 두 노드node 사이의 영향은 사회관계망 내부의 연결 무게로 인식할 수 있다. 이러한 방식으로 그 모델은 조건부 확률적 의존성을 가중 네트워크 구조로 연결한다. 사실 R의 가장 일반적인 활용은 사회적 구조를 이해하기 위한 것이다. 영향 모형의 매개 변수들을 예측하기 위한 매트랩Matlab 코드와 사례 문제들은 다음에서 확인이 가능하다. http://vismod. media.mit.edu/vismod/demos/influence-model/index.html.

영향 모형은 다양한 사회과학 실험들, 특히 소시오메트릭 배지나 스마트폰을 가지고 관찰하는 실험들에서 활용되고 있다.[6] 이러한 실험들로는 대화 전환에 대한 분석, 사회관계망 내부에서의 비중, 그리고 인간 상호 작용 상황에 대한 이해가 있다. 예를 들어 나는 학생들과 함께 생존 경쟁 집단의 전체 토론 데이터 속에서 각 개인들의 기능적인 역할(가령 추종자, 주도자, 증여자, 수색자)을 파악하기 위해 영향 모형을 활용하고 있다.[7] 여기서 우리는 영향 행렬을 도출함으로써 다른 보다 전통적인 접근 방식과 비교할 때, 더 높은 수준으로 분류 정확도classification accuracy를 얻을 수 있다는 사실을 발견했다. 최근 영향 모형은 교통 패턴이나[8] 독감 발생[9] 등 다양한 시스템들로 확장되고 있다. 게다가 그 모형을 기반으로 영향 행렬 속에 역동적인 변화를 통합하는 방법론적 진보가 이루어졌다.[10]

이와 관련된 접근 방식들은 사회적 상호 작용의 시계열 데이터를 이해하고 가공하기 위해 베이지언 네트워크를 활용하고 있다. 그러한 사례들로 연결 HMM 역동적 시스템 트리, 상호 작용하는 마르코프 사슬이 있다. 이러한 접근 방식들과 영향 모형의 가장 핵심적인 차이는 영향 행렬 R가 실질적인 네트워크를 상태 의존성으로 연결한다는 것이다.

역문제Inverse Problem : 잠재 변수의 추론

대부분의 실제 상황 속에서 우리에게는 행동에 대한 측정들로 이루어진 관찰 시계열밖에 주어져 있지 않다. 이러한 관찰을 기반으로, 우리는 드러나지 않는 잠재 변수들, 그리고 영향 모형의 시스템 매개 변수들의 분산을 알아내야 한다. 연구 과정에서 평균장 방법mean-field method을 활용할 수 있었음에도 불구하고, 우리는 변분적 EMexpectation maximization 접근 방식을 활용하고 있다(이에 관한 자세한 사항은 'Pan et al'을 참조).[11]

논의

네트워크 내부의 개체들이 어떻게 서로 영향을 미치는지 언급하기 위해, 영향 모형과 이 모형을 다양한 사회적 신호에 적용하는 방법에 대해 설명했다. 특히 기반적인 사회관계망과 관찰되는 개인들의 행동 상태 전이의 확률 과정을 연결하기 위해 도출된 영향 행렬 R를 활용할 수 있다.

영향 모형은 다른 기계 학습 모형들과 똑같은 한계들을 일부 공유하고 있다. 추론을 위해서는 충분한 훈련 데이터가 필요하고, 최선의 결과를 얻기 위해 조율은 필수적이다. 그중에서 가장 중요한 한계는, 많은 메커니즘들이 활용하고 있는 관찰 데이터로부터 일상적인 과정을 추론하기 위해 노력하고 있다는 것이다. 가령 두 사람 간의 행동이 서로 관련 있다는 사실을 발견했을 때, 이는 영향으로부터 비롯된 것일 수도 있지만, 동시에 선택(나는 나와 비슷한 사람들을 선택적으로 만난다) 혹은 상황적 요소들(당신과 나는 어떤 사건이나 데이터 외부의 제3자로부터 영향을 받고 있다) 때문일 수도 있는 것이다. 최근 이러한 메커니즘들이 전반적으로 혼란스러운 것이라는 사실이 드러나고 있다. 그러나 영향의 방향을 시험하기 위한 네트워크 관계 속 비대칭은 물론, 인과관계를 시험하기 위한 시간 데이터를 확보하고 있다는 사실은, 대칭적 관계로부터 비롯된 횡단적인 데이터만을 확보하고 있을 때보다 (비록 완벽하지는 않더라도) 신뢰도를 더욱 높일 수 있음을 의미하는 것이다.

다중 채널을 통한 영향
모형화
(3장)

나의 많은 연구 속에서 활용하고 있는 것처럼, 오늘날 스마트폰 내부에 탑재된 센서를 활용해 다양한 형태의 사회관계망 형태를 파악할 수 있다. 거기에는 전화번호 목록, 가까이 지내는 사람들, 똑같은 유동성 습관을 공유하는 사람들에 관한 정보들이 들어 있다. 각각의 네트워크들은 개인들에게 새로운 아이디어를 보여 주어 사회적 학습 기회를 제공한다.

'친구와 가족', '사회적 진화'를 비롯한 다양한 연구 속에서 우리가 확인한 실험 결과들은, 특정한 행동을 이미 받아들인 동료들에 대한 노출 정도를 활용함으로써, 적어도 행동과 결과를 눈으로 확인할 수 있는 경우, 한 개인이 그 행동을 받아들일 가능성을 효과적으로 예측할 수 있다는 사실을 보여 주었다. 그렇다고 하더라도 다중 노출 채널들로부터 비롯된 행동 변화를 예측하기 위해 각각의 형태 내부의 다양한 영향력 매개 변수들을 함께 다룰 수 있도록 영향 모형을 확장하는 일이 다음 과제로 남아 있다.

박사 과정의 웨이 판은 나, 박사 과정의 나다브 아로니와의 공동 연구를 통해, 행동 변화를 보다 정확하게 예측할 수 있는 단순한 컴퓨팅 모형을 개발했다. 이 모형은 휴대 전화를 통해 파악한 다양한 네트워크로부터 계산된 복합망을 활용한다. 우리의 모형은 또한 행동 변화 속에서 개인적인 편차와 외부 요인들을 고려한다. 우리의 연구는 행동 변화를 예측하는 과정에서 이러한 모든 요소를 고려하는 노력의 중요성을 분명하게 보여 주며, 마지막으로 행동 변화를 실제로 예측할 수 있다는 사실을 확인시켜 준다. 다음의 설명은 'Pan et al.'에 기반을 둔 것이다.[12]

도입

나의 최근 연구 프로젝트는 사회관계망에 대한 노출이 체중 증가나 투표와 같은 개인적인 행동 변화와 상관관계가 있음을 보여 준다.[13] 여기서 우리는 보다 정확하고 보편적인 행동 변화에 대한 예측을 얻기 위해 스마트폰과 같은 센서들로부터 수집하는 다양한 유형의 네트워크 데이터를 활용하는 과제를 해결하기 위해, 네트워크를 기반으로 예측을 제시하는 영향 모형의 기능을 확장하는 작업에 많은 관심을 기울이고 있다.

그러나 다음과 같은 사실들로 인해, 행동 변화를 모형화하고 예측하기 위한 대규모 사회관계망 연구에서 기존의 도구들을 채택하는 것이 쉽지 않다.

1. 기반이 되는 네트워크를 완벽하게 관찰할 수는 없다. 이 연구에서 핵심적인 아이디어는 특정 네트워크가 행동 변화를 설명하기 위한 '실질적인' 사회관계망이라고 가정하는 것이 아니라, 최신 스마트폰과 같은 센서들로부터 쉽게 관찰할 수 있는 다양한 네트워크들의 다양한

층들로 이루어진 복합망, 다시 말해 행동 변화를 가장 잘 예측하는 네트워크를 이끌어 내는 것이다.

2. 행동 변화에는 외적인 요인들이 있다. 행동 변화를 위한 네트워크 분석 작업은 종종 관찰된 네트워크에 걸쳐 일어나는 전이가 채택을 위한 유일한 메커니즘이라고 가정하고 있다. 물론 그건 사실이 아니다. 행동 변화를 일으킬 수 있는 대중 매체와 관찰되지 않은 네트워크들이 존재한다. 이 분야에서 우리 연구가 기여한 한 가지 중요한 부분은, 그러한 임의성에도 불구하고 유용한 예측 도구를 얼마든지 개발할 수 있다는 사실을 보여 주었다는 것이다.

3. 행동 변화에서 개인의 행동적 편차가 대단히 커, 그 데이터로부터 어떤 네트워크 효과도 발견하지 못할 수 있다. 예를 들어, 어떤 사람들은 초기 시점에, 그리고 어떤 사람들은 뒤늦게 수용한다.

여기서 나는 네트워크 속에서 행동 변화를 포착하기 위한 우리의 모형에 대해 설명하고 있다. 다음에서 G는 그래프 G의 인접 행렬을 의미한다. 각 사용자들은 $u \in \{1, \ldots, U\}$로 표현된다. 그리고 각각의 행동은 $a \in \{1, \ldots, A\}$로 나타난다. 우리는 이항 확률 변수binary random variable인 x_u^a가 채택의 상태(가령 앱 설치와 같이)를 의미하는 것으로 정의한다. 즉 사용자 u가 a를 받아들인다면 $x_u^a = 1$이고, 그렇지 않다면 그 값은 0이다. 앞에서 소개한 것처럼 휴대 전화를 통해 이끌어 낼 수 있는 다양한 사회적 관계 네트워크는 $G^1, \ldots, G^M$로 표기된다. 우리 모형의 목표는 모든 후보 사회관계망 중에서 예측력이 가장 높은 최적의 복합망 G^{opt}를 이끌어 내는 것이다. 그래프 G^m에서 가장자리 비중 $e_{i,j}$는 $w^m_{i,j}$로 표기한다. G^{opt}에서 가장자리 비중은 그냥 $w_{i,j}$로 표기한다.

우리 모형의 한 가지 기본적인 아이디어는 비음수 누적 가정nonnegative accumulative assumption이다. 이는 우리 모형을 다른 선형 행렬 모형들과 차별화시킨다. 우리는 G^{opt}를 이렇게 정의한다.

$$G^{opt} = \sum_m \alpha_m G^m$$

여기서 $\forall m, \alpha_m \geq 0$이다.

이 비음수 누적 가정을 뒷받침하는 개념은 다음과 같다. 두 노드가 특정 유형의 네트워크상에서 연결되어 있다면, 그들의 행동은 서로 관련되어 있을 수도 아닐 수도 있다. 다른 한편으로, 두 노드가 특정 유형의 네트워크상에서 연결되어 있지 않을 때, 그들 사이 연결의 결핍은 그들의 앱 설치 사이에서의 상호 관련에 대한 어떠한 긍정적·부정적 효과로 이어지지 않는다. 그래서 $\alpha_1, \dots, \alpha_M$은 최적의 복합 네트워크를 설명하는 과정에서 각 후보 네트워크에 대한 비음적 가중치다. 계속해서 우리는 네트워크 가능성 $p_a(i)$를 이렇게 정의한다.

$$p_a(i) = \sum_{j \in N(i)} w_{i,j}\, x_j^a$$

여기서 노드 i의 이웃은 다음과 같이 정의한다.

$$N(i) = \{ j \mid \exists\, m\; s.t.\; w_{ij}^{m} \geq 0 \}$$

잠재적 $p_a(i)$는 또한 다른 네트워크들로부터 비롯된 가능성들로 이루어져 있다. 우리는 $p_a(i)$를 복합 네트워크상에서 그 이웃들에 대한 관찰을 기반으로 하는 새로운 행동을 드러내는 i의 가능성으로서 생각할 수 있다. 마지막으로, 우리의 조건부 확률은 다음과 같이 정의한다.

$$Prob(x_u^a = 1 \mid x_{u'}^a : u' \in N(u)) = 1 - exp(-s_u - p_a(u))$$

여기서 $\forall u, s_u \geq 0$이다. s_u는 행동 변화에 대한 개별적인 민감도를 나타낸다. 우리는 두 가지 이유로 이 지수 함수를 사용한다.

1. $f(x) = 1 - exp(-x)$의 단조롭고 오목한 특성은 사회적 영향력을 통해 인간의 행동 변화를 주제로 한 최근의 연구와 잘 들어맞는다. 이는 증가하는 외적 네트워크 신호들과 더불어 채택 가능성이 둔화되는 추세로 증가하고 있음을 말해 주는 것이다.[14]
2. 모형 훈련에서 최대 가능 추정법maximum likelihood estimation을 활용하는 동안 이는 오목 최적화 문제를 형성한다.

우리는 행동의 유행과 같은 외부 요소들 또한 고려해야 한다. 가상 그래프 G^p를 활용함으로써 이를 모형화할 수 있는데, 이 그래프는 복합 네트워크 기반으로 쉽게 연결이 가능하다. G^p는 가상 노드 $u + 1$, 그리고 각각의 실제 사용자 u를 위한 에지edge $e_{u+1, u}$를 추가함으로써 만들어진다. 각 각의 에지 $w_{u+1, u}$에 상응하는 가중치는 그 행동의 인기를 설명하는 양수다.

이렇게 외부 요인들을 고려함으로써, 또한 네트워크 효과를 측정하는 과정에서 정확성을 중요한 이유로 높여 준다. 예를 들어, 두 노드가 하나의 에지에 의해 연결된 네트워크를 이루고, 두 노드가 하나의 행동을 나타내는 경우를 생각해 보자. 그 행동이 크게 유행하는 것이라면, 두 노드가 이러한 행동을 보인다는 사실은 강력한 네트워크 효과를 의미하는 것이 아닐 것이다. 반대로, 그 행동이 드물게 나타나는 것이라면, 두 노드가 이 행동을 보인다는 사실은 강력한 네트워크 효과를 의미하는 것이다. 그러므로 외적 요인들을 고려함으로써 알고리즘이 네트워크 비중을 보다 정교하게 조정할 수 있도록 만들 수 있다.

모형 훈련

훈련 단계 동안 우리는 $\alpha_1, \ldots, \alpha_M$, 그리고 $s_1, \ldots, s_u$의 최적값을 측정하고자 한다.

우리는 모든 조건부 우도conditional likelihoods의 합계를 극대화함으로써 하나의 최적화 문제로 이를 공식화할 수 있다. 이는 오목 최적화 문제다. 그래서 전역 최적global optimal이 보장되고, 더 큰 데이터 집합으로 확장 가능한 효과적인 알고리즘들이 존재한다.

실험 결과

휴대 전화 앱 채택에 대한 예측과 같은 실험들 속에서, 이 방법은 인구 통계를 활용하는 베이지언 추측 방식보다 대략 다섯 배나 정확하게 미래의 앱 채택에 관한 예측을 보여 준다.[15] 우리는 알고리즘이 네트워크 효과 속에서 인과관계 문제를 고려하지 않는다는 점을 강조하고 있다. 다시 말해, 우리는 네트워크 이웃들이 비슷한 행동들을 보이는 다양한 이유들을 밝혀내려고 하지는 않는다. 그것은 확산(가령 이웃으로부터 들은 이야기)이나 동종성(네트워크 이웃들이 공유하고 있는 동일한 관심과 성격) 혹은 공통적인 제3의 이유일 수 있다.

사회관계망 속에서
추이 예측
(2장)

사회관계망 내부에서 이루어지는 노출에 대한 관찰을 바탕으로, 우리는 동일한 개인들 속에서 드러나는, 그리고 연속적으로 수많은 개인들로 확산되는 새로운 행동의 가능성을 계산할 수 있어야 한다. 이는 내가 아이디어 흐름이라고 이름 붙인 것으로서, 네트워크를 통한 새로운 아이디어의 확산을 의미한다.

이러한 추이 예측 작업에서 중요한 어려움들 중 한 가지는 '조만간 세계적인 흐름이 될' 최초의 확산 상태가 네트워크 패턴의 다른 유형들과 대단히 비슷하다는 사실이다. 다시 말해, 사회관계망 내부에서 관찰된 여러 가지 행동 변화들을 바탕으로, 그것들 중 어떤 것이 유행으로서 널리 확산될 것인지, 그리고 어떤 것이 조만간 와해되어 사라질 것인지 예측하기란 대단히 힘들다는 것이다.

이 문제를 해결하기 위해, 박사 후 과정의 야니브 알트슐러는 웨이 판, 나와 함께 앞서 소개했던 복합 영향력 모델을 기반으로 유행의 확산을 예측할 수 있는 방법을 개발했다.[16] 우리는 공동체 혹은 소셜 네트워크를

U(공동체 구성원들), 그리고 W(그들 사이의 사회적 연결)로 구성된 그래프 G로 모형화했다. 우리는 n을 네트워크의 규모, 즉 |U|를 나타내는 것으로 사용하고 있다. 이 네트워크에서 우리는 관찰된 예외적 패턴 a의 미래 행동을 예측하는 데 관심을 기울이고 있다. 여기서 a는 그루폰Groupon과 같은 새로운 웹 서비스 혹은 '99퍼센트' 시위에 참여하는 것과 같은 또 다른 행동에 대한 증가하는 활용을 언급하는 것임에 주목하자.

유행에 대한 노출은 과도적이라는 점에 유의하자. 다시 말해, 사용자에 대한 노출은 그렇게 노출된 사용자들에 대한 네트워크의 사회적 연결 상에서 전달이 가능한 노출 동인들을 만들어 내며, 이는 다시 계속해서 그들의 친구들 사이에서 퍼져 나가도록 한다. 그래서 우리는 유행의 노출 상호 작용을 네트워크 속에서 무작위로 돌아다니는 동인들의 움직임으로 모형화하고 있다. 유행 a에 노출된 모든 사용자는 일반적으로 그러한 동인 β를 만들어 낸다.

우리는 우리의 네트워크가 무척도 네트워크 $G(n, c, \gamma)$라고(혹은 그에 가까운 것이라고), 다시 말해 사용자 u가 이웃들 d를 가질 확률이 멱승법power law을 따르는 사용자 n의 네트워크라고 가정하고 있다.

$$P(d) \sim c \cdot d^{-\gamma}$$

이 모형은 이 책에서 소개하는 대부분의 사회관계망에서 정확한 것으로 밝혀지고 있는데, 흥미로운 점은 우리가 멱승법 분포를 이루지 않는다고 생각하는 몇 가지 네트워크들은(전화 통화 네트워크처럼) 추가적인 멱승법 성분과 함께 상대적으로 고정되어 있는, 외적으로 결정되는 요소들로서 모형화될 수 있다는 사실이다. 최근 연구들은 사회적 연결을 통해 영향이 전파되는 과정을 검토하고 있다. 앞서 설명했던 복합 영향 모형에서, 네트워크 사용자들이 친구들에 의해 설치된 앱들에 노출된 이후 그 앱들을 설치하는 확률을 시험해 보았다. 사용자 u의 경우, 그 행동은 다음과 같은 형태로 가장 잘 모형화할 수 있는 것으로 드러났다.

$$p_{Local-Adopt}(a, u, t, \Delta t) = 1 - exp\{-(s_v + p_a(u))\}$$

s_u와 $w_{u,v}$ 값을 구하기 위한 정의와 방법들은 앞서 살펴본 행동 채택의 경우와 동일하다. 모든 구성원의 경우, 관찰하고 있는 특정 행동(혹은 유행)과 무관하게, $u \in U, s_u \geq 0$는 그 구성원의 개인적인 민감도를 나타낸다. $p_a(u)$는 유행 a와 관련해 사용자 u에 대한 네트워크 잠재력을 나타내며, 유행 a에 노출된 친구들을 가진 사용자 u의 확인할 수 없는 사회적 비중들의 네트워크 합계로 정의된다. 두 특성들 모두 그 흐름을 알 수 없다는 점에 유의하자. 그러나 s_u가 일단 각 사용자들에 의해 평가되고 네트워크를 알 수 없는 반면, $p_a(u)$는 네트워크의 구체적인 정보를 제공하고, 우리가 초기 캠페인에서 목표로 삼은 네트워크 구성원들의 정체성을 판단하기 위해 사용될 수 있다. $p_{Local-Adopt}$로부터 우리는 p_{Trend}의 추정치를 계산할 수 있으며, '알트슐러와 펜틀런드Altshuler and Pentland'에서 설명했듯이 나는 여기에 아이디어 흐름이라는 이름을 붙였다.[17] 젊은 가족들의 소규모 공동체의 사회적 측면들을 연구했던 '친구와 가족'의 데이터 집합, 이토

로 데이터 집합, 사회적 거래 공동체의 사용자 160만 명으로부터 수집한 금융 거래 데이터 집합과 같은 다양하고 포괄적인 데이터베이스를 바탕으로, 우리는 우리 모형의 정확성과 예측력을 입증하고 있다. 또한 기업과 도시 전체에서 이루어지는 아이디어 흐름을 모형화하기 위해, 그리고 이제 설명하고자 하는 아이디어 흐름을 생산성과 GDP로 연결하기 위해 동일한 틀이 활용되고 있다.

기업과 도시 속
아이디어 흐름
(6장, 9장)

소시오메트릭 배지를 활용해 기업 내부에서 일어나는 상호 작용을 측정할 수 있으며, 휴대 전화를 활용해 도시 내부에서 나타나는 사회적 연결 정도에 관한 훌륭한 모형을 만들어 낼 수 있다. 행동 확산(앱 선택이나 구매 패턴 등)에 관한 특정 사례들로부터 확인할 수 있는 매개 변수들을 이들 네트워크의 토폴로지topology와 조합함으로써, 우리는 특정한 사회적 네트워크들에 아이디어들이 어떻게 흘러가는지에 관한 정량적 모형을 개발할 수 있다. 그리고 새로운 아이디어들이 어떻게 새로운 행동들로 전환되는지, 그래서 네트워크 전체에 어떻게 확산되는지 실험해 볼 수 있다.

이러한 수학적 시뮬레이션 과제를 수행하기 위해, 우리는 사람들이 두 가지 사고방식, 즉 빠른 사고와 느린 사고를 기반으로 생각한다는 사실을 상기할 필요가 있다(기억을 돕기 위해 3장과 부록 3을 참조). 이 두 가지 사고방식은 또한 사람들에게 두 가지 형태의 학습 방식을 제공한다.

느린 사고의 경우, 새로운 아이디어나 새로운 정보들에 대한 단 한 번의 노출만으로도 행동 변화를 이끌어 내기에 충분하다. 이와 같은 단순한 확산 모형의 한 가지 사례로, 새로운 사실(도로가 공사 중이다)이나 소문('그녀가 무슨 일을 저질렀다고!?')의 확산을 들 수 있다. 그와 똑같은 모형은 또한 사람들 간의 질병 감염에서도 일반적으로 나타난다. 전염병과 마찬가지로 전파력이 높은 아이디어들 역시 사회적 연결을 따라 여행한다. 우리는 이를 사회관계망을 기반으로 하는 영향 모형 안에서 일어나는 상태 전이의 거대한 흐름을 통해 실험적으로 확인할 수 있다.

동시에 우리는 많은 행동이 빠른 사고 습관에 기반을 두고 있다는 사실을 잘 이해하고 있다. 그러나 단순한 전염 모형은 많은 습관적인 행동들 속에서 드러나는 변화를 효과적으로 포착하지 못한다. 빠른 사고의 경우, 일반적으로 사람들이 직접 도전해 보려고 하기 전에, 먼저 새로운 행동을 성공적으로 수행하는 다양한 사례에 대한 노출이 필요하다. 이러한 경우, 우리는 두 번째의 복잡한 감염 모형을 가지고 습관적이고 빠른 사고로 이루어지는 행동을 선택하는 과정을 더욱 잘 설명할 수 있다.

이는 우리가 3장에서 새로운 사회관계망 기술들과 새로운 모바일 앱들에 대한 선택 사례들을 통해 살펴본 바로 그 이야기이다. 또한 이것은 노출이 어떻게 식습관이나 정치적 입장 등에서 변화를 촉발하는지 설명해 준다. 이는 사회관계망의 영향 모형 속에서 강력한 상태 전이의 흐름을 통해서는 물론, 지금은 아이디어 확산의 보다 보수적인 유형과 조화를 이루기 위해 네트워크 매개 변수 집합을 가지고서도 시뮬레이션되고 있다.

사회적 연결에 따라 정보와 아이디어 흐름을 결합해 행동 변화를 이끌어 내기 위해, 우리는 빠른 사고와 느린 사고 모두를 설명해야 한다. 수학적인 차원에서, 이 말은 곧 우리가 두 가지 서로 다른 영향 모형들을 살펴보아야 한다는 뜻이다. 첫 번째 모형에서 우리는 단순 감염 가정을 활용할 것이며, 이 모형 하에서는 특정 아이디어에 대한 한 번의 노출만으로 행동 변화를 충분히 촉발할 수 있다. 다음으로 두 번째 모형에서는 복잡한 감염 가정을 활용하게 되는데, 여기서 개인이 새로운 특정 행동을 받아들이기 위해서는 동일한 아이디어에 대한 여러 번의 노출이 필요하다.

이 두 가지 모형은 서로 다른 p_{Trend} 값을 지니고 있는데, 이는 특정 아이디어가 공동체 전반에 걸쳐 어떻게 확산되는지 예측해 주는 아이디어 흐름에 대한 우리의 측정값을 말한다. 하지만 이 두 가지 모형 사이에는 한 가지 중요한 차이가 있는데, 그것은 행동 변화가 일어나기 전 짧은 시간 동안 필요로 하는 긍정적 사례들의 수를 말한다. 그렇기 때문에 아이디어가 오랜 기간에 걸쳐 사회관계망에 반복적으로 소개된 경우, 두 모형 모두 행동 변화의 확산에서 대단히 유사한 패턴들을 만들어 낸다. 둘 사이의 중대한 차이는, 복잡한 모형의 경우에 새로운 행동이 훨씬 느리게 확산되고, 행동 변화는 연결이 듬성듬성 이루어진 사회관계망의 경계 영역으로까지 잘 도달하지 못한다는 사실에 있다. GDP를 모형화하는 것처럼 많은 적용 사례들의 경우, 안정적이고 지속적인 상태들을 비교하는 것이기 때문에, 단순한 감염 모형과 복잡한 모형 사이의 속도 차이는 크게 중요한 요인이 아니다.

사회적
압력
(4장)

이기적인 개인들로 구성된 거대한 사회에서 협력은 아주 중요하면서도, 대단히 이루기 어려운 목표다.[18] 환경오염과 지구 온난화, 치솟는 건강보험료 같은 오늘날의 중요한 문제들은 대규모 차원에서 합의를 이끌어 내지 못하고 있는 사회적 무능함으로부터 비롯된 것이다.

이기적이고 합리적으로 행동하는 많은 개인이 결과적으로 다른 모든 이에게 피해를 입히면서 공동의 자원을 고갈시킬 때, 공유지의 비극이 발생한다.[19] 이러한 비극을 초래하는 근본적인 원인은, 개인들이 전적으로 이기적인 차원에서 이익을 취하는 동안, 우리 사회는 개인적이고 비협력적인 모든 부정적 외부 효과로부터 고통을 겪고 있다는 사실에 있다.

과학 논문들은 협력이 서로 모르는 개인들 간이 아니라, 한 지역 내에서, 그리고 동료들 사이에서 훨씬 더 잘 이루어진다는 사실을 보여 준다.[20] 개인의 행동이 오직 그의 동료들에게만 영향을 미칠 때, 동료들은 비협력적인 행동의 결과로 부정적 외부 효과를 경험하게 되고, 또한 그는 사회적인 비용을 발생시키게 된다. 동료들이 집단 내에서 협력하도록 자극하는

한 가지 방법은 많은 비용을 초래하는 동료 압력을 활용하는 것이다.[21]

대규모 사회 내부에서 협력의 문제를 해결하기 위한 전통적인 방안으로는 할당제와 세금 및 보조금 제도가 있다. 피구세Pigouvian taxation나 보조금 제도가 시장적 접근 방식에 더 가까운 반면, 할당제는 부정적 외부 효과의 양산을 억제하는 기능을 한다.[22] 보조금 제도는 두 가지 측면에서 세금보다 더 낫다. 첫째, 보조금은 긍정적인 피드백을 제공하고 더 나은 효과를 보여 준다. 둘째, 사람들이 협력적인 행동을 하지 않을 때, (가령 건강한 생활습관을 주도하는 것처럼) 자유로운 사회를 살아가는 사람들에게 세금을 부과하는 공공 정책을 수립하기란 더욱 힘든 일이다.[23] 피구세의 영향과 마찬가지로, 보조금 제도는 개인들이 그들의 행동으로부터 비롯되는 외부 효과를 내재화하도록 만든다.

실제로 이러한 정책들은 사회의 모든 사람에게 세금을 부과하고, 협력을 강화하기 위해 보조금 형태로 이를 재분배한다. 보조금 지급을 위해 필요한 예산은 상당한 규모가 될 것이며, 여기에는 거대한 재분배 간접비도 포함될 것이다. 그러한 정책들로부터 비롯되는 결과가 사회를 위한 최적은 아니다. 여기에는 두 가지 문제가 있다. 첫째, 거대한 거래 비용으로 인해 코즈의 주장Coasian argument은 여기에 해당하지 않고, 그래서 단순한 재분배는 파레토 최적을 가져다주지 못한다. 둘째, 이러한 정책들은 사회가 독립적인 개인들로 이루어져 있다고 가정하며, 개인의 결정이 동료와의 상호 작용에 의해 중대한 영향을 받는다는 주장에 주목하지 않는다.[24] 이는 곧 외부 효과에 대한 표준 모형이 사회 속에서 동료들 간의 상호 작용을 고려하지 않는다는 말이다.

나와 함께 추진했던 박사 학위 논문에서, 안쿠르 마니는 또한 마스다르의 객원 교수인 이야드 라완과 손잡고, 동료들 간의 상호 작용 개념을 공유지 비극의 문제 속으로 집어넣고, 여기에 새로운 합동 외부 효과 모형과 동료 압력으로서 동료 상호 작용을 추가했다.[25] 우리는 네트워크로 연결된 사회를 위한 새로운 모형을 제시하고, 정책 입안자들이 외부 효과 문제를 해결하도록 만드는 새로운 메커니즘 집합을 제공했다.

이러한 메커니즘들은, 외부 효과는 보편적으로 드러나지만 상호 작용은 지엽적으로 나타나는 네트워크화된 사회에 적합하다. 피구세나 보조금을 통한 외부 효과에 대한 개별적인 내면화가 아니라, 우리는 그들을 소셜 네트워크 속에서 한 개인의 동료들로 국한시켜 동료 압력의 힘을 활용하고 있는 것이다. 외부 효과가 지역화될 때, 협력은 지역적으로 이루어져 세계적인 협력 또한 관찰된다. 그러므로 사회적 메커니즘은 동료들이 (세금이나 보조금을 통해) 개인에게 압력을(긍정적이든 부정적이든) 행사하도록 동기를 부여하고, 부정적인 외부 효과를 감소시킨다(혹은 긍정적인 외부 효과를 증가시킨다).

우리는 지극히 일반적인 조건 하에서 이러한 접근 방식이 피구 보조금의 접근 방식보다 더 낮은 예산을 가지고 사회적으로 효율적이고 보다 높은 성과를 만들어 낼 수 있다는 사실을 보여 주었다.

우리의 주요한 통찰력은 개인의 동료들을 목표 대상으로 삼음으로써, 동료 압력이 목표 개인에 대한 긍정적인 보상 효과를 극대화할 수 있다는 것이다. 외부 효과를 촉발하는 개인에 집중하는 피구의 접근 방식과 반대로, 우리의 메커니즘은 사회관계망 속에서 개인의 동료들에게 집중한다.

이 아이디어는 행위자 A의 동료들이 A에게 (긍정적인 혹은 부정적인) 압력을 행사하도록 동기를 부여하는 것이다.

우리의 메커니즘은 다음의 질문들로 요약해 볼 수 있다. 행위자 A의 동료들에게 보상을 준다면, 우리는 부정적인 외부 효과를 억제하기 위해 동료들이 A에게 더 많은 압력을 행사하도록 자극할 수 있는가? 그리고 이러한 정책은 피구의 정책들에 비해 더 효과적인가?

개인의 동료들에게 집중함으로써, 동료 압력은 목표 개인에 대한 긍정적인 효과를 증폭시킬 수 있다. 다시 말해, 특정한 조건 하에서 동일한 보조금 예산 규모로 부정적인 외부 효과를 결과적으로 더 크게 줄일 수 있다는 것이다.

우리는 행위자들이 전체 네트워크에 외부 효과를 미치는 행동을 취하고, 또한 그들의 동료들에게 값비싼 동료 압력을 적용하는, 사회관계망 내부의 외부 효과와 동료 압력에 대한 전략적인 합동 모형을 연구했다. 이 모형은 칼보–아르멩골Calvó-Armengol과 잭슨Jackson의 이론과도 밀접한 관련이 있다.[26]

이 게임의 균형점에서 가장 높은 외부 효과를 느끼는 동료들만이 압력을 행사한다는 사실이 드러나고 있다. 게다가 그 네트워크 안에 있는 개인이 느끼는 압력은 모든 평형 상태에서 동일하다. 이는 사회적 잉여에서 개선을 만들어 내지만, 최적의 상태는 아닐 것이다.

이러한 특성화 결과와 더불어, 다음으로 우리는 사회관계망의 구조에 관한 정보를 활용함으로써, 치밀하게 설계된 사회적 메커니즘을 기반으로 최적의 사회적 잉여를 성취할 수 있는 방법을 탐구했다. 우리는 이 사회적 메커니즘이 피구의 메커니즘보다 더 낮은 예산과 전체 비용으로 최적의 성과를 달성할 수 있다는 사실을 보여 주었다.

사회적 메커니즘들은 두 가지 이유로 더욱 뛰어나다. 첫째, 모든 외부 효과가 피구의 메커니즘에서처럼 내재화되어 있을 때, 외부 효과를 양산하는 행위자에 대한 어떠한 동료 압력도 존재하지 않아 추가적인 보조금이 필요하다. 둘째, 동료 압력을 행사하는 한계 비용이 전체 사회에 대한 한계 외부 효과에 동료 압력에 대한 한계 반응을 곱한 값보다 더 작을 때, 보조금의 효과는 사회적 메커니즘 속에서 증폭된다. 이는 동료들 간 관계의 정도에 비례하고, 동료 압력을 행사하는 비용과는 반비례한다.

우리는 이 메커니즘의 두 가지 활용 방안을 기대해 본다. 첫째, 환경오염과 같은 세계적인 외부 효과를 감소시키기 위한 공공 정책. 둘째, 협력적인 검색 엔진이나 사회적 추천과 같은 네트워크 외부 효과를 포함하는 제품들의 매출 극대화.

동료 압력의 외부 효과

이 새로운 모형에서 행위자들은 사회관계망 안에서 자신의 동료들에게 압력을 행사할 수 있는 능력을 지니고 있다. 네트워크 p에서 모든 행위자 x의 효용인 U는 개인적인 효용 u_i, 다른 행위자들이 i에 미치는 외부 효과 비용 v_i, 개인 x_i에 그 동료들이 동료 압력을 행사하는 비용 c, 그리고 사회관계망 동기 r_{ji}와 행위자 i가 동료 j에게 행사하는 동료 압력인 p_{ij}로서 다음과 같이 정의된다. 단, i와 j가 사회관계망에서 서로 동료가 아닐 때, $p_{ij} = 0$이라는 점에 주의하자.

$$U_i(\mathrm{x, p}) = u_i(x_i) - v_i\left(\sum_{j \neq i} x_j\right) - x_i \sum_{j \in Nbr(i)} p_{ji} - c_i \sum_{j \in Nbr(i)} p_{ji} + \sum_{j \in Nbr(i)} r_{ji}(x_j)$$

u는 분명하게 오목하고 v는 분명하게 볼록하며, 증가하고 있다고 가정한다. 영향 모형의 차원에서, 동기들은 전체 사회관계망의 상태 진화를 바꾸는 경계 조건이다. 사회관계망 동기 r_{ji}가 달성하는 것은, 이웃 행위자 j가 원하는 행동을 채택하도록 영향을 미치는 상태를 더 가능성 있게 가정할 수 있도록 행위자 i가 그 상태 전이 확률을 수정하게 만드는 것이다. 다시 말해, 그 동기는 행위자 i가 행위자 j에게 사회적 압력을 행사하도록 자극하는 역할을 한다.

사회관계망 메커니즘(동료들에게 보상을 제공)

앞서 설명한 것처럼, 사회적 메커니즘은 사람들에게 동료들의 행동에 대해 보상을 제공하며, 사실상 그들이 행사하는 동료 압력에 대한 비용을 지원한다. 사회적 메커니즘을 창조하기 위한 가능한 보상 구조들이 많이 존재한다. 여기서 우리는 동료 j의 행동인 x_j의 결과로서 행위자 i에게 보상이 주어지는 구조에 대해 논의하고 있다.

그러한 사회적 보상을 할당하기 위한 적절한 접근 방식은 과연 어떠한 것일까? 우리는 다음 특성들을 갖춘 보상의 기능을 정의하고자 한다.

1. 보상은 단순해야 한다. 우리는 지속적 한계 보상을 지닌 보상 기능들 (즉 아핀 보상affine reward 기능들)을 고려하고 있다.
2. 게임의 부분게임완전균형은 반드시 존재한다.

3. 균형 행동은 최적이어야 한다.

4. 각각의 동료들은 한 행위자의 감소된 작용에 따라 보상을 얻는다.

5. 보상 예산은 위 조건들을 충족시키는 일련의 보상 기능들에 따라 최
   소화되어야 한다.

아주 단순한 보상 기능은 이러한 조건들을 충족시키는 것으로 드러나
고 있다. 조건들 1~5를 수정함으로써 다른 보상 기능들을 얻을 수 있다.
이러한 보상에는 소비자에게 의존하는 부분과 이웃에게 의존하는 부분이
포함되어 있다는 사실에 주의하자.

요약
정리

부록 4는 이 책에서 소개하는 다양한 사례에서 사용되었던 수학을 대략적으로 그려 내고 있다. 보다 깊은 관심을 갖고 있는 독자라면, 원래의 자료를 찾아보아야 할 것이다. 게다가 비록 사회관계망 현상의 데이터 기반적 모형화를 위한 이러한 특정한 방법이 대단히 정확하고 확실한 것으로 밝혀지기는 했으나, 사회물리학의 수학을 제시하는 것이 부록 4의 목적은 아니다. 나는 앞으로 더 나은 이론들이 계속해서 나올 것이라 믿는다.

그 핵심적인 아이디어는, 이질적이고, 역동적이고, 통계적인 네트워크를 활용해 쉽게 관찰할 수 있는 행동들을 가지고 사회적 학습을 통한 습관의 확산을 정확하게 모형화할 수 있다는 것이다. 이는 인간 사회의 역동성에 대한 우리의 이해를 한층 더 높여 주어, 미래를 향해 계획을 세우는 우리의 능력을 강화해 주는 혁신적인 기술이다.

감사의 글

이 책이 탄생하기까지 모든 과정에서 트레이시 헤이벡Tray Heibeck이 보여 준 노고에 깊은 감사를 드린다. 헤이벡은 모든 논의가 꼼꼼히 구성되어 있는지, 모든 표현이 적절한지 검토해 주었다. 출판계의 특별한 관행이 아니었더라면, 나는 헤이벡을 공저자의 자격으로 이름을 올렸을 것이다. 다음으로 맥스 브록만Max Brochman과 스콧 모이어스Scolk Moyers는 뜨거운 열정으로 이 책이 세상에 나오게 해주었고, 나의 글을 더욱 읽기 쉽고 흥미진진하게 다듬어 주었다. 그리고 몰리 앤더슨Mally Anderson은 꼼꼼한 편집 작업을 맡아 주었다. 마찬가지로 중요하게, 이 책의 모든 아이디어와 실험, 기술, 결론들을 소개하는 데 큰 도움을 준 학생들과 박사 후 과정 연구원들, 그리고 동료들께 감사드린다.

1장

1 A. Smith 2009.

2 기술적인 용어로 설명하자면, 단지 시장을 끌어 모으는 것이 아니라, 역동성은 물론 균형 및 교환 네트워크까지 고려해야 할 시점이 왔다. 게다가 우리는 합리성과 더불어 사회적 영향을 함께 고려하고, 효용을 스칼라scalar가 아니라 벡터vector로 인식해야 한다(건강, 호기심, 지위 등).

3 Zipf 1949.

4 Zipf 1946.

5 Snijders 2001; Krackhardt and Hanson 1993; Macy and Willer 2002; Burt 1992; Uzzi 1997; White 2002.

6 Kleinberg 2013; Barabási 2002; Monge and Contractor 2003; Gonzalez et al. 2008; Onnela et al. 2007, 2011.

7 Centola 2010; Lazer and Friedman 2007; Aral et al. 2009; Eagle et al. 2010; Pentland 2008.

8 Marr 1982.

9 Pentland 2012c, 2013a.

10 Lazer et al. 2009.

11 Barker 1968; Dawber 1980.

12 일반적으로 이러한 살아 있는 실험실에서 정기적으로 실시하는 표준적인 심리학적·사회학적, 그리고 건강과 관련된 수십 건의 설문 조사를 웹상에서 찾을 수 있다. 게다가 스마트폰으로 종종 실시하는 간단한 형태의 설문 조사들도 있다.

13 Aharony et al. 2011.

14 Madan et al. 2012.

15 Eagle and Pentland 2006.

16 Pentland 2012b.

17 피실험자들은 사전 동의, 언제라도 취소할 수 있는 선택권, 그리고 모든 개인 정보 처리에 대한 확실한 보안 차원에서 보호를 받고, 참여에 대해 보수를 지급받는다.

18 Pentland 2009.

19 2011년 세계경제포럼. '개인 정보: 새로운 자산 집단의 위기Personal Data: The Emergence of a New Asset Class.' http://www3.weforum.org/docs/WEF_ITTC_PersonalDataNewAsset _Report_2011.pdf. 참조.

20 작은 실험 규모로 인해, 거의 대부분의 사회과학은 서구Western, 교육받은educated, 국제적

인international, 부유한rich, 민주적인democratic 사회에서 살아가는 사람들을 대상으로 하고 있다. 즉 사회과학은 WEIRD만을 위한 학문이다(Henrich et al. 2010).

21 Kahneman 2011.

2장

1 Beahm, George, ed. *I, Steve: Steve Jobs in His Own Words* (Chicago: Agate B2), 2011.
2 Papert and Harel 1991.
3 Buchanan 2007.
4 Conradt and Roper 2005.
5 Surowiecki 2004.
6 Dall et al. 2005.
7 Lorenz et al. 2011.
8 Dall et al. 2005; Danchin et al. 2004.
9 King et al. 2012.
10 Hong and Page 2004; Krause et al. 2011.
11 Altshuler et al. 2012; Pan, Altshuler, and Pentland 2012. 이토로eToro(http://www.etoro.com)는 손쉬운 매입, 공매도, 메커니즘을 활용할 수 있는 외환 거래 및 상품 거래를 위한 온라인 할인 증권 중개 서비스다. 모든 사용자가 몇 달러 정도의 최소 입찰로 매입 상태와 매도 상태를 취할 수 있도록 허용함으로써, 이토로는 금융 거래를 더 쉽고 즐거운 일로 만들어 주고 있다. 복권과도 유사한 점이 있지만, 사용자들은 복권 컴퓨터가 아니라, 실제 세상과 경쟁을 벌여야 한다. 연구 당시 고객 규모가 300만에 육박했지만, 그래도 이토로는 전체 외환 시장에서 아주 작은 비중밖에 차지하지 않는다는 사실에 주의할 필요가 있다. 다시 말해, 이토로에서 활동하는 거래자들이 시장 전체를 움직이는 것은 아니다.
12 복잡한 수학적 분석을 활용함으로써, 우리는 아이디어 흐름의 속도를 측정할 수 있다. 여기서 아이디어 흐름의 속도란 특정한 비중(확률 분포로 드러난)을 차지하는 사용자들이 사회관계망 속으로 도입된 새로운 전략을 채택하게 될 가능성을 의미한다. 이 주요한 기준을 통해, 우리는 사회관계망의 구조와 새로운 아이디어에 대한 개인들의 민감도는 물론, 개인들 간의 사회적 영향 정도를 설명할 수 있다. 수학에 관심이 많은 독자라면, 부록 4에서 아이디어 흐름의 계산 방법에 관한 보다 자세한 내용을 확인하기 바란다.
13 개인 거래자들이 시장 중립적 성과를 보이기 때문에, 개인의 거래 투자 수익률return on investment, ROI을 제거함으로써 세로축을 시장 중립적으로 만들 수 있다.
14 특정한 아이디어 흐름의 속도에서 투자 수익률의 수직적 차이는 서로 다른 날짜에 서로 다른 자산 집단의 비중이 존재했기 때문이다. 각 자산 집단들은 아이디어 흐름의 속도 차원에서 조금씩 서로 다른 최적점을 갖고 있으며, 이러한 차이를 고려한다면 투자 수익률의 차이는 크게 줄어든다.

15 Yamamoto et al. 2013; Sueur et al. 2012.

16 Farrell 2011.

17 Lazer and Friedman 2007.

18 Glinton et al. 2010; Anghel et al. 2004.

19 여기서 사용자가 d 추종자들을 가질 확률은 $Prob(d) \sim d^{-\gamma}$이다.

20 Shmueli et al. 2013. 다시 말해, 변화하는 연결의 수는 폭넓은 범위의 변화 규모를 지니고 있다.

21 4장에서는 감염과 행동 변화 사이의 또 다른 중대한 차이점에 대해 살펴본다. 주의 깊은 의식적인 믿음('그 가게는 아침 8시에 문을 연다')은 단지 한 번의 언급만으로 확산되는 반면, 일반적으로 사람들이 습관적이고 대부분 무의식적으로 이루어지는 행동들(가령 신용 카드 대신 현금을 쓰는 것)을 받아들이기 위해서는, 짧은 기간 동안 여러 다양한 롤 모델 사례가 필요한 것으로 드러나고 있다. 행동 변화의 첫 번째 유형은 단순한 감염이고, 두 번째는 복잡한 감염으로 알려져 있다. 이러한 두 가지 유형의 행동 변화는 아주 비슷한 방식으로 네트워크에 걸쳐 확산되지만, 복잡한 감염의 확산 속도는 훨씬 더 느리고, 일반적으로 강력하게 연결된 지역 네트워크를 필요로 한다. 그래야만 어떤 아이디어가 한 개인의 직접적인 사회관계망 내부로 들어올 때, 사람들은 짧은 기간 동안 그 아이디어에 대한 많은 노출을 경험할 수 있다. 다음을 참조. Watts and Dodds 2007; Centola 2010; Centola and Macy 2007.

22 Kelly 1999.

23 Choudhury and Pentland 2004.

24 기술적인 용어로 설명하자면, 대화 전환에서 보다 강력한 영향력을 행사하는 사람들은 또한 사회관계망 내부에서도 보다 높은 중개 중심성betweenness centrality을 드러냈다. 이는 r^2 값이 0.9에 해당하는 극단적으로 강력한 관계였다.

25 Pan, Altshuler, and Pentland 2012; Saavedraa et al. 2011.

26 *Financial Times*, April 18, 2013.

27 환경이 변화하면서 기존 전략들이 위축되고 새로운 전략들이 주도권을 잡을 수 있다는 점에서, 한 번에 하나 이상의 전략을 고려하는 다각화 노력이 필요하다. 그렇기 때문에 우리가 추구해야 할 것은 지금까지 가장 성공적이었던 전략이 아니라, 향후 가장 성공적인 것으로 드러날 전략인 것이다. 미래를 예측하기란 대단히 어렵기 때문에, 사회적 학습의 다각화가 중요한 것이다.

3장

1 Bandura 1977.

2 Meltzoff 1988.

3 원숭이 '문화'는 아마도 고립된 마을과 정체된 부족 문화와 비슷할 것이다. 여기서 아이디어 공유는 오직 닫힌 집단 안에서만 이루어지기 때문에 공동체의 행동은 고착화되고, 창조성과는 거리가 먼 단계에 머물러 있다.

4 '사회적 진화' 실험에서 일부 데이터들의 경우, 중대한 사전 가공 작업이 필요했다. 예를 들어, 상대방의 휴대 전화는 나를 인식했지만, 나의 휴대 전화가 상대방을 인식하지 못한 경우에 우리는 두 사람이 서로 인접해 있다고 표시했다. 마찬가지로 두 휴대 전화가 하나의 와이파이 핫스팟에 연결되어 있을 때도, 우리는 두 사람이 같은 공간에 있는 것으로 표시했다. 반면 '친구와 가족' 연구는 보다 개선된 인식 기술을 통해 이루어져 이와 같은 사전 처리 작업이 필요하지 않았다. 자세한 사항은 다음을 참조. http://realitycommons.media.mit.edu.

5 Christakis and Fowler 2007.

6 Madan et al. 2012.

7 이 장에서 나는 건강 습관과 정치적 견해, 앱 선택, 그리고 음악 다운로드 사례에 대해 설명하는데, 모두 비슷한 메커니즘과 효과 정도를 보여 준다. 다음 장에서는 건강 습관과 소비자, 투표, 업무적 활동을 변화시키는 응용 사례들에 대해 이야기를 나누어 볼 것이다(디지털 소셜 네트워크 활용).

8 사회적 영향은 활발하고 많은 논쟁을 불러일으키는 연구 주제다(Aral et al. 2009). 이 장에서 소개하는 건강과 정치, 앱 선택에 대한 연구는 다음과 같은 점에서 대부분의 다른 연구들보다 더욱 분명한 성과를 보여 주었다고 할 수 있다. 1) 주로 이러한 효과들이 사회적 압력이 아니라, 사회적 학습인 것으로 보인다. 아주 약한 연결로 이어진 지인들에 대한 노출은 뚜렷한 효과를 드러내는 반면, 강력한 연결(가령 친구)로 이어진 사람들의 경우에는 별다른 효과가 나타나지 않는다. 2) 우리는 단 한 번의 측정이 아니라, 여러 번의 측정 작업을 실시하고 나서, 그 시점이 인과관계가 되기 위해 적절한지 판단한다. 3) 우리는 단지 사회적 연결에 대한 이분법적 구분이 아니라, 정량적이고 지속적으로 노출을 측정하고 있다. 마지막으로 우리의 실제 세상의 결과는, 상황을 엄격하게 통제했던 데이먼 센톨라Damon Centola(Centola 2010)의 연구와 같은 온라인 실험들이 보여 준 결과와 대단히 비슷하다.

9 Madan et al. 2011.

10 그러나 정치적 논의가 끝나고 상황이 다시 정상으로 돌아갔다는 점에서, 일시적인 효과에 불과하다.

11 Aharony et al. 2011.

12 Pan et al. 2011a.

13 Krumme et al. 2012; Tran et al. 2011.

14 Salganik et al. 2006.

15 Rendell et al. 2010.

16 Lazer and Friedman 2007; Glinton et al. 2010; Anghel et al. 2004; Yamamoto et al. 2013; Sueur et al. 2012; Farrell 2011.

17 Simon 1978; Kahneman 2002.

18 Kahneman 2011.

19 Hassin et al. 2005.

20 Rand et al. 2009; Fudenberg et al. 2012.

21 Haidt 2010.

22 Brennan and Lo 2011.

23 Hassin et al. 2005.

4장

1 Stewart and Harcourt 1994.

2 Boinski and Campbell 1995.

3 Conradt and Roper 2005; Couzin et al. 2005; Couzin 2007.

4 Kelly 1999.

5 Cohen et al. 2010.

6 Calvó-Armengol and Jackson 2010.

7 Kandel and Lazear 1992.

8 Breza 2012.

9 Nowak 2006.

10 Rand et al. 2009; Fehr and Gachter 2002.

11 Pink 2009; Gneezy et al. 2011.

12 Mani, Rahwan, and Pentland 2013.

13 즉 보상 1달러당 네 배의 행동 변화.

14 세 가지 조건 각각에서 개선 단위당 한계 비용은 더욱 인상적이었다.
개인적(피구) 보상: 83달러 / 동료 관찰: 39.5달러 / 동료 보상: 12달러
마찬가지로 활동 개선에서 평균적인 비율 역시 놀랍다.
개인적 보상: 3.2퍼센트 / 동료 관찰: 5.5퍼센트 / 동료 보상: 10.4퍼센트

15 Adjodah and Pentland 2013.

16 가령 대화나 전화 통화 등. 그러나 다른 사람의 이야기를 엿듣거나 관찰하는 등의 간접적인 상호 작용은 제외.

17 통화 횟수와 행동 변화 정도의 상관관계는 $r^2 > 0.8$이다. 모든 의사소통 채널들의 경우는 $r^2 > 0.9$이다.

18 우리는 공동체의 모든 커플을 대상으로 다음과 같은 신뢰 관련 질문을 던졌다. 상대방이 자신의 아기를 돌봐 줄 것이라고 믿는가? 상대방에게 돈을 빌려 줄 것인가? 차를 빌려 줄 것인가? 마지막으로, 우리는 각각의 커플이 '예'라고 대답한 횟수를 측정하고, 이를 신뢰 점수라고 정의했다. 박사 후 과정의 에레즈 슈무엘리와 비백 싱, 그리고 나는 신뢰 점수를 사람들이 서로 직접적인 상호 작용을 했던 횟수와 비교한 결과, 놀랍게도 직접적인 상호 작용의 전체 횟수가 신뢰 점수를 정확하게 예측했다는 사실을 확인할 수 있었다. 다시 한 번, 휴대 전화의 경우는 $r^2 > 0.8$, 그리고 모든 의사소통 채널의 경우는 $r^2 > 0.9$였다.

19 Mani et al. 2012.

20 Mani, Loock, Rahwan, and Pentland 2013.

21 De Montjoye et al. 2013.

22 Smith 2009.

23 Lim et al. 2007.

24 Nowak 2006; Rand et al. 2009; Fehr and Gachter 2002.

25 Buchanan 2007.

26 Stewart and Harcourt 1994; Boinski and Campbell 1995.

27 Zimbardo 2007; Milgram 1974b.

28 Pentland 2008; Olguín et al. 2009; Pentland 2012b.

29 Dong and Pentland 2007; Pan, Dong, Cebrian, Kim, Fowler, and Pentland 2012.

30 Castellano et al. 2009; Gomez-Rodriguez et al. 2010.

31 Dong et al. 2007; Pan, Dong, Cebrian, Kim, Fowler, and Pentland 2012.

5장

1   Woolley et al. 2010.

2   Pentland 2011.

3   Dong et al. 2009; Dong et al. 2012; Pentland 2008.

4   Pentland 2010a; Cebrian et al. 2010.

5   Olguín et al. 2009, 또한 다음 사이트 참조. www.sociometricsolutions.com.

6   Pentland 2012b. 이 논문은『하버드 비즈니스 리뷰』의 매킨지 상과 경영 실무자 아카데미 상을 수상한 바 있다.

7   Wu et al. 2008.

8   Couzin 2009.

9   Ancona et al. 2002.

10 Olguín et al. 2009.

11 Eagle and Pentland 2006.

12 Dong and Pentland 2007.

13 Amabile et al. 1996.

14 Tripathi 2011; Tripathi and Burleson 2012.

15 Hassin et al. 2005.

16 This is also called network constraint.

17 Pentland 2012b.

6장

1   Pentland 2012b.

2   아마도 지금쯤은 분명하게 이해할 수 있겠지만, 각각의 상호 작용이나 노출은 하나의 학습 기회다. 그리고 우리의 실험 결과들은, 새로운 행동을 선택하는 가능성과 같은 사람들 간의 효과적인 아이디어 흐름은 상호 작용과 노출 횟수를 점차 증가시키는 기능을 한다는 사실 을 말해 준다. 이는 네트워크 토폴로지와 의사소통의 빈도에 높은 관심을 기울였던 론 버트

와 같은 사회학 개척자들의 연구들에서 일관적으로 드러난다는 점에 주목할 필요가 있다. 만약 여러분이 인지 과학자라면, 아마도 노출과 아이디어 선택의 관계가 지극히 단순한 형태를 이루고 있다는 주장에 불편함을 느낄 것이다. 그러나 그것은 엄연한 데이터다. 즉 통계적으로 우리가 쉽게 계산해 낼 수 있는 대단히 표준적인 평균 선택이 존재하고 있는 것이다. 그렇다고 하더라도, 다양한 형태의 아이디어들이 서로 다른 확산의 특성을 드러내고, 의사소통의 다양한 채널들이 서로 다른 영향력 특성을 보이며, 사람들마다 민감도가 다르다는 사실에 유의하자. 또는 만일 여러분이 컴퓨터 과학자라면, 아마도 노출(인접)이 의사소통과 관련되어 있다는 주장에 우려를 표할 것이다. 하지만 나는 어떤 게 어떤 것이지 구체적으로 구분하고 있다. 게다가 'Wyatt et al. 2011'에서는 인접성과 대화 가능성의 연관성을 살펴보고 있다. 이 논문은 이들이 개별적인 현상이면서 동시에 한 주 혹은 그 이상의 기간 동안 모든 인구를 관찰한다면, 대화 빈도와 인접 빈도가 상당할 정도로 연관되어 있다는 사실을 확인할 수 있다고 분명히 밝힌다. 자세한 사항은 4장과 부록 4를 참조.

3   Burt 2004.
4   Kim et al. 2008; Kim 2011.
5   회의 상황에서 참여란 모든 사람이 아이디어를 제시하고, 다른 이들의 아이디어에 반응을 보이는 모습을 말한다. 다른 말로, 특정 화자에 대해 매번 반응을 보이는 사람이 항상 똑같은 인물이 아니라는 뜻이다.
6   이 실험에서 신뢰는 전통적인 공공재 게임을 통해 측정된다.
7   Kim 2011.
8   다음을 참조. 'Sensible Organization: Inspired by Social Sensor Technologies' at http://hd.media.mit.edu/tech-reports/TR-602.pdf.
9   Wellman 2001.
10 Pentland 2012b. 또한 다음을 참조 www.sociometricsolutions.com.
11 Chen et al. 2003; Chen et al. 2004.
12 Prelec 2004.
13 기술적인 용어로 설명하자면, 사람들 간의 조건부 확률에 대한 추적을 말한다. 이는 부록 4에서 설명하는 영향 모형을 통해 도출할 수 있다.
14 우리는 인과관계가 존재한다는 사실을 입증했다. Kim 2011 참조.
15 Pentland 2010b.
16 Choudhury and Pentland 2003, 2004.

7장

1   Pickard et al. 2011.
2   Rutherford et al. 2013.
3   다음을 참조. http://archive.darpa.mil/networkchallenge.
4   Nagar 2012.

5   Olguín et al. 2009.

6   Waber 2013.

7   Wellman 2001.

8   Putnam 1995.

9   Pentland 2008.

10 Buchanan 2009.

11 Lepri et al. 2009; Dong et al. 2007.

12 Curhan and Pentland 2007.

13 Choudhury and Pentland 2004.

14 Barsade 2002.

15 Iaconi and Mazziotta 2007.

8장

1   Pentland 2012a.

2   다음을 참조. www.sensenetworks.com.

3   Eagle and Pentland 2006.

4   Dong and Pentland 2009.

5   Berlingerio et al. 2013.

6   Smith, Mashadi, and Capra 2013.

7   Schneider 2010.

8   Madan et al. 2010; Madan et al. 2012; Dong et al. 2012.

9   다음을 참조. www.ginger.io.

10 Dong et al. 2012; Pentland et al. 2009.

11 Dong et al. 2012.

12 Lima et al. 2013; Pentland et al. 2009.

13 Mani, Loock, Rahwan, and Pentland 2013.

14 Pentland 2012a.

15 Lima et al. 2013; Smith, Mashadi, and Capra 2013; Berlingerio et al. 2013; Pentland et al. 2009; Pentland 2012a.

9장

1   Crane and Kinzig 2005.

2 Glaeser et al. 2000.

3 Smith 1937.

4 Milgram 1974a; Becker et al. 1999; Krugman 1993; Fujita et al. 1999; Bettencourt et al. 2007; Bettencourt and West 2010.

5 Audretsch and Feldman 1996; Jaffe et al. 1993; Anselin et al. 1997.

6 Arbesman et al. 2009; Leskovec et al. 2009; Expert et al. 2011; Onnela et al. 2011; Mucha et al. 2010.

7 Pan et al. 2013.

8 Krugman 1993.

9 Wirth 1938; Hägerstrand 1952, 1957; Florida 2002, 2005, 2007.

10 Liben-Nowell et al. 2005.

11 직접 대면하는 상호 관계의 자연스러운 결과로 보이는, 점차 감소하는 관계 빈도의 기능에 따라, 거리와는 독립적이고 온라인 소개로부터 비롯되는 모든 관계의 약 5분의 2에 해당하는 기준선 또한 존재한다. 이는 디지털 의사소통이 사회적 연결들 사이의 관계와 도시의 생산성/창조성을 변화시키고 있음을 의미한다. 그러나 행동 변화와 관련해, 직접 대면 방식의 사회적 관계들이 디지털 관계보다 훨씬 더 중요하다는 사실을 상기할 필요가 있다. 이 말은 곧 탐험이 증가한다고 하더라도, 행동 변화는 대단히 느린 속도로 진척된다는 뜻이다.

12 Nguyen and Szymanski 2012.

13 Pj=1/rank(j), 본질적으로 사회적 연결이 형성될 확률은 다른 사람들에 대한 개입 횟수와 반비례 관계에 있다.

14 미국질병관리본부U.S. Centers for Disease Control. 다음을 참조. http://www.cdc.gov/hiv/topics/surveillance/index.htm.

15 Calabrese et al. 2011.

16 Krumme 2012.

17 Krumme et al. 2013.

18 지프의 법칙Zipf's law은 다른 사회적 현상 속에서 이 법칙을 발견한 동료에게서 이름을 따온 것이다.

19 Pan et al. 2011b.

20 Frijters et al. 2004; Paridon et al. 2006; Clydesdale 1997; Pong and Ju 2000.

21 나는 평균적인 통근 거리를 GDP로부터 도출한 최적의 최대 상호 작용 반경의 절반으로 설정했다.

22 Smith, Mashadi, and Capra 2013; Smith, Quercia, and Capra 2013.

23 생산성 증가와 마찬가지로, 범죄 증가 역시 혁신의 산물로 보인다.

24 Jacobs 1961.

25 여기서 나는 여섯 개의 주요 동료 집단을 가정하고 있다. 우선 남성 그룹과 여성 그룹이 있고, 각 그룹 아래에 자녀, 부모, 노인이라는 구성원 하위 그룹들이 있다. 각 동료 집단은 던버의 수Dunbar number (150) 제곱으로, 이는 친구의 친구 수의 최댓값에 해당한다.

26 중요한 사실은, 여기서 우리는 거대한 사회적 지지가 존재하지만, 변화는 서서히 진행되는 공간을 창조한다는 것에 대해 이야기를 나누고 있다는 것이다. 이러한 논의를 통해, 우리는 떠오르는 과잉 연결된 세상에서 실질적이고 증가하는 위험을 의미하는, 빠르고 파괴적인 변

화로부터 아이들과 가족들을 보호할 수 있다. 물론 보다 빠른 사회적 진화를 선호하는 사람들은 여기에 동의하지 않을 것이다.

27 Burt 1992; Granovetter 1973, 2005; Eagle et al. 2010; Wu et al. 2008; Allen 2003; Reagans and Zuckerman 2001.
28 Eagle and Pentland 2009; Wu et al. 2008; Pentland 2008.
29 Kim et al. 2011.
30 Singh et al. in preparation.

10장

1 2011년 세계경제포럼. '개인 정보: 새로운 자산 집단의 위기Personal Data: The Emergence of a New Asset Class.' 다음을 참조. http://www3.weforum.org/docs/WEF_ITTC_Personal DataNewAsset_Report_2011.pdf.
2 Pentland 2009.
3 Ostrom 1990.
4 De Soto and Cheneval 2006.
5 Pentland 2009.
6 2011년 세계경제포럼. '개인 정보: 새로운 자산 집단의 위기Personal Data: The Emergence of a New Asset Class.' 다음을 참조. http://weforum.org/docs/WEF_ITTC_PersonalData NewAsset_Report_2011.pdf.
7 다음을 참조. www.idcubed.org.
8 De Montjoye et al. 2012.
9 Smith, Mashadi, and Capra 2013; Bucicovschi et al. 2013.
10 De Montjoye et al. 2012.

11장

1 Smith 2009.
2 Nowak 2006; Rand et al. 2009; Ostrom 1990; Putnam 1995.
3 Weber 1946.
4 Marx 1867.
5 Acemoglu et al. 2012.
6 국제 경제는 역시 제한된 네트워크 구조로 이루어져 있다. 다음을 참조. Hidalgo et al. 2007.

7   Salamone 1997; Lee 1988; Gray 2009; Thomas 2006.

8   Mani et al. 2010.

9   네트워크 구성원들은 자신이 속한 네트워크 내부에서 가용한 최고의 거래를 찾으려 하기 때문에, 지엽적인 사회적 효율성이 나타나는 것이다(예를 들어, 사람들은 파레토 최적 교환을 추구한다). 이는 구조적으로 네트워크의 토폴로지로부터 제약을 받는 사회적 최적social optimality을 만들어 낸다. 수렴성의 증명은 다음을 참조. Mani et al. 2010.

10 또한 다음을 참조. Bouchaud and Mezard 2000.

11 또한 다음을 참조. Grund et al. 2013, and Helbing et al. 2011 역시 비슷한 결과를 보여준다.

12 공정 거래 네트워크는 또한 사람들의 연합이라고 하는 측면에서 안정적이다. 그러한 연합은 동료 집단(예를 들어, 은행가들의 모임)이 다른 사람들(가령 변호사들)을 대하는 방식에 관한 사회적 규범을 형성하며, 집단 구성원들은 서로 공유하는 관습을 바탕으로 협력한다. 이러한 연합이 그들이 거래하는 다른 동료 집단들의 공유된 습관과 균형을 이룰 수 있다는 점에서, 서로 협력하는 동료 집단들로 구성원 네트워크 사회는 안정적이고 공정한 상태를 유지할 수 있는 것이다. 수학적으로 설명하자면, 교환 네트워크는 개인이 아닌 동료 집단들로 이루어진 '슈퍼 노드super nodes'로 구성되어 있지만, 이러한 측면이 사회의 공정성과 신뢰의 특성을 파괴하는 것은 아니다.

13 Lim et al. 2007.

14 Dunbar 1992.

15 다시 말해, 대부분의 사람이 그들의 효용 함수를 충족시킬 때(최대한도에 도달했을 때).

16 정보는 아이디어를 창조할 수 있는 잠재적인 원재료이자, 우리의 믿음에 관한 중요한 원천이다.

17 다음을 참조. http://www.swift.com.

18 Rand et al. 2009; Sigmund et al. 2010.

19 Smith, Mashadi, and Capra 2013.

20 Eagle et al. 2010.

21 Bucicovschi et al. 2013.

22 Berlingerio et al. 2013.

23 Lima et al. 2013.

부록 1

1   Lazer et al. 2009.

부록 2

1 2011년 세계경제포럼. '개인 정보: 새로운 자산 집단의 위기Personal Data: The Emergence of a New Asset Class.' 다음을 참조. http://www3.weforum.org/docs/WEF_ITTC_PersonalDataNewAsset_Report_2011.pdf.
2 다음을 참조. http://idcubed.org.
3 De Montjoye et al. 2012.
4 Pentland 2009.
5 National Strategy for Trusted Identities in Cyberspace. 'National Strategy for Trusted Identities in Cyberspace' initiative. 다음을 참조. http://www.nist.gov/nstic.
6 International Strategy for Cyberspace. 다음을 참조. http://www.whitehouse.gov/sites/default/files/rss_viewer/international_strategy_for_cyberspace.pdf.
7 'Commission Proposes a Comprehensive Reform of Data Protection Rules to Increase Users' Control of Their Data and to Cut Costs for Businesses.' 다음을 참조. http://europa.eu/rapid/press-release_IP-12-46_en.htm.
8 2011년 세계경제포럼. '개인 정보: 새로운 자산 집단의 위기Personal Data: The Emergence of a New Asset Class.' 다음을 참조. See http://www3.weforum.org/docs/WEF_ITTC_PersonalDataNewAsset_Report_2011.pdf.
9 'Has Big Data Made Anonymity Impossible?' 다음을 참조. http://www.technologyreview.com/news/514351/has-big-data-made-anonymity-impossible.
10 Sweeney 2002.
11 Schwartz 2003; Butler 2007; 'Your Apps Are Watching You.' 다음을 참조. http://online.wsj.com/article/SB10001424052748704694004576020083703574602.html.
12 Blumberg and Eckersley 2009.
13 다음을 참조. http://www.darpa.mil/Our_Work/I2O/Programs/Detection_and_Computational_Analysis_of_Psychological_Signals_(DCAPS).aspx.

부록 3

1 Kahneman 2002; Simon 1978.
2 Centola 2010; Centola and Macy 2007.
3 느린 사고는 우리가 기대하는 것만큼 그렇게 훌륭한 것이 아니다. 예를 들어, 'Tetlock 2005'는 세계 최고 전문가들이 그들 자신의 전문 분야에서조차 더 나은 예측 가능성을 거의 보여 주지 못했다고 말한다.

4 Dijksterhuis 2004.
5 Hassin et al. 2005.
6 Kahneman 2011.
7 Lévi-Strauss 1955; Marx 1867; Smith 1937; Sartre 1943; Arrow 1987.
8 Kahneman 2002, 2011; Hassin et al. 2005; Pentland 2008; Simon 1978; Bandura 1977.

부록 4

1 Dong and Pentland 2007.
2 Pan, Dong, Cebrian, Kim, Fowler, and Pentland 2012.
3 Granovetter and Soong 1983.
4 Aral et al. 2009.
5 Gomez-Rodriguez et al. 2010; Myers and Leskovec 2010.
6 Dong and Pentland 2007.
7 Lepri et al. 2009.
8 Dong and Pentland 2009.
9 Dong et al. 2012.
10 Pan, Dong, Cebrian, Kim, Fowler, and Pentland 2012.
11 같은 책.
12 Pan et al. 2011a.
13 Christakis and Fowler 2007.
14 Centola 2010.
15 Pan et al. 2011a.
16 Altshuler et al. 2012.
17 같은 책.
18 Dietz et al. 2003.
19 Hardin 1968.
20 Baumol 1972.
21 Calvó-Armengol and Jackson 2010.
22 Baumol 1972; Slemrod 1990.
23 Nowak 2006.
24 Coase 1960.
25 Mani, Rahwan, and Pentland 2013.
26 Calvó-A m rmengol and Jackson 2010.

ㄱ

'개인 정보에 관한 고찰'(포럼) 261
'벨 스타' 연구 63, 102, 106, 148
'사회적 진화' 연구 79, 82, 205
'친구와 가족' 연구 33, 78, 85, 91, 108, 120,
189, 205, 234, 265, 335, 341, 349, 358
KEYS 창조성 평가 151-152
간섭 기회 226
개발을 위한 데이터 D4D 33-34, 36, 220,
291, 298-301
고샬, 구라브 224
고왈라(네트워크 앱) 226
공유지의 비극 108, 215, 219, 363, 365
관계 네트워크 69, 351
교환 네트워크 32, 45, 122, 278-279,
282-286, 288-290
구글 261, 318
구글 대시보드 261
구글 플루 210
구글맵 262
구조적 공백 76
그라민 은행 103
글루어, 피터 148
김태미 140, 160
꼬리감기원숭이 102

ㄷ

대중의 지혜 52, 55, 60-61, 68
데이터 공유지 37, 267, 291-292, 298, 300
데이터 뉴딜 42, 201, 252-254, 256-258,
261, 267, 298, 303, 320
데이터 주도 사회 41
동, 웬 72, 134, 150, 211-212, 239
동료 압력 186, 191, 283, 287, 335, 338,
364-368
디지털 네트워크 20, 113, 115, 117, 247
디지털 방식 114
디지털 빵가루 11-12, 29-31, 38, 202, 207,
251-252

ㄹ

라완, 이야드 107, 113, 180, 365
레드 벌룬 챌린지 178-179, 183-184, 187,
189-190, 216, 272, 293, 295
레비스트로스, 클로드 336
레이저, 데이비드 79, 307
로렌트, 알레잔드로 230
로크, 존 19
룩, 클레어 마리 113

리먼 브러더스 295
리벤노웰, 데이비드 226
림, 메이 120

289
부키 솔루션 169
비벡, 싱 110

ㅁ

마, 데이비드 27
마니, 안쿠르 107, 113, 282, 365
마르크스, 카를 271, 276, 336
마운틴 고릴라 102
말론, 톰 133
메이딘, 앤몰 79, 180, 211-212
메츨러, 리처드 120
모로, 에스테반 230
몽주아, 이브살렉상드르 드 115, 320
무척도 프랙털 네트워크 61, 357
밀그램, 스탠리 89

ㅂ

바르얌, 야니어 120
반향실 60, 66, 68, 70-71, 169-170, 245
버트, 론 76
벌레슨, 윈 151
베이지언 네트워크 344, 347
베이지언 자백 유도제 170
벨 스타 사례 69, 116, 123
보이지 않는 손 21-22, 273, 282-283, 287,

ㅅ

사르트르, 장 폴 336
사이먼, 허버트 92-93, 152, 331
사회관계망 동기 45, 62, 89, 107, 109-112,
114, 117, 124, 172, 176-178, 182, 184-185,
188, 192, 216, 219, 266, 272, 295, 338,
367-368
사회관계망 효과 114
사회적 동조 89
사회적 압력 7, 22, 38, 44-45, 106-111,
113-114, 116-117, 119, 122-124, 170, 172,
187, 190, 219, 279, 286, 293, 341, 363-369
사회적 지능 134, 137, 158, 160, 169,
172-176
사회적 투표 방식 102
사회적 학습 7, 23, 38-40, 44-48, 53-61,
65-66, 68-72, 75, 79, 82, 88, 97, 100, 117,
124-125, 154-155, 204-205, 218, 247, 272,
286, 294, 338, 341, 370
사회적 학습 기회 58, 68, 154, 349
사회적 효율성 287-290, 299
살레이, 알리레자 타바즈 279
서로위키, 제임스 52
세브리언, 매뉴얼 180, 224, 230, 340

센스 너트웍스 204

소시오메터 34

소시오메트릭 배지 134, 138, 140, 142-143, 148, 151, 158, 160-161, 164-165, 173, 188, 230, 308, 311-313, 339, 346, 360

소시오메트릭 솔루션스 1410, 312

소시오코프 31

소시오피직스 26

슈무엘리, 에레즈 61, 110, 320

슈타크, 토르스톤 113

스노든, 에드워드 42

스미스, 애덤 19, 21-22, 119, 222, 271, 273, 282-284, 287, 289, 336

시모이우, 카멜리아 115

시민 참여 191, 266

신뢰 네트워크 258, 266, 289-290, 301, 303

ㅇ

아로니, 나다브 85, 108, 349

아이디어 끌어 모으기 52-53

아이디어 흐름 6, 11-12, 23, 38, 44, 59-65, 67-69, 71-76, 78, 80-81, 83-85, 88-91, 99-101, 103, 107, 124, 129, 134-137, 141-142, 144, 147-150, 154-158, 160, 166, 168-170, 172-175, 187, 189-191, 193, 217-218, 221, 224-225, 235-239, 242, 244-245, 253-255, 266, 272, 284, 286-287, 296, 302-303, 310-311, 335, 338, 356,

358-359, 361-362

아이디어의 동기화 103

아테나 위즈덤 68

알트슐러, 야니브 55, 59, 61, 67-68, 72, 356, 358

애머빌, 테레사 151

애스모글루, 대런 279

영향 모형 127-129, 171, 338, 340-341, 343, 345-350, 358, 361, 368

오랑주 37, 298-300

오즈달거, 아수 279

오픈PDS 259, 266-267, 289, 318-320, 322, 324, 328-329

오픈북 55-56

온스타 207

올귄, 대니얼 올귄 140, 173

와버, 벤 140

와일드 와일드 웹 260-261

운영적 효율성 287, 291-293, 299

울리, 아니타 133

웰먼, 배리 123, 189

위키피디아 184-185, 293

유사성 효과 86, 163

이글, 네이선 150, 299

이토로 55-60, 63, 67-71, 75, 128-129, 142, 293

일관성 103

ㅈ

잡스, 스티브 50
잭슨, 매슈 366
제이컵스, 제인 240, 246
제퍼슨, 토머스 222
제한된 합리성 97
직접 대면 방식 79, 105-106, 113-115, 117,
140, 143, 149, 154, 157, 162-165, 219, 224,
234, 245, 247, 285, 293-294, 308, 310-311,
315
진저 아이오(Ginger.io) 212
집단 사고 65, 70
집단 선택 106
집단 지능 10, 75-76, 91, 94, 99, 125,
133-134, 137-139, 154, 157, 162-163, 172,
174, 191-192

ㅊ

초더리, 탄짐 64, 174

ㅋ

카너먼, 대니얼 84, 92, 331, 333, 337
카르발로, 바스코 279
카리스마적 연결자 173-175
카브리스, 크리스토퍼 133

칼보-아르멩골, 안토니 366
켈리, 밥 63-64, 102
쿠네바, 메글레나 251
크럼, 코코 224, 230, 232
크레인, 릴리 180

ㅌ

탄력성 123, 287, 294-295, 300
트리파시, 피아 151-152

ㅍ

파울러, 제임스 104, 340
판, 웨이 55, 72, 85, 180, 224, 340, 349, 356
퍼트넘, 로버트 191
펌프 시스템 308, 314-316, 328-329
펌핏 시스템 108-109, 112, 114, 128, 184,
189
프래밍엄 심장 연구 79
프랙털 네트워크 61
프랙털 춤 61
프렐렉, 드라젠 170
플라이슈, 엘가 113
피어시 (연구) 112-113
피커드, 갤런 180

ㅎ

하슈미, 나다 133

행동 계산 이론 27

현실 마이닝 29-30, 33, 36, 301

호로비츠, 브래들리 261

호모 이미탄스 75

회의 중재자 시스템 160-163

휴버먼, 베르나르도 169

옮긴이 **박세연**

고려대학교 철학과를 졸업하고 글로벌 IT 기업에서 마케터와 브랜드매니저로 일했다. 현재 파주 출판단지 번역가 모임인 '번역인'의 공동대표를 맡고 있다. 옮긴 책으로는 『죽음이란 무엇인가』 『디퍼런트』 『이카루스 이야기』 『플루토크라트』 『우리는 왜 충돌하는가』 『포커스』 등이 있다.

창조적인 사람들은 어떻게 행동하는가

초판 1쇄 발행 2015년 2월 25일 | 초판 2쇄 발행 2020년 4월 13일

지은이 헨리 뢰디거·마크 맥대니얼·피터 브라운
옮긴이 김아영
펴낸이 김영진

대표이사 신광수 | 사업실장 백주현
편집관리 한지원
단행본팀장 이용복 | 단행본 우광일, 김선영, 박현아, 정유, 박세화
디자인팀장 박남희 | 디자인 당승근 | 제작 이형배
출판기획팀장 이병욱 | 출판기획 이주연, 강보라, 김마이, 이아람, 이기준, 전효정, 이우성

펴낸곳 (주)미래엔 | 등록 1950년 11월 1일(제16-67호)
주소 137-905 서울시 서초구 신반포로 321
미래엔 고객센터 1800-8890
팩스 (02)541-8248 | 이메일 bookfolio@mirae-n.com
홈페이지 www.mirae-n.com

ISBN 978-89-378-3496-7 03300

「이 도서의 국립중앙도서관 출판시도서목록(CIP)은 서지정보유통지원시스템 홈페이지(http://seoji.nl.go.kr)와 국가자료공동목록시스템(http://www.nl.go.kr/kolisnet)에서 이용하실 수 있습니다.
(CIP제어번호: CIP2015004915)」